都铎王朝
1485—1547

（英）查尔斯·爱德华·莫伯利 著
关长平 译

应急管理出版社
·北京·

图书在版编目（CIP）数据

都铎王朝：1485—1547/（英）查尔斯·爱德华·莫伯利著；关长平译. --北京：应急管理出版社，2021

ISBN 978 - 7 - 5020 - 9041 - 8

Ⅰ.①都… Ⅱ.①查… ②关… Ⅲ.①都铎王朝—历史 Ⅳ.①K561.33

中国版本图书馆 CIP 数据核字（2021）第 229335 号

都铎王朝（1485—1547）

著　者	（英）查尔斯·爱德华·莫伯利
译　者	关长平
责任编辑	高红勤
封面设计	主语设计
出版发行	应急管理出版社（北京市朝阳区芍药居 35 号　100029）
电　话	010 - 84657898（总编室）　010 - 84657880（读者服务部）
网　址	www.cciph.com.cn
印　刷	北京欣睿虹彩印刷有限公司
经　销	全国新华书店
开　本	710mm×1000mm$^1/_{16}$　印张　17　字数　230 千字
版　次	2022 年 1 月第 1 版　2022 年 1 月第 1 次印刷
社内编号	20211268　　　　　　　　　　定价　75.00 元

版权所有　违者必究

本书如有缺页、倒页、脱页等质量问题，本社负责调换，电话:010 - 84657880

序　言

　　因为受到排版因素的限制，我们现在这套图书没有办法统一地在文末列举出相关参考文献，以便更加详细、更加广泛地体现都铎王朝的来龙去脉。鉴于此，我们即将提到的一些作品应该可以帮助大家勾勒出都铎王朝的全貌。这些作品大部分都诞生于近代，所记述的都铎王朝史相对完整。在当代历史资料中，与都铎王朝有关的记述则相对较少。对理查三世感兴趣的读者不妨看看詹姆斯·盖尔德纳（James Gairdner）所创作的有关理查三世的传记。那是一本优秀的传记，很值得阅读，例如当中与企图篡位的珀金·沃贝克（Perkin Warbeck）有关的章节。偏好亨利七世的读者可以看看弗朗西斯·培根（Francis Bacon）所写的相关传记。这些文字在经过约瑟夫·罗森·隆比的认真修订后，由剑桥大学出版社出版发行。约翰·布鲁斯·威廉森（John Bruce Williamson）所撰写的论文《都铎时期的英格兰对外贸易》是斯坦霍普论文奖的获奖作品，虽言简意赅，但是翔实细腻地记述了都铎王朝时代的英格兰王国在对外贸易方面的相关情况。英格兰王国在1485年至1509年期间开始了宗教改革运动，对此，我们可以在弗雷德里克·西博姆（Frederik Seebh）所著的《牛津变革者》，还有查尔斯·亨利·库珀（Charles Henry Cuper）所著的《里士满与德比伯爵夫人玛格丽特回忆录》这两本书中了解到详情。

有很多作品都涉及了亨利八世统治晚期的情况，需要强调的是，约翰·谢伦·布鲁尔在其某篇知名论文的序言中记述了1509年至1529年期间，亨利八世统治早期的情况。这篇序言后来被约翰·谢伦·布鲁尔收录在自己参与编撰的《亨利八世王朝书简》两卷图书中。想要了解英格兰王国早期的宗教改革情况，可以参阅伍斯特大教堂的大主教詹姆斯·胡克为托马斯·莫顿、威廉·渥兰，以及托马斯·克兰麦所撰写的传记，他的描写形象且细腻。值得一提的还有《英格兰国教史》这本书，作者是理查德·迪克森（Richard Dixon），记述了亨利八世统治时期的各个重大事件，例如修道院解散风波，等等。《德意志宗教改革史》一书是德意志历史学家利奥波德·冯·兰克（Leopold von Ranke）的杰出作品，他十分深入地研究了宗教改革，另外，这本书的英文版的译者是萨拉·奥斯汀（Sarah Austin）。

詹姆斯·安东尼·弗劳德（James Anthony Froude）所著的《英格兰史》[1]是了解亨利八世时代的必读之书，只有认真研读过这本书的人才能对那个时代做出全面的理解。毫无疑问，身为作家的詹姆斯·安东尼·弗劳德既勤于创作又善于表达，从《英格兰史》中不难看出，亨利八世所实行的各种方针政策令他心悦诚服。可惜的是，大家恐怕未必会感同身受，他在创作后期也想过要换一种表达方式。当然，纵然其文风如是，但不可否认，《英格兰史》一书是值得参阅，并令人收获颇多的。《安妮·博林传》是德意志著名学者保罗·弗里德曼（Paul Freedman）的新作，书中涉及了许多重大事件，同时也彰显了作者身为一代宗师的风范。对比阅读《安妮·博林传》和《英格兰史》可以帮助我们更加客观地看待詹姆斯·安东尼·弗劳德之于某些历史大事的观点；当我们做对比时，还会发现《英格兰史》这本书似乎变得更有

---

[1] 全名《从沃尔西垮台到西班牙无敌舰队被歼灭期间的英国史》(History of England from the Fall of Wolsay to the Defeat of the Spanish Armada)。——译者注

趣了。除此之外，对于想要了解苏格兰历史的朋友们来说，约翰·希尔·巴顿（John Hill Barton）所著的《苏格兰史》是不错的选择。

最后，作者还为我们推荐了几篇威廉·斯塔布斯（William Stubbs）主教的精妙文章。这些文章收录在《牛津讲演》最新的几卷中，为我们提供了一些与亨利七世及亨利八世有关的内容。在《牛津讲演》旧卷出版发行时，它们尚未发表，所以自然不会出现在旧版的《牛津讲演》里。在这些文章中，亨利七世备受赞誉。作者在本书中直截了当地表示，他经常会感到欣慰，因为威廉·斯塔布斯主教的看法和自己如出一辙。不过，《牛津讲演》中的文章大多都是在褒扬亨利八世的天赋与统治才干，很少谈及他在治理国家、军队，以及宗教方面所实施的政策，这多少让我们觉得有些不对劲。威廉·斯塔布斯主教之所以选择这样的方式来书写历史，大概只是为了让自己的评述不同于保罗·弗里德曼。保罗·弗里德曼立足于外，通过厘清各种联系，剖析了亨利八世的治国策略、外交方针，论述了其他国家统治者及使节对他的看法。基于这些内容，保罗·弗里德曼指出了亨利八世的一些缺陷，譬如智力，就其批判性和严厉程度来说，其他对亨利八世颇有微词的英格兰王国的作家们只能甘拜下风。

目 录

第 1 章　15 世纪的欧洲专制制度

　　第 1 节　从专制的统一开始 /001

　　第 2 节　西班牙的专制 /003

　　第 3 节　法兰西的专制 /006

　　第 4 节　英格兰的专制 /008

第 2 章　亨利七世的早期统治

　　第 1 节　他登上了王位 /013

　　第 2 节　母亲的力量 /015

　　第 3 节　回到英格兰 /016

　　第 4 节　博斯沃思战役 /018

　　第 5 节　统治者亨利·都铎 /021

　　第 6 节　他戴上了皇冠 /023

　　第 7 节　官复原职的人 /024

　　第 8 节　当汗热病来袭 /026

　　第 9 节　温和的英格兰人 /027

第 3 章　兰伯特·西姆内尔叛乱与布列塔尼战争

第 1 节　1485 年的英格兰议会 /029

第 2 节　谋反的斯塔福德家族 /030

第 3 节　约克王朝的光环 /031

第 4 节　叛乱与战争 /032

第 5 节　突如其来的戒严令 /035

第 6 节　布列塔尼事件 /036

第 7 节　看法兰西人做何应对 /038

第 8 节　北部暴动及混乱的苏格兰 /040

第 9 节　在埃塔普勒签订的条约 /041

第 4 章　珀金·沃贝克的叛乱与布莱克希思战役

第 1 节　初出茅庐 /047

第 2 节　开始行动 /050

第 3 节　康沃尔叛乱及布莱克希思战役 /052

第 4 节　东躲西藏的日子 /054

第 5 节　《大通商条约》/055

第 5 章　亨利七世执政中后期

第 1 节　查理八世的意大利狂想 /057

第 2 节　以联姻结盟 /059

第 3 节　拒绝东征 /062

第 4 节　一场无奈的婚姻 /062

第 5 节　再婚计划 /064

第 6 节　腓力一世的来访 /065

第 7 节　可恶的代理者 /068

第 8 节　最后的日子 /070

第 6 章　亨利七世的治国之道

第 1 节　令人头疼的爱尔兰问题 /071

第 2 节　《波伊宁斯法》/072

第 3 节　圣乔治兄弟会 /074

第 4 节　法律的保驾 /075

第 5 节　星室法庭 /077

第 6 节　《航海法规》等条例 /078

第 7 节　与尼德兰的贸易法案 /079

第 8 节　和法兰西的商贸活动 /081

第 9 节　航海大发现 /081

第 10 节　精彩的人生 /083

第 7 章　古典文艺的复兴（1390 年至 1509 年）

第 1 节　文艺复兴的精神 /087

第 2 节　向拉丁作家和希腊作家看齐 /088

第 3 节　伊拉斯谟及其著作 /094

第 4 节　新兴学科及学院 /096

第 5 节　印刷业与诗歌 /098

第 6 节　都铎王朝治下的散文，以及《乌托邦》/100

第 7 节　约翰·莫顿及其教会改革 /101

第 8 节　伊拉斯谟及其朝圣 /103

第 9 节　卓越的建筑及建筑师 /105

第 8 章　继任者的和平之治（1509 年至 1511 年）

第 1 节　建设海军 /109

第 2 节　罪有应得 /111

第 3 节　可悲婚姻的开始 /112

第 4 节　告别玛格丽特·博福特夫人 /113

第 5 节　惩戒法 /114

第 6 节　教会特权 /115

第 7 节　苏格兰势力 /116

第 8 节　对法兰西的征服欲 /117

第 9 章　图尔奈战役（1511 年至 1514 年）

第 1 节　康布雷同盟 /119

第 2 节　无畏的威尼斯人 /121

第 3 节　神圣同盟 /122

第 4 节　海上大战 /123

第 5 节　出兵法兰西 /124

第 6 节　弗洛登战役 /125

第 7 节　战争后遗症 /127

第 10 章　停战后的英格兰（1515 年至 1518 年）

第 1 节　与尼德兰的商贸关系 /131

第 2 节　康沃尔的矿业 /133

第 3 节　排外的英格兰人 /134

第 4 节　人口的迁徙 /136

第 5 节　骤减的乡村人口 /137

第 6 节　地租疯涨 /137

第 7 节　苏格兰的迷途 /138

第 8 节　来自爱尔兰的麻烦 /140

第 9 节　无法实现的东征计划 /141

第 11 章　帕维亚战役（1515 年至 1527 年）

第 1 节　法兰西人在意大利 /143

第 2 节　托马斯·沃尔西掌权 /145

第 3 节　金缕地会谈不过是一场空谈 /148

第 4 节　白金汉公爵之死 /151

第 5 节　亨利八世的背叛 /152

第 6 节　帕维亚战役 /153

第 7 节　罗得岛被占 /155

第 8 节　无法承受的战争税 /156

第 9 节　罗马之劫 /158

第 12 章　宗教改革（1521 年至 1530 年）

第 1 节　反教皇法令 /161

第 2 节　马丁·路德的信条 /162

第 3 节　信仰的守护者 /166

第 4 节　离不了的婚 /166

第 5 节　离婚案的影响 /168

第 6 节　无奈的被委托人 /169

第 7 节　托马斯·沃尔西下台了 /171

第 8 节　托马斯·沃尔西的结局 /175

第 9 节　藐视王权的教士们 /177

第 10 节　神职人员的反抗 /179

第 13 章　托马斯·莫尔与约翰·费希尔的时代（1531 年至 1535 年）

第 1 节　又一纸离婚申请 /181

第 2 节　邓斯特布尔法庭及民众对阿拉贡的凯瑟琳的同情 /183

第 3 节　与教会的争斗 /185

第 4 节　肯特修女、"彼特便士"及主教选举许可令 /186

第 5 节　北方叛乱与爱尔兰的壮大 /189

第 6 节　两大主教之死 /191

第 7 节　瞻前顾后的托马斯·莫尔 /194

第 14 章　解散修道院，以及"祈恩巡礼"（1535 年至 1538 年）

　　第 1 节　《解职诏书》的诞生 /197

　　第 2 节　安妮·博林之死 /198

　　第 3 节　亨利八世的新教倾向 /202

　　第 4 节　修道院的真相 /203

　　第 5 节　对学校的调查 /204

　　第 6 节　解散修道院 /205

　　第 7 节　劳斯叛乱 /208

　　第 8 节　约克暴动 /210

　　第 9 节　《主教之书》/214

　　第 10 节　爱德华·都铎降临人间，以及约翰·兰伯特案 /215

第 15 章　平叛四方（1538 年至 1539 年）

　　第 1 节　埃克塞特侯爵亨利·考特尼、波尔家族、
　　　　　　《六条信纲法案》/219

　　第 2 节　威尔士的法律体系 /223

　　第 3 节　与克利夫斯为伍，以及托马斯·克伦威尔的下台 /224

　　第 4 节　苏格兰宗教改革 /227

　　第 5 节　索尔韦沼泽战役、詹姆斯五世之死、与苏格兰结盟，
　　　　　　以及新的尝试 /229

第 6 节　格雷恩子爵伦纳德·格雷与爱尔兰 /232

第 7 节　凯瑟琳·霍华德与索尔兹伯里女伯爵
　　　　玛格丽特·波尔之死 /234

第 16 章　亨利八世的离开与一个时代的结束（1541 年）

第 1 节　查理五世战败 /237

第 2 节　与西班牙的联合 /238

第 3 节　法军剑指朴次茅斯 /240

第 4 节　货币贬值 /242

第 5 节　萨利伯爵亨利·霍华德被处死 /243

第 6 节　大幕落下前的宗教迫害 /244

第 7 节　迅速陨落的新欢凯瑟琳·帕尔 /246

第 8 节　伟大统治者的消亡 /247

第 9 节　教会的发展 /248

第 10 节　民法的情况 /250

第 11 节　蛮横的庭审 /251

第 12 节　初初萌芽的诗歌 /252

第 13 节　戏剧与散文的成长 /254

第 14 节　科学渐行渐近 /255

第 15 节　中产阶级的崛起 /256

第 16 节　自由的火花与议会的进步 /257

第1章
15 世纪的欧洲专制制度

第 1 节　从专制的统一开始

在自由环境中出生并长大的人们大多未曾想过，强国往往都经历过一段长期的专制统治，并最终推翻了专制统治。不得不承认，专制制度能够做到一统天下，无论国土有多么广阔。和别的制度比起来，它更有利于强化民族意识，消解狭隘的地域意识，维护社会安定，帮助人们发挥特长、成家立业，并激发起人民的爱国之心，尤其是在打了胜仗或者吃了败仗的时候。因为专制制度对人民的力量进行了引导，所以各个行省、郡县、地区之间的争斗基本上不会轻易发生。人们会认为，同胞如手足，比异邦之交要亲近得多。民族意识渐渐觉醒，国家凝聚力逐渐形成。这是一种最为关键的、重大的转变，其影响力不容小觑。一个国家的专制制度若非长久到令人精神崩溃，那么被独裁的民众一定会生出强烈的民族意识。人们忠于权力，齐心协力。这样的忠诚之心会渐渐演变为爱国之心，偶尔还会达到几乎疯狂的程度。因为无所畏惧，某些人会看淡生死，无论是自己的，还是别人的。他们不惜牺牲自我，以各种令人震惊的方式为国捐躯。他们拥有强大的意志，将个人的自由献给了统治者，可最终的结果就是君王一呼百应，臣民毕恭毕敬。毫无疑问，专制制度不是为了和平、正义、人性才出现的，更不用说当下之人所看重的荣耀和真理了。这些弥足珍贵的思想还没有受到人们的重视，这些思想想要茁壮成长还是需要一片自由的沃土。无论哪个民族在开始积极追求权利与真理之前，都必然会被某种事物激发出某种强烈情绪，而这种事物多半都是非常规的。我们应该像对待儿童一般宽容对待各个民族，应该允许民族意识中有迷茫的一面，也有暴力的一面；我们需要明白，这些精神层面上的力量日后很有可能会孕育出伟大的人物来；倘若没有志在必得的信念感，恐怕时事也不一定能造就出英雄。总而言之，我们终于明白了这样一个历史观点：没有经历过专制统治的国家很难变成真正的强国。正因如此，时至今日，那些有名的意大利政治家仍然是尼科洛·马基雅弗利（Niccolò Machiavelli）的支持者。在他们看来，一个国家若是缺少一段万众一心推翻专制统治的历史，那将是十分可悲的。除此之外，一些具有远见卓识的现代思想家还指出，在专制制度的引领下，俄罗斯帝国终有一日会迈入强国之列。他们认为，专制制度有利于俄罗斯帝国的统一大业。俄罗斯帝国的君王向人民灌输着服从精神与牺牲精神，不过那些在日后为俄罗斯帝国带来政治自由的力量并未受到这些思想的影响。

　　我们将通过剖析英格兰王国在16世纪的发展状况来验证"专制兴国"论。不可否认，对于英格兰王国而言，都铎王朝实施的便是专制统治。在现实生活中，英格兰人个性中的专制潜质是暴露无遗的。很明显，他们认为民族团结是一件值得骄傲的事情；他们看不起外国人，执着于开疆扩土；他们充满了勇气与忠心，不过有时候不够理智。我们将通过这本书来探究英格兰王国专制制度的源起。鉴于英格兰王国的历史和欧洲历史有着千丝万缕的联系，所以它当时所面临的局势其实与其他欧洲国家也有相通之处。所以我们在这本书中还会详细阐释以下史实：对于西欧各个国家的发展来说，在15世纪大行其道的专制统治是一股强大的推动力。通过研读史料，我们将看到，英格兰王国在仿效邻国实施了相关政策之后发生了何种变化,以及在西欧变革国家共同拥有的变革因素的作用下,又发生了什么样的变化。

第 2 节　西班牙的专制

或许是因为西班牙人身上流淌着东方血统并且尚武,所以西班牙王国成了首个开启专制统治的西欧国家,而且一时间天下无敌。不过,其专制大厦最后还是倒塌了。西班牙王国的特拉斯塔马拉家族(Trastamara)的内斗无异于英格兰王国在 15 世纪时所爆发的玫瑰战争,对蠢蠢欲动的贵族阶层进行了清扫,从而为国家统一奠定了基础。在特拉斯塔马拉家族内斗的同时,卡斯蒂尔王国(Reino de Castilla)则借助议会下议院的力量渐渐崛起。1379 年,日后的卡斯蒂尔国王恩里克三世呱呱坠地;长大后,他迎娶了兰开斯特(Lancaster)的凯瑟琳。在其执政期间,卡斯蒂尔王国的人民生活富足,包括三等公民在内;同时,他还大力发展了西班牙地区的商业与制造业。可惜他在 1406 年那年,也就是 27 岁时不幸去世,若非如此,西班牙王国的历史恐怕要改写。

后继之人是其子胡安二世。胡安二世在位 48 年之久,其间他对人民的剥削和压迫从未间断过。首相特鲁希略公爵阿尔瓦罗·德·卢纳(Alvaro de Luna)向来蛮横无理,他帮助胡安二世剥夺了下议院代表进入皇家常设委员会的资格。胡安二世背弃律法,擅自提高了税金,并昭告天下,称自己享有制定法律法规的权力。他的这种专权行为遭到了人们的反对,不过在反对之声平息之后,他又想方设法地让议会下议院产生了分化。一些城镇居民中了他的圈套,一开始,他们自发申请为所在城镇的议员提供参会资金,可到了后来,他们又抛弃了政治远见,为了节省开支而央求地方政府不派议员参会。如此一来,最终只剩下 18 个城镇的议员参会,而未参会的城镇不得不把自身利益寄托在他乡的议员身上。胡安二世就此拉开了分化下议院议员的帷幕。到了1506年，当那些已经很久没有参加议会的城镇打算重新参会时，强权城镇群起而攻之，表示只有他们拥有参会资格。胡安二世还下令在铸造钱币时减少金属含量，他的这一做法后来被卡斯蒂尔女王伊莎贝拉一世的兄长，即亨利四世学了去，导致西班牙王国的商业遭遇了暴击。亨利四世是个昏君，其治下的西班牙王国社会道德缺失，败德辱行，可谓上梁不正下梁歪。

伊莎贝拉一世在1474年登上了宝座，她是一代贤明女王。为了替人民谋求幸福，她决定重启之前的方针政策，借助下议院的力量治理国家。她通过法院制定并颁布了新的法规，没收了贵族阶层许多的房舍、不菲的年金，以及前朝统治者非法授予的土地。除此之外，为了打破贵族的垄断，她和丈夫斐迪南二世为很多寒士提供了不少上层职位。尤为重要的是，她还大胆起用了"神圣兄弟会"——致力于制暴的城镇同盟，并宣布王室将对该组织进行直接资助。纵然遭到了贵族阶层的阻挠，但她还是义无反顾地将"神圣兄弟会"用作国家警察组织，并十分信任他们。不过，伊莎贝拉一世虽然善待人民，但这并不意味着她会为人民争取自由之权利。相反，在她的授意下，宗教裁判所应运而生，并得到了女王的绝对支持。这样一来，西班牙王国再也没有办法做一个法治国家了。在追逐荣耀、爱国和博爱的道路上，伊莎贝拉一世留下了抹不去的败笔。她一面帮助弱势城镇增加财富与实力，一面利用他们的力量对抗贵族，然而出乎其意料的是，没过多久，那些弱势城镇就对王室武力相向了：人们想要从她的孙子，也就是查理五世那里夺回自由。

从前的弱势城镇在1520年联手对抗年纪轻轻的查理五世。就过程的悲壮程度而言，其他事件无出其右。他们所提出的请求大多都十分合理，例如请求政府做到公平公正、减少税金、强化城镇自治、废止不利于下议院的各种特权、改革议会，以及休会期不得超过三年。可惜的是，他们的目光并不比前辈们长远，竟然请求王室接管贵族的全部土地。显然，他们就连反对专制的其他势力也不想放过。所以，弱势城镇的起义军在比利亚拉尔之战中功亏一篑，没过多久，起义军统帅也死在了查理五世部下的手中。就这样，领导西班牙人民为自由而战的主力军日渐没落，反专制力量由此进入了长期冬眠。就算到了今时今日，西班牙王国的反专制力量依然还在沉睡。更令人感到悲怆的是，腓力二世为了巩固专权，在1592年剥夺了阿拉贡王国（Aragon）与卡斯蒂尔王国（Castile）议会那所剩无几的实际权力，为世人带来了长期的、挥之不去的专制阴影。面对如此巨大的变化，我们不免要叹息一声，毕竟西班牙王国的传统旧制原本有利于自由与理性的发展。1188年，莱斯特伯爵西蒙·德·孟福尔（Simon de Montfort）对英格兰王国的议会进行了改革，在此之前，莱昂王国[1]已经建立起了议会，并将所有国务都置于议会的管理之中。只有得到议会认可的新任统治者才能顺利地走上王位。另外，卡斯蒂尔王国的议会在自身的权力范围内，不仅为人民伸张正义，还采用了投票的形式来分配各种物资。这两项工作也一直是英格兰王国议会的重要职责，也是人身自由权的重要表现。当然，相较于英格兰王国议会，卡斯蒂尔王国议会也有优越之处，例如，议会提案在经过统治者批准后即可产生法律效力。和卡斯蒂尔王国的人民比起来，阿拉贡王国的民众自来就拥有更加强烈的自由意志。他们的大法官通常都很公正，而且会依照法律严格评定统治者行为是否合法、诏书是否真实，等等。无异于英格兰王国所实行的《大宪章》，阿拉贡王国议会所制定的律法也是用来限制统治者权力的。和其他海滨城市一样，瓦伦西亚（Valencia）与加泰罗尼亚（Catalonia）也充满了自由精神。在这两座城市里，商人们一般都位高权重，但在商会中不分高下，其子女们则拥有和贵族子弟差不多的社会地位。所以，在战争中用来交换人质的人选通常都不会是商人子女，就像不会是贵族子弟一样。由此可见，宗教裁判所

---

[1] 莱昂王国（西班牙语：Reino de León，910—1301年）国王桑乔三世死后，他的三个儿子瓜分了王国：加西亚占有纳瓦拉本土，拉米洛占有阿拉贡，费尔南多占有卡斯蒂尔。第一代卡斯蒂尔国王费尔南多一世在1037年吞并了莱昂王国，之后一百多年的时间里两国一直分分合合。——译者注

不但毫无用处，而且还对那些维护人们自由权益的规章制度造成了破坏，让那闪烁其间的希望之光无以为继，实在是有百害而无一利。

第 3 节　法兰西的专制

在 15 世纪末，法兰西王国的统治者也和贵族阶层争斗了一番，最终结果是统治者获胜。1461 年，路易十一登上了法兰西王国的王位，开启了前无古人的昏庸统治，他的野蛮专制令贵族们怨声载道。于是，在执政 4 年之后，路易十一遭到了贵族阶层的联合抵制，并在"公益同盟"之战中被贵族军团围困在巴黎。当时，身为勃艮第公国领主，人称"大胆的"查理的勃艮第公爵（Duke of Burgundy）不仅坐拥阿图瓦（Artois）、弗朗什-孔泰（Franche-Comté）地区，还控制着很多有钱有势的城市，譬如布拉班特（Brabant）、林堡（Limburg）、埃诺（Hainault）、佛兰德斯（Flanders），等等。他正打算与安茹的勒内争抢普罗旺斯伯国，好为勃艮第公国的领地打造一个拦截带，以阻断法兰西王国和欧洲其他国家的交流。布列塔尼公爵弗朗西斯二世、波旁公爵查理二世，还有阿马尼亚克伯爵约翰五世，以及约翰五世所在的加斯科涅家族（Gasconha）的亲戚，都纷纷挺身而出，游说包括英格兰王国在内的一干国家联合抵制路易十一。然而，尽管腹背受敌，路易十一却始终没有束手就擒，反而是不择手段，各个击破了那些参加"公益同盟"的贵族。"公益同盟"以失败告终后，路易十一的大权得到了巩固。除此之外，因为路易十一的治国政策有利于议会，所以议会并没有反对路易十一的统治。路易十一自始至终都在推动贸易的发展，并一直在强化城镇的自治权。在位期间，他有过许多政治敌人，但都被他斩于马下。法兰西王国越来越昌盛了，尤其是农业方面得到了长足的发展。在路易十一执政时期，人民的赋税是非常沉重的，究其缘由，是他在对付劲敌爱德华四世的时候，选择了以金钱化干戈，而非大打出手。菲利普·德·科米纳（Philip de Comina）是来自佛兰德斯的历史学家，他做过一次不怎么受人认可的比较：路易十一在位时，法兰西王国政府总共收取了 470 万法郎的税金；查理七世在位时，法兰西王国政府的总税收只有 180 万法郎。当然，除了这位历史学家之外，鲜有人再提出路易十一时代的赋税过于沉重的观点。由此可见，路易十一是拥有管理智慧的，他很明白，要制衡贵族阶层，只能依靠平民百姓。令人惋惜的是，他为此而付出的所有努力都在专制统治下化为泡影。在路易十一登上王位之前，基于王权不可侵犯的准则，包括约翰二世、查理五世、查理六世、查理七世等在内的法兰西王国统治者们并不是没有征过税，不过在位 22 年的路易十一在募集资金时从未采取过除此之外的其他方式，最终导致人民与自由渐行渐远。诸如菲利普·德·科米纳之类的为人诟病的学者始终觉得，一个不受法律约束，擅自征税的统治者是愚昧的暴君。身为一国之君，倘若只知道大敛横财，那么注定成不了强国之主。纵然如是，在路易十一撒手人寰之时，法兰西王国国民议会的议员们大多都忽略了那些学者的说辞。他们走在游行队伍里，由衷地哀悼着逝去的君主。想当初，国民议会一度毅然决然地表示，一定要废除包括租税在内的各项专制赋税，后来因为法院不支持而被迫放弃，任由初登宝座的路易十一沿用查理七世所定下的税制，而且税点增加了 25 个百分点。国民议会的态度很明确：答应采用这种税制，但只答应让这项税收制度存在两年时间；两年之后，议会将启用新税制。不过，这样的规定似乎不是自由意志的体现，也不够慎重。我们知道，在征税这件事上，相较于国民议会，统治者更倾向于获得行省议会的准许。所以，在一般情况下，国王都会避免召开国民议会；倘若召开，那么国王所提出的各种政策，以及王室的各项事务都会被人指手画脚一番。路易十一凭借自身威望，顺利地实施了带有专制色彩的税收制度，因此对于法兰西王国而言，他无疑是颠覆自由主义的罪魁祸首之一。除此之外，他还实施了许多极具独裁性的国家政策，在此我们就不做赘述了。在路易十一治下，身为审判者的法官竟然被允许私吞罪犯的钱财，可想而知这时代的统治者又怎会为国为民呢！人们被禁止走近皇宫的城墙，但凡是靠近的人，都会被卫兵击倒在地，并抓进监狱，能制定出这般规定的统治者又怎会在乎人民的自由与死活呢！由此可见，路易十一之所以积极推动商业发展，并增强城镇自治权，其目的是强化自身的专制统治，他很清楚这是笼络人心、制衡封建强权势力的好办法。当然，我们不得不承认的是，在后来的日子里，他的这种利益观逐渐演变为了某种正向的、对劳动阶级的同情心，而这种同情心隐藏在很多他所做出的不为人察觉的下意识举动里。

路易十一成功地让人民臣服于王权治下。最初，他狡猾地设下计谋，替劳动阶级推翻了剥削者；而后，他用尽心思剥夺了人民的政治权利。这么做的结果是，人民除了城镇自治区之外再无别的权利了。如此这般，人们的自由意志渐渐模糊并消失了。这也是为什么在路易十一去世之后，法兰西人还会心甘情愿地臣服于此后的若干暴君。

第4节　英格兰的专制

人民的自由权利频频遭到剥夺，与此同时，除了威尼斯，意大利的其他大城市都处于暴力统治之下。神圣罗马帝国的人们已经对赢弱的统治者司空见惯，譬如腓特烈三世。当然，我们并不打算在这里详细介绍意大利的情况，或者神圣罗马帝国的情况。在英格兰王国的历史上，金雀花王朝末期的几位统治者可谓地位卓然，他们所实施的各项政策可以说是都铎王朝专制统治的基石。所以，我们即将跟随学识渊博的宪法历史学家来好好了解下英格兰王国的那几任统治者。

英格兰王国在 1399 年开启了属于兰开斯特王朝（House of Lancaster）的时代；一个新王朝在 15 世纪正式登场。正如政治作家们常常说的那样，亨利四世登上王位的途径并不怎么光彩，而亨利五世则拥有很强的个人影响力，因此他们都崇尚法治。亨利四世一直都很尊重英格兰王国议会的意见和建议。例如，1401年，议会提出，国王不应该接受其他王国议会议员所提交的报告；1404年，亨利四世接受了议会的建议，并罢免了反对这项提案的官员[1]。1406年，议会提出，国王的所有开支都必须交由议会审核，并强烈要求清理"王室中的奸佞"。1407年，下议院对上议院所指定的税收提案表示反对。除此之外，亨利四世虽然可以从议会那里得到拨款，但必须接受议会的严格监督。如今看来，对于近代英格兰而言，这种限制无疑是对政体的一大改革。当时的议会对王权限制得极为严格，就连前任议员，身为护国公的奥利弗·克伦威尔（Oliver Cromwell）都觉得有些过分。

亨利五世继位之后，议会对他言听计从。亨利五世打算亲征法兰西王国，议会果断给予了大力支持。菲利普·德·科米纳曾经不止一次指出，征战结束后，英格兰人得到了大量战利品，以及战俘的赎金，因而生活得到了极大改善。所以我们可以看到，在1417年与1419年这两年，英格兰人大都乖乖地向政府缴纳了额度不小的税金。不过，每当议会表示反对的时候，亨利五世都竭力配合，与其父亲亨利四世无异。举个例子，1414年，议会要求亨利五世做出承诺，若非议会提案，"英格兰国王无权立法"，以及"为避免既定法律之意图与审判出现变化，英格兰国王不得以任何形式擅自增减所有成文的法规和条例"。值得一提的是，在未来的一个极为关键的时刻，这一要求起到了举足轻重的作用。

无论是亨利四世还是亨利五世，总地说来还是给英格兰人带来了安稳日子，当然，也有那么几项政策影响到了人民的生命安全。首先是战争期间所实行的戒严令，其次是议会做出的规定。1405年，带头叛乱者约克大主教理查德·勒·斯克罗普（Richard le Scrope）、诺丁汉伯爵托马斯·德·莫

---

[1] 尤其是罢免了王后家族中的异端分子。——作者注

布雷被亨利四世判处极刑。1415 年，南安普敦地区的造反派被亨利五世处死。对此，有人做出了总结：叛乱者死在了亨利四世与亨利五世手中，而兰开斯特王朝将因此经历疾风骤雨。在此之前，叛乱者并不会被处死，而在此之后，兰开斯特家族与约克家族在玫瑰战争结束后也都没有对被俘将领手下留情。只凭一张判决书，甚至一句口头的宣判，那些被俘将领就会被砍掉脑袋。不过，被处死的一般都是大人物，譬如蒙塔古侯爵约翰·内维尔（John Neville）、伍斯特伯爵约翰·蒂普托夫特（John Tiptoft），等等。审判者认为，他们"行事草率、随心所欲，不顾他人意愿，也不够坦诚"。在审判时，一部分在他国学习过的法官甚至会引用他国律法来裁定和量刑。当然，相较于《火烧异端分子令》一书中所记录的酷刑，这些审判至少是经过议会批准的。所以，叛乱者被处死这件事恐怕算不上暴政。除此之外，我们需要看到，审判战俘的基本准则是一条愚昧却严苛的教义，而这一教条显然有悖于天主教圣师圣奥古斯丁的崇高思想。自此之后，人们就更难劝谏这类审判了。对于曲解天主教教义这件事，英格兰王国的政府、王室、教会都难辞其咎。

因此，在兰开斯特王朝统治前期，人们对英格兰王国的赞美不无道理，这与人们对法兰西王国的态度截然不同。被流放法兰西王国时，菲利普·德·科米纳或许曾与英格兰的政治家约翰·福蒂斯丘（John Fortieschew）见过面。对于英格兰王国的政治制度，两人赞誉有加。兰开斯特王朝的这几位君主确实让英格兰人民享受到了一直被提到的"政治的君主统治"。他们没有效仿爱德华三世的做法，面对不想签署的法案，无奈地向议会低头，却在几周之后，借口"没想清楚"而冒险打出王权牌，废止已通过的法案。不过，在约克家族上台之后，英格兰王国的政治制度渐渐变得消极。英格兰王国建立起了枢密院，这大大巩固了亨利七世及其继承者的强权思想。贵族咨议会逐渐被枢密院取而代之，枢密院获得了立法权，随时可以废除任何现行法律，哪怕它十分重要。当然，这项权力的执行会受到严格的监管。再来看看财政方面，如果有紧急状况出现，枢密院可以以政府之名抵押一定的资产。这项职能也是菲利普·德·科米纳曾经提到过的。在他看来，基本上从未出现过什么紧急状况，令一国之君不得不采取比常规法律流程更便捷的方式来筹得资金。因为国王已经很久不参与案件审判了，所以枢密院还兼获了国王审判权，不过枢密院委员是没有权力对案件进行审理的。尽管约翰·福蒂斯丘反复强调，英格兰从未出台过不人道的刑罚制度，不过人们始终很清楚，在进行审判之前，王室都会审查那些涉嫌叛国之人，并为了获得证据而刑讯逼供，这大概就是王权的体现吧。

由此可见，审查及拷问涉嫌叛国之人似乎也是枢密院的工作之一。在英格兰王国历史上，有据可查的此类刑罚可追溯至1468年。据记载，在爱德华四世的命令下，来自安茹的玛格丽特王后身边的几名信使被捕，遭遇了刑讯逼供，火烧双脚；国王想挖出他们的同伙。在这种暴戾的刑罚制度中，伦敦塔治安官是一个极为重要的组成部分，出任过这一职位的人有蒙塔古侯爵约翰·内维尔、伍斯特伯爵约翰·蒂普托夫特[1]，等等。爱德华四世还下令没收叛国者的财产，永不返还。在此之前，英格兰王国的统治者一直沿袭着一种约定俗成的做法：在风波平息之后，将归还被没收的财产。然而，这个规矩被爱德华四世终结了，原因是他把诺森伯兰伯爵的头衔赐给了内维尔家族的人，又把彭布罗克伯爵的头衔赐给了赫伯特（Herbert）家族之人。除此之外，爱德华四世在执政期间的恶劣行径还有很多。他强制推行了捐款制度和借款制度；他几乎不和议会商量任何事，议会只被允许参与管理一些零碎的国事；他还动不动就将反对者处死，甚至处死了克拉伦斯公爵乔治·金雀花（George Duke of Clarence），那可是他的亲弟弟。不难看出，他的统治极大地破坏了宪法制度。后来，理查三世为了巩固王权，为了替他向民众赎罪，实施了一系列备受称赞的措施，不过终因为在位时间过短，没有办法弥补爱德华四世所造成的政治阴影。需要特别说明的是，理查三世也在不

---

[1] 伍斯特伯爵约翰·蒂普托夫特曾经用刺刑逼死过犯人。——作者注

得已的情况下募集过多次资金，而且所用方式和其主张废除的"非法募集方式"并没有实质性差别。在这种情况下，当亨利七世继位之时，宪法几乎已经不能约束国王了。因为曾经历过一段流亡生涯，所以亨利七世诡计多端，做起事来蛮横无度，就像他所崇拜的路易十一那样。显然，他是一位暴君。在他看来，想要手握大权，就得做到两点：首先，尽量或彻底拒绝他国的资金援助；其次，尽量不与他国对垒，以规避战后补助金问题，以及王位觊觎者的乘虚而入。在这样的思想下，亨利七世开启了英格兰王国历史上一段百年独裁时期。基于上述两个准则，16世纪，在亨利七世的统治下，英格兰王国迎来了新的政治环境。我们将在下一章中详述亨利七世统治下的英格兰王国的历史。

第 2 章

亨利七世的早期统治

第 1 节　他登上了王位

对于英格兰王国历史而言，亨利七世的影响力波及了诸多方面。在这里，我们先来简单聊聊他的青年生活，以及继承王位的过程。

亨利七世身上流淌着两支王室的血统，所以他是皇族子弟。他是里士满伯爵埃德蒙·都铎的儿子，他的奶奶是瓦卢瓦的凯瑟琳（Catherine of Valois），即亨利五世的遗孀。毫无疑问，就算凯瑟琳真的和身为王室侍卫的欧文·都铎（Owen Tudor）私下里结为了夫妻[1]，亨利七世也不是第一顺位的继承人。那个时候，英格兰王国的王位十分抢手。所以在那些更有权有势的继承者看来，亨利七世虽然地位不够高贵，但依然是继承之路上的一道障碍。母亲给了他王室血脉，毕竟其母玛格丽特·博福特（Margaret Beaufort）的曾祖父是爱德华三世的三儿子——冈特的约翰（John of Gaunt），所以他是有资格竞争王位的。博福特家族中人原本没有继承王位

---

[1] 瓦卢瓦的凯瑟琳和欧文·都铎的婚姻关系尚待考证。——作者注

的资格，不过伟大诗人杰弗里·乔叟（Geoffrey Chaucer）妻子的妹妹凯瑟琳·斯温福德（Catherine Swinford）后来嫁入博福特家族，并诞下冈特的约翰未来的妻子。1397年，在冈特的约翰的建议下，理查二世（Richard II）在议会上颁布了一项法案：博福特家族的后代有资格继承王位，但不允许使用"金雀花"作为姓氏。亨利四世在1407年对这一法案表示了认同，他大概觉得，如果依照《专利登记册》当中的建议，在这一法案中增加"除了王室尊严之外"这几个字，便可以剥夺博福特家族的王位继承权。然而，议会所收到的国王确认书中，并没有出现上述具有排他性的字句。因为冈特的约翰是地地道道的皇族，所以亨利·都铎就算不是储君，但作为冈特的约翰的后人，在不违反议会规定的情况下，也有至少两种方式可以登上王位，而这两种方式在其继位过程中都起到了重要的作用。1399年，理查二世被废，爱德华三世的大儿子，也就是人称"黑太子"的爱德华（the Black Prince Edward）一脉就此退出了历史舞台。不久之后，爱德华三世之子哈特菲尔德的威廉不幸夭折。自此，与约克家族（House of York）有血缘关系的爱德华三世的次子来自安特卫普（Antwerp）的克拉伦斯公爵莱昂内尔（Lionel）一支也走向了没落。在此之前，爱德华三世的三儿子，即冈特的约翰已经迎娶了兰开斯特家族的继承者。格罗斯蒙特（Grossmont）的兰开斯特公爵亨利的女儿布兰奇是亨利四世的母亲，而亨利四世则是兰开斯特王朝的缔造者。后来，亨利六世唯一的儿子威斯敏斯特（Westminster）的威尔士亲王爱德华在蒂克斯伯里之战（Battle of Tewksbury）中死在了其叔父们的手中，兰开斯特家族就此断了香火。如此一来，亨利七世在登上王位之后只需要面对为数不多的政治对手：理查三世的妹妹、约克的萨福克公爵夫人伊丽莎白之子林肯伯爵约翰·德·拉·波尔（John de la Pole）[1]、林肯伯爵约翰·德·拉·波尔的弟弟萨福克公爵埃德蒙·德·拉·波尔（Edmund de la

---

[1] 林肯伯爵约翰·德·拉·波尔曾是理查三世所选的储君。——作者注

Pole)、克拉伦斯公爵乔治·金雀花之子沃里克伯爵爱德华·金雀花（Edward Duke of Warwick）[1]、爱德华·金雀花之姐索尔兹伯里女伯爵玛格丽特·波尔（Margaret Pole），以及爱德华四世之女约克的伊丽莎白（Elizabeth of York）。

第 2 节　母亲的力量

　　玛格丽特·博福特是亨利七世之母。她先是成了里士满伯爵夫人，后又成了德比伯爵夫人。身为一名女性，她在英格兰王国历史上占据了重要地位。我们将在下一章里详细介绍其不同寻常之处。她是萨默塞特公爵约翰·博福特的女儿。她的父亲在 1444 年离世，从那时起，萨福克公爵威廉·德·拉·波尔就成了她的监护人。在她 9 岁的时候，萨福克公爵威廉·德·拉·波尔指定她为自己的儿媳，也就是萨福克公爵的儿子兼继承者约翰·德·拉·波尔未来的妻子。后来，萨福克公爵威廉·德·拉·波尔丢掉了乌纱帽，她的监护人又变成了里士满伯爵埃德蒙·都铎和其胞弟贾斯珀·都铎。玛格丽特·博福特在 1456 年嫁给了里士满伯爵埃德蒙·都铎，她始终没有承认过自己和萨福克公爵约翰·德·拉·波尔有过一段婚姻。亨利六世对待都铎两兄弟就像对待自己的亲兄弟一般，尽心竭力地培育着他们；而都铎两兄弟也在玫瑰战争中为亨利六世两肋插刀，可以说是忠肝义胆。在内战期间，贾斯珀·都铎参加过许多次关键的战役，不过他和亨利六世，以及安茹的玛格丽特都在 1461 年彻底失败。里士满伯爵埃德蒙·都铎在 1456 年死于牢狱之中，在此几个月后，也就是 1457 年 1 月，其子亨利七世呱呱坠地。16 岁的玛格丽特·博福特在这一年成了寡妇，只能暂时居住在被贾斯珀·都铎攻占下来的

---

[1] 爱德华四世后来处死了沃里克伯爵爱德华·金雀花。——作者注

彭布罗克城堡里。后来，她在1459年嫁给了亨利·斯塔福德，他们是近亲。亨利·斯塔福德的父亲是白金汉公爵汉弗莱·斯塔福德，换句话说，他是爱德华三世的第五个儿子，伍德斯托克的格洛斯特公爵托马斯[1]的后代。玛格丽特·博福特在1472年又一次失去了丈夫。然后，没过多久，她又结婚了，对方是儿女满堂却失去配偶的马恩岛国王德比伯爵托马斯·斯坦利（Thomas Stanley）。显然，这一次玛格丽特·博福特并不是心甘情愿想要把自己嫁出去的，她不过是想为儿子，也就是日后的亨利七世找到一个避风港，毕竟除了儿子，她似乎再也没有活下去的其他希望了。正因如此，她才会选中约克家族，选中了位高权重的德比伯爵托马斯·斯坦利。毫无疑问，这段婚姻给了她极大的庇护：在1483年白金汉公爵亨利·斯塔福德为推翻理查三世而发起的叛乱中，玛格丽特·博福特因参与其中而差点儿被削去公权。在嫁给德比伯爵托马斯·斯坦利后，没过多久，她说服了丈夫力挺亨利七世。

第3节　回到英格兰

1471年，在蒂克斯伯里之战结束后，在玛格丽特·博福特的要求下，贾斯珀·都铎把时年15岁的侄子亨利七世送到国外避难。玛格丽特·博福特本想让儿子去法兰西王国找路易十一帮忙。可是这一计划没能成功。亨利七世因为船只在行驶到布列塔尼（Bretagne）附近时出了事故而被人抓住，并被打入了大牢。亨利七世告诉菲利普·德·科米纳，他其实"从5岁开始就不停地逃亡，如同越狱者一般"。无论是爱德华四世，还是理查三世，都尝试过很多次，想要把亨利七世从布列塔尼公爵弗朗西斯二世那里引渡回英格兰王国。理查三世还曾表示，只要亨利七世俯首称臣，他甚至可以把女

---

[1]　理查二世在1397年杀害了伍德斯托克的格洛斯特公爵托马斯。——作者注

儿嫁给亨利七世。见英格兰国王竟然提出了这样的要求，布列塔尼公爵弗朗西斯二世的部下皮埃尔·朗代（Pierre Landais）想到了一个妙计：他打算在布列塔尼公爵弗朗西斯二世生病期间，把亨利七世送回圣马洛（St. Malo），然后和理查三世做笔交易。不过，亨利七世从追随者托马斯·莫顿（Thomas Merton）主教那里知道了实情，原来皮埃尔·朗代想要用这个方法为布列塔尼公爵弗朗西斯二世讨回里士满伯爵的头衔[1]。于是，亨利七世偷偷潜入了森林，然后逃到了昂热。昂热也是法兰西王国的领地，那里的人们热情地招待了亨利七世。自然，这些来自法兰西王国的支持，是有利于他日后登上英格兰王国王位的。与此同时，理查三世调集了一批弓箭手前往法兰西王国，以支援法兰西王国贵族筹谋新一轮的"公益同盟"战役；他们的目标是年纪幼小的查理八世。当时的摄政王是查理八世的姐姐安妮，而安妮的丈夫则是胆识过人且极具政治才干的来自法兰西王国的波旁公爵。1485年，在安妮的准许下，亨利七世得到了两千士兵，回到了英格兰王国[2]。安妮还拿出了一小笔资金来支持亨利七世在英格兰王国的追随者。亨利七世是在 1485 年 8 月 7 日登陆英格兰王国的米尔福德港（Milford Haven）的，他旋即宣布，自己要招兵买马推翻篡位者理查三世。很快，他带兵转移至什鲁斯伯里（Shrewsbury），并在那里得到了包括里斯·阿普·托马斯在内的许多威尔士将领的支持。里斯·阿普·托马斯早先还发过誓，说亨利七世大军如果没有能力从他"身上踏过去"，就永远不可能进入英格兰王国。据我们所知，为了破除誓言，权威人士们想出了各种方法，例如，让里斯·阿普·托马斯横躺在地，由亨利七世跨过他的身体；让里斯·阿普·托马斯站在桥下，亨利七世则从上面过桥。在率兵向目标进发时，鉴于德比伯爵托马

---

[1] 依照传统，里士满伯爵一直是布列塔尼公爵的专属。——作者注

[2] 在菲利普·德·科米纳眼中，亨利七世招募来的那两千士兵都是"滥竽充数"的。——作者注

斯·斯坦利，也就是亨利七世的继父是柴郡的名门望族，所以亨利七世改变了原来向伍斯特（Worcester）以及塞文河（Severn）下游进发的计划，转而前往什鲁斯伯里。亨利七世在斯塔福德的时候就已收到消息，理查三世俘虏了继父的亲儿子斯特兰奇男爵乔治·斯坦利。这就意味着，假如德比伯爵托马斯·斯坦利选择支持亨利七世大军，那么他的儿子斯特兰奇男爵乔治·斯坦利就会被杀害。不过，在向阿瑟斯通（Atherstone）挺进的过程中，有很多人都加入了亨利七世阵营，这无疑增加了他的信心。另外，他还收获了两员大将及他们所率领的精锐部队：理查三世曾经的心腹沃尔特·亨格福德（Walter Hungerford）和托马斯·鲍彻（Tomas Boucher）。就这样，亨利七世来到了阿瑟斯通，然后向东挺进，打算前往欣克利（Hinkley）与博斯沃思（Bosworth），和驻守在那里的理查三世大军一较高下。尽管在决一死战之前得到了一些支援，但亨利七世的人马也只有区区五千而已，尚不及理查三世大军的一半。所以，如果理查三世大军足够团结的话，亨利七世几乎没有一丝获胜的机会。

第 4 节　博斯沃思战役

我们在詹姆斯·盖尔德纳所著的《理查三世史》一书中可以清楚地看到亨利七世获得胜利的原委及决定性因素。书中指出，理查三世好像收到了情报，情报透露亨利七世会选择在米尔福德港上岸，然而理查三世却以为这里的米尔福德港是位于汉普郡（Hampshire）克赖斯特彻奇（Christchurch）一带的一个小村子，它的名字也是米尔福德。于是，理查三世掉以轻心了，没有认真考量那些威尔士将领，尤其是北威尔士统帅彭布罗克伯爵威廉·斯坦利到底够不够忠勇。至于德比伯爵托马斯·斯坦利，只能说理查三世也丝毫没有防备，他和其他暴君一样很容易忘记自己对别人施加的伤害，可是那些被害者一定会"君子报仇，十年不晚"。在黑斯廷斯男爵威廉·黑斯廷斯丢掉脑袋的那一日，理查三世的手下差一点儿把德比伯爵托马斯·斯坦利也送上路。虽然遇到了这样的事，但德比伯爵托马斯·斯坦利还是对理查三世心存一丝信任；只不过，为了防患于未然，他还是在军营后方偷偷搭建了一座墙。不过，身为理查三世大军统帅的彭布罗克伯爵威廉·斯坦利选择了临阵倒戈。随后，理查三世杀死了被关押在伦敦塔监狱中的两个侄子：爱德华五世，以及什鲁斯伯里的约克公爵理查德。消息很快遍布天下，这意味着理查三世失去了最后的机会。与之形成鲜明对比的是，形势十分有利于亨利七世。后来还发生了一系列叛乱，但事实告诉我们，虽然理查三世骗取了上述两位受害人的母亲及姐妹的原谅，不过其杀害亲人的恶劣行径早已使所有英格兰人怒不可遏了。大失民心的理查三世再难扭转乾坤。想当年，一国之君约翰杀害侄子阿瑟这件事也曾让英格兰人恼怒不已。身为神圣罗马帝国皇帝的西吉斯蒙德（Sigismund von Luxemburg）在1416年访问伦敦的时候，英格兰人也因为约翰·胡思（Jan Hus）的死亡而对他很不待见。理查三世激起了民怨，如同历史在重演。据说，理查三世在最后一次军队演讲中不得不承认了自己杀死两个侄子的恶行，不过却虚伪地说，他早已"用充满悔意的眼泪与坦诚真挚的忏悔赎了罪"。当然，事与愿违，他的这番话没能起到丝毫激励作用。

由欣克利出发后，理查三世途经斯泰普尔顿（stapleton）、博斯沃思（Bosworth），来到了萨顿（Sutton）地区的希思，在那里他绘制出了己方的战事地图。理查三世发现己方所处位置很难发起有效进攻，因为图中亨利七世大军驻守在雷德莫尔平原上，平原左侧与后方分别有一条艰险的河流，右侧则是位于萨顿境内的安比昂山，以及一大片可做掩体的沼泽。毫无疑问，对于亨利七世而言，眼下可说是孤注一掷，毕竟这样的地理条件是不利于撤退的。因为经验匮乏，身为统帅的亨利七世铸下了一个大错：带兵穿越沼泽。这样一来，他们的踪迹便暴露无遗了。在这种情况下，理查三世选择发

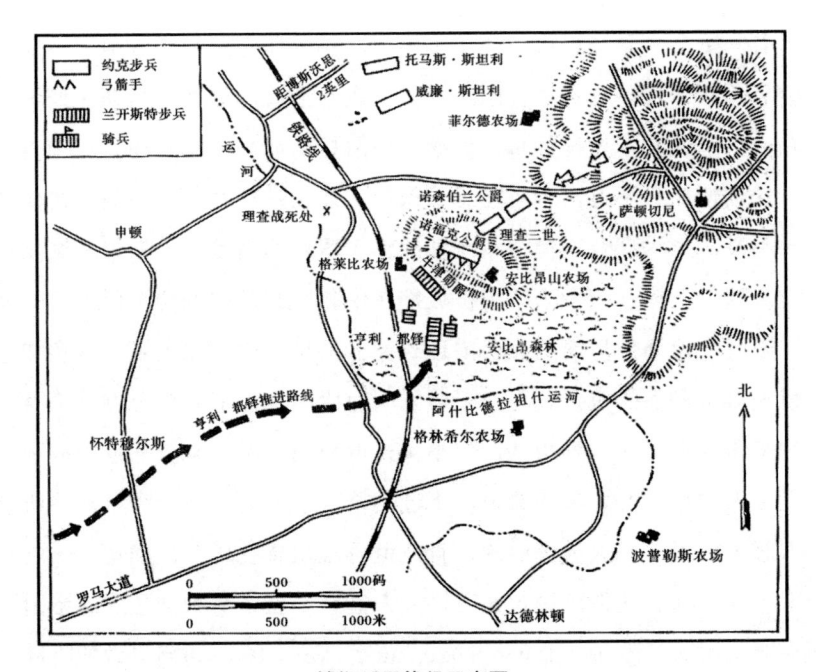

博斯沃思战役示意图

起攻击，以期迅速占领亨利七世的营地。见此情形，作战经验丰富的牛津伯爵约翰·德·维尔（John de Vere）立刻下达了命令：所有人都不得超过军旗10英尺之外。整装待发的牛津伯爵约翰·德·维尔看到理查三世大军不知进退，便趁机率军攻向敌人。同一时刻，在彭布罗克伯爵威廉·斯坦利的带动下，诺森伯兰伯爵亨利·珀西（Henry Percy）也临阵倒戈了。而理查三世的心腹诺福克公爵约翰·霍华德（John Howard）已横尸沙场，他的儿子诺福克公爵托马斯·霍华德（Thomas Howard）则进退维谷。我们即将看到的是英格兰王国历史上著名的场面之一。理查三世冲上了战场，在看到亨利七世后，他拼尽全力杀向了亨利七世。在一番搏斗之中，理查三世很好地展露了金雀花家族的英勇气概。他自始至终，未想过临阵脱逃。后来，倒戈的彭布罗克伯爵威廉·斯坦利从亨利七世大军中冲了出来，在瞧见那个熟悉的身影后，理查三世一面奋力挥剑杀敌，一面歇斯底里地高喊："这是对国家的背叛！这是对国家的背叛！"最后，他遍体鳞伤地死在了战场上。之后，雷金纳德·布雷在一片草丛里找到了理查三世的皇冠。亨利七世在接受加冕的时候所戴的也就是这项皇冠，而为他加冕的正是彭布罗克伯爵威廉·斯坦利。双方军队在博斯沃思之战中不但启用了现代武器，譬如加农炮[1]，还在近身搏斗时采用了中世纪的刀剑。这让这场战斗成了该时代的重要一战。亨利七世最终获胜。他参照玫瑰战争后胜方的做法，下令先行处决了一批重要战犯。不过，亨利七世最终只是处决了理查三世的心腹威廉·凯茨比及其两个手下。所以有人指出，亨利七世的这种做法堪称仁慈。博斯沃思之战结束了，只有一部分人先获得了嘉奖，一直等到1485年11月召开议会时亨利七世才对其他人做了封赏。

第5节 统治者亨利·都铎

博斯沃思之战过去后，摆在亨利七世面前的一个难题是：以什么名义登上王位才合适。有人建议以英格兰征服者的身份接受加冕，不过这一建议立马被其他人否定了，毕竟英格兰人天生就很有原则。当今时代的一位权威人士曾向我们阐释过其中一项原则，那是在一次广为人知的庭审过程中：在英格兰人眼中，"国家在被征服后，国家法律或许并不会立刻发生变化；不过新任统治者在上台之后是可以根据自身想法，通过议会以合理方式修订法律法规的"。英格兰人在1485年才总结出这项原则。威廉三世于1693年对内阁进行了改组，这时他的支持者提出了所谓的"征服理论"；从托马斯·巴宾顿·麦考莱（Thomas Babington Macaulay）的著作中可以看到，这个理

---

[1] 后人在博斯沃思战场的遗址上接连发现了铁球，这足以证明此事属实。——作者注

论在当时掀起了轩然大波。人们对这一理论的提出者十分不满。1484年事件与1693年事件的相似之处还在于：和威廉三世一样，亨利七世之后也不打算走共同执政这条路。即便未来的结婚对象是约克的伊丽莎白（Elizabeth of York），也就是爱德华四世之女，亨利七世也不会允许她染指政治。于是，亨利七世最终在1485年8月22日这一天以兰开斯特家族后裔的名义登上了王位。在此之前，他并没有对约克的伊丽莎白有什么特殊想法。为了不被约克家族的人篡位，亨利七世把沃里克伯爵爱德华·金雀花关进了伦敦塔，而爱德华·金雀花的父亲是克拉伦斯公爵乔治·金雀花。理查三世一度将爱德华·金雀花纳入了继承者之列，可后来他又对另一个外甥，也就是林肯伯爵约翰·德·拉·波尔[1]更加满意，于是又把沃里克伯爵爱德华·金雀花踢出了继承者队伍。依循惯例，亨利七世对沃里克伯爵理查德·内维尔[2]的大多数资产进行了处理：悉数还给了沃里克伯爵夫人安妮·比彻姆。另外，他还强行要求已至暮年的沃里克伯爵夫人安妮·比彻姆马上"采邑授予"[3]，把沃里克伯爵夫妇名下的封地全部转送给国王，以及王位的继承者。沃里克伯爵夫妇的封地主要有根西岛（Guernsey）、泽西岛（Jersey）、萨克岛（Sark）等几个岛屿；伍斯特市、沃里克镇（Warwick），以及沃里克城堡，还有英格兰王国19个郡县里的大片土地。沃里克伯爵夫人安妮·比彻姆年轻时在英格兰王国可谓尽人皆知，不过老了以后却只能凭借不多的养老金，以及位于沃里克郡的一小块土地为生。身为安妮·比彻姆的外孙女，索尔兹伯里女伯爵玛格丽特·波尔更是一分钱都没有拿到；她是在和理查·波尔爵士结婚之后才被封为索尔兹伯里女伯爵的。她在1541年死于亨利八世之手。

---

[1] 他的母亲是理查三世的姐姐，即约克家族的萨福克伯爵夫人伊丽莎白。——作者注

[2] 沃里克伯爵理查德·内维尔（Richard Neville），他的女儿是理查三世的王后。——译者注

[3] 采邑制，西欧封建土地所有制形式之一，是中世纪在西欧实施的一种土地占有制度。采邑原指西欧中世纪早期国王封赏给臣属终身享有的土地。——译者注

第6节 他戴上了皇冠

　　亨利七世踏足伦敦的日子是 1485 年 9 月 28 日。我们从弗朗西斯·培根的文字中可以看到，亨利七世当时"乘坐的战车看上去密不透风，令人顿感威严"。亨利七世为何要坐着战车进入伦敦？这个问题引起了专门研究英格兰王国历史的德意志历史学家莱茵霍尔德·保利（Reinhold Poly）的注意，他也对这个问题做出了阐释。在他看来，亨利七世当时很得民心、壮志凌云，一心想要赶紧前往圣保罗大教堂，在神明面前一展雄风，所以他并没有选择和那些尊重他、欢迎他的民众进行亲切的互动，而是选择以沉稳的军人姿态出现在众人面前。实际上，对于亨利七世进驻伦敦时的情况，对亨利七世时代了如指掌的历史学家伯纳德·安德烈（Bernard André）所采用的是"laetanter"[1] 这个词。无论是弗朗西斯·培根口中的"密不透风"，还是莱茵霍尔德·保利的阐释，都把"laetanter"理解为了"latenter"[2]。在完成加冕之后，亨利七世马上公布了婚讯，约克的伊丽莎白将成为王后。身在谢里夫哈顿的伊丽莎白很快就被接到了伦敦。事实上，从加冕仪式的举行开始，直至亨利七世结束第一次议会，伊丽莎白的母亲伊丽莎白·伍德维尔始终陪伴在女儿身边。如此谨慎其实大可不必，不过亨利七世也通过这样的安排解除了人们对他的误会，在此之前，总有人觉得他是在利用伊丽莎白，以方便自己顺利称王。与此同时，伦敦的"汗热病"正在肆虐，有传闻说加冕仪式不得不延迟。不过九十月份的时候，这场流行病的势头逐渐减弱，于是亨利七世把加冕仪式的日期定为 1485 年 10 月 31 日。而后，亨利七世在 1486 年 1 月 18 日迎娶了伊丽莎白。

---

[1] 拉丁语，意思是"开心的神情"。——作者注

[2] 德语，意思是"潜藏"。——作者注

第 7 节　官复原职的人

初为一国之君，亨利七世没有着急起用新人，不过其继父托马斯·斯坦利被提拔为了德比伯爵，其叔父贾斯珀·都铎晋升为贝德福德公爵，爱德华·考特尼勋爵也被授予德文伯爵的头衔。在登上王位最初的几个月里，他拨款的金额十分惊人。后来，那些之前被革职的亨利七世的支持者纷纷重新回到官场，而且当中的很多人都获得了大幅度的提拔。这些回归者主要包括：德比伯爵夫人玛格丽特·博福特，她是亨利七世的生母；托马斯·斯特拉福德（Thomas Strafford），他的父亲是已经去世的白金汉公爵；贝德福德公爵夫人凯瑟琳，她的丈夫是已故的贝德福德公爵；埃克塞特主教彼得·考特尼（Peter Courtney），皮尔斯·考特尼及其胞弟爱德华·考特尼都曾跟随亨利七世逃亡海外；牛津伯爵约翰·德·维尔被晋升为英格兰王国、爱尔兰王国及阿基坦军队提督，在对付兰开斯特家族的过程中，他失去了亲爱的父亲牛津伯爵约翰·德·维尔。不过，他在1473年成功占领了圣迈克尔山（St. Michael），并由此名扬天下。除此之外，亨利七世还赐予了他很多别的头衔，其中最出人意料的是，亨利七世竟让他负责看管伦敦塔里的豹子和狮子，而且每天都能拿到1先令的酬劳和6便士的饲养费。顺便说一下，那时候英镑的货币价值大概是如今的十二倍。

人们还很关注亨利·克利福德（Henry Clifford）男爵的官职情况。人们向来称他为"牧羊勋爵"，而赫赫有名的英国诗人威廉·华兹华斯（William Wordsworth）还通过诗歌歌颂过他。亨利·克利福德男爵及其家人在1461年被削去了所有官职。他的父亲约翰·克利福德男爵在韦克菲尔德（Wakefield）作战时杀死了约克家族的一个孩子：拉特兰伯爵埃德蒙。后来，约克家族四处搜寻"凶手"，而约翰·克利福德男爵则躲进了一个羊棚。在接下来的14年中，他始终在东躲西藏，靠牧羊过活。在此期间，他在坎伯兰丘陵（Cumberland）地带学会了观测星象，总结出了不少天文知识。

克利福德家族留存至今的部分手稿告诉我们，亨利·克利福德男爵是狂热的炼金术士。尽管亨利四世明令禁止民众修习炼金术，否则将判处重罪。不过在那个时代，炼金术确实十分风行，而且在很长一段时间内控制着英格兰人的头脑。关于这个话题，我们将在后文中进行详细探讨。亨利·克利福德男爵对占星术很是痴迷，在当时的人们看来，他在研究占星术的过程中运用了很多天文知识。他活到了亨利八世在位的第10个年头，也就是1524年。虽然威廉·华兹华斯所描述的亨利·克利福德男爵"平静且友善"，不过他也曾在弗洛登（Flodden）战役中立下过赫赫战功，并因此在军事领域为人所熟知。

除此之外，亨利七世还在许多不怎么重要的职位上任命了自己人，譬如皇家公园管理员、城堡管理员等，而担任这些职位的原本是理查三世的追随者。曾积极帮助亨利七世顺利称王的威尔士将领里斯·阿普·托马斯先后担任了布雷克诺克治安官、南威尔士总管，以及矿务总督等一系列官职，不过相对而言，得到封赏或晋升的威尔士人不太多。尽管如此，亨利七世还是允许威尔士人加入护卫队的，而且没有其他条件。这支护卫队所仿制的对象是路易十一曾经组建的苏格兰弓箭队。无异于路易十一，亨利七世在当政后马上发展起了商业。有商人提出，按照传统，新任统治者即位当日，以及召开第一届议会期间，船舶吨税[1]是可以全免的。这一政策得到了亨利七世的认同。另外，亨利七世还对很多渴望到英格兰王国做买卖的威尼斯商人给予了安全通行特权。一部分违反理查三世时期法律法规的意大利人原本应该受到惩处，因为值此特殊时期，他们逃过了一劫。

---

[1] 大多数人都觉得，这一规定尽显宽仁，其涉及金额大致相当于伦敦商人所额外缴纳的"财产保护费"。——作者注

第 8 节　当汗热病来袭

众所周知，中世纪欧洲曾暴发过一场大瘟疫，那便是"汗热病"，而这种流行病首次出现于 1485 年的英格兰王国。在都铎王朝时代，这种病大行其道。我想我们应该在这里对这种病做些简单介绍。关于这一时期汗热病的信息几乎全来自柏林学者贾斯特斯·赫克博士[1]的记录，依照他的描述，这种病的病因是严重的炎症，病症主要是高烧，据说病人感觉就像是被人打了一顿，浑身无力、汗流浃背，身体里就像是有把火在燃烧一样，难以忍受。等高烧渐渐退去后，病人早已奄奄一息，无力回天了。一般说来，发病过程都在 2 小时以内。

亨利七世进驻伦敦之后，没过多久伦敦就暴发了汗热病，其具体时间是 1485 年 9 月 28 日。在短短一周的时间里，两位伦敦市市长，以及数位市议员就因病身亡。从 1485 年 9 月底开始，汗热病逐渐在英格兰王国蔓延开来，却没有跨过边境袭向苏格兰王国，也没有侵袭向来和英格兰王国有密切海上往来的爱尔兰王国。这种病似乎偏好那些身强力壮的年轻人，却不怎么叨扰老人、妇女或体弱多病者。由此可见，这场流行病暴发的原因并非是亨利七世大军在战争期间，或者在航海期间因免疫力下降而感染了病毒或细菌后带回到伦敦而造成的。当时的医学界对汗热病束手无策，人人谈之色变。鲜有人知的是，除了对汗热病做出全面记述的贾斯特斯·赫克博士之外，托马斯·利纳克尔——他创办了英格兰皇家医师学会——也著有相关论文。不过我们还是困惑，这种病来得快去得也快，大概是因为没有药物与之抗衡吧。这让我们不禁想起，在缺乏科学知识的年代，那些被雷电击中的病人被要求静卧休息，只能喝水，别无他法。很多年以后，汗热病又一次来袭，而这时候的人

---

[1] 德意志人，内科医生、医学作者，研究方向为人类历史上那些影响深远的特殊疾病。——作者注

们已经掌握了一些所谓的医疗技术。所以，很多国家都不再"坐视不管"，而是采取了一定的治疗手段。举例来说，荷兰的医生们要求病人身穿厚衣躺在床上，压上一床羽绒床垫，床垫上躺上几个人；他们认为这种挤压的方式可以治病，但病人们有时候会觉得喘不上气。我们在史料中没有看到英格兰人是否使用过此种野蛮手段，不过可以肯定的是，在面对1485年的瘟疫时，英格兰人所采用的治疗方式颇具成效。从那年秋天开始，直至次年1月1日风暴来临，汗热病渐渐好转并最终离开了英格兰王国。

第9节 温和的英格兰人

对瘟疫暴发时人们的各种行为进行观察是一件非常有意思的事。汗热病在1485年席卷了英格兰王国，而据我们所知，当时英格兰王国的治愈率不到百分之一。英格兰人还把这种病带到了别的国家，而身在英格兰王国境内的异乡人也未能逃过一劫。出人意料的是，我们没有看到自以为极有可能爆发的民族情绪，譬如仇恨、迷信、恐惧，等等。神圣罗马帝国在1507年处死了一个"邪恶之人"，他涉嫌往迈森的一口水井里投放毒药。这种事情在英格兰王国从未发生过。在1517年的科隆，居民们和异教徒之间爆发了冲突；因为害怕汗热病卷土重来，居民们烧死了所有异教徒。照理说，英格兰王国境内也极有可能发生这样的事，然而并没有，居民们和异教徒相处得还算不错。约翰·希尔·巴顿在谈及1569年的苏格兰时表示："瘟疫当前，人们因自私而厌恶，甚至仇视彼此。没钱的人对有钱的人满怀怨恨，他们好像认为，从降生的那一刻起，人就被分为了三六九等；他们甚至觉得，有钱的人都没有灵魂，就像野蛮的兽类一样。"那时候的英格兰人却从未这样想过。即便是在"黑死病"肆虐的年代,英格兰人也从来没有放弃过亲情。同一时期,欧洲忽然出现了大量狂热的鞭身教教徒,德意志和匈牙利由此而陷入了混乱。尽管与汗热病有关的迷信思想在1485年也曾光顾过英格兰王国,不过相较于他国的迷信言论,其内容还是仁慈柔和的。

第 3 章
兰伯特·西姆内尔叛乱与布列塔尼战争

第 1 节　1485 年的英格兰议会

亨利七世即位之后，于 1485 年 11 月 7 日第一次召开了议会。人们看上去对此颇为满意。国民认为，亨利七世既然来自兰开斯特家族，那么就应该像亨利四世与亨利五世那样建立立宪制政府。在亨利七世执政期间，出席议会的上议院议员中的贵族代表只有 27 名。有人认为这是因为很多贵族因玫瑰战争而断了血脉，不过现实告诉我们，其实后继无人的贵族只有两个而已。上议院中的贵族代表数量不如从前的原因在于，那些对亨利七世颇有微词的贵族并未接到议会通知。这次议会刚开始，亨利七世就急迫地想要确立继承者。他表示，不管是哪位妻子诞下的后代都享有继承权。当他做出选择之后，在他的强烈要求下，教皇亚历山大六世写下了诏书，对继承者进行了确认。除此之外，亨利七世召回了那些之前因支持自己而被罢免的官员，不但赦免了他们，还打算让他们回到朝堂。他一度想要大赦天下，释放大多数沦为阶下囚的政治敌人，可是他不想通过议会来完成这件事，而是想要和那些人私下解决问题。他是想让那些家伙为了被赦免而一掷千金，并绕开议会向这些人征收除镑税和吨税之外的税金，而且是永久性的。为了实现自己的想法，亨利七世对外颁布了一项法令，认定自 1454 年以来的所有王室财产转让都是无效的。他还下达了命令，对"无所作为"的外商[1]进行监视与处罚。他好像"天生就是一位王者"。他用人有道，为英格兰王国的官员们选择了两位才能出众的主教，一位是其忠实的拥趸伊利主教托马斯·莫顿，另一位是埃克塞特主教理查德·福克斯（Richard Fox）。将优秀的教士安排进地区议会，自然是极有利于亨利七世本人的。主教们都想去经济发达的地区，这便给了亨利七世选用人才的机会。议会后来做出决定，对所有支持亨利七世，并在玫瑰战争中打过约克家族的人进行补偿；此外还规定，除了英格兰、爱尔兰、威尔士的商船外，他国商船一律不得承运英格兰王国从法兰西王国进口的加斯科涅红酒。在议会行将结束的时候，议员们纷纷表示，希望亨利七世能和约克的伊丽莎白结婚。如前文所述，亨利七世采纳了大家的建议，不过暂时没有让伊丽莎白成为王后。

第 2 节　谋反的斯塔福德家族

到了 1487 年，亨利七世见王位已经坐稳，便打算起兵北上，对约克家族的根据地发起攻击。在那里，理查三世曾招募忠勇，组建了一支精锐之师。亨利七世大军一路北上，并在林肯快乐地度过了当年的复活节。然而没过多久，洛弗尔子爵弗朗西斯·洛弗尔、汉弗莱·斯塔福德勋爵、托马斯·斯塔福德勋爵就联手发动了叛乱，这极大地打击了亨利七世的自信。博斯沃思之战过去后，上述三人一直躲在科尔切斯特（Colchester）。汉弗莱·斯塔福德勋爵和托马斯·斯塔福德勋爵是两兄弟，他们是汉弗莱·斯塔福德爵士——1450 年死在杰克·凯德（Jack Cade）之手——的儿子。他们和洛弗尔子爵

---

[1] 指的是那些打算在英格兰只卖不买的外国商贩。——作者注

弗朗西斯·洛弗尔是理查三世的支持者，都曾出战博斯沃思之战。战后，三人一同前往伍斯特向约克家族的残余势力寻求保护，可事与愿违，在亨利七世颁布了首道赦免令之后，约克家族那仅剩的余威也荡然无存了。而后，洛弗尔子爵弗朗西斯·洛弗尔先后逃到了兰开夏郡（Lancashire）与佛兰德斯，斯塔福德两兄弟则选择躲到毗邻阿宾顿的卡勒姆（Culham）。然而，英格兰王国政府公开表示，卡勒姆地方政府没有权力包庇叛国者，于是，两兄弟被人带离了卡勒姆，并接受了审问。最终结果是，年长的汉弗莱·斯塔福德爵士丢了性命，托马斯·斯塔福德爵士被判定为受到唆使而非自发参与叛乱，并有幸被豁免。

第3节 约克王朝的光环

尽管发生了叛乱这种事，但英格兰人仍然是拥护约克王朝的，究其原因，大致有二：第一，在亨利六世治下，法兰西人一度占领了英格兰王国境内的好几处地方。那些地方的人们因法兰西人的到来而备受折磨。所以，英格兰人痛恨所有来自兰开斯特家族的国王，亨利七世也不例外。与之形成鲜明对比的是，在上述区域内，以白玫瑰为家族标志的约克王朝很受民众欢迎，这是由于约克王朝名声在外，而且在某种意义上是强国的象征。第二，约克王朝备受商人与生产者的认同，不过原因各异。作为约克王朝的统治者之一，爱德华四世很重视商业贸易的发展，并在继位后修订了很多前朝和列强签订的商贸协定，为英格兰王国的商人带来了许多好处。在此前的一百多年时间里，因为政府能力有限、羸弱不堪，英格兰王国始终没能解决海盗问题。爱德华四世的举措大大增加了政府的实力，在那之后，海盗再也没有接近过英格兰王国的海岸与英格兰王国的商船。就商业与制造业而言，伦敦及英格兰王国北部地区所占全国份额相当巨大，这也解释了当地民众为何会拥护约克王朝。除此之外，约克王朝还受到了爱尔兰人的拥护，不过他们的敬意主要是献给约克公爵理查德的。约克公爵理查德在1459年发动了布洛希思战役（Battle of Blore Heath）。战败之后，他横渡爱尔兰海，来到爱尔兰并建立了新政权，而后一直与埃蒙德伯爵詹姆斯·巴特勒（James Butler），以及兰开斯特家族为敌。在爱尔兰，他曾经召开过一次议会，并公开表示，这次会议与英格兰王国的议会及法庭毫无关系。他的儿子克拉伦斯公爵乔治·金雀花也备受爱尔兰人的爱戴。在1461年、1470年，以及自1472年开始，直到去世，克拉伦斯公爵一直向爱尔兰人表示友好，并因此而名扬天下。

第4节　叛乱与战争

爱德华四世有个妹妹叫玛格丽特（约克的玛格丽特），她后来嫁给了勃艮第公爵，也就是人们口中的"大胆的"查理（Charles le Hardi）。玛格丽特自始至终都没有放弃过挑拨英格兰人与亨利七世政府之间的关系。勃艮第公爵"大胆的"查理在1477年参与了英格兰王国和瑞士邦联的对战，后来战死沙场。眼见丈夫在法兰西王国的土地被路易十一夺走，玛格丽特却什么都做不了。勃艮第的玛丽是玛格丽特的继女，她后来与神圣罗马帝国那位风度翩翩的年轻皇帝马克西米利安一世[1]结了婚，如此一来，马克西米利安一世便顺理成章地获得了勃艮第的领土。要知道，上述领地原本是玛格丽特的嫁妆。当玛格丽特着手对付英格兰王国政府的时候，神圣罗马帝国皇帝腓特烈三世并没有施以援手。尽管亨利七世娶了她的外甥女，即约克的伊丽莎白，但她仍然对英格兰王国怀恨在心，并将怒火发泄在了伊丽莎白身上，指责伊丽莎白背叛了约克家族。一个名叫兰伯特·西姆内尔（Lambert

---

[1] 马克西米利安一世之父是腓特烈三世。——作者注

Simnel）的人在 1486 年冒充英格兰王位继承人沃里克伯爵爱德华·金雀花并企图篡位，就在那个时候，玛格丽特似乎终于找到了释放仇恨的机会。这无疑是场骗局：在他人的唆使下，兰伯特·西姆内尔刻意伪装成沃里克伯爵爱德华·金雀花的模样，而真正的爱德华·金雀花正在伦敦塔里备受煎熬。

  后来，兰伯特·西姆内尔得到了林肯伯爵约翰·德·拉·波尔，也就是理查三世亲外甥的协助，这当中的各种利益关系不言自明。毫无疑问，作为理查三世指定的继承人，林肯伯爵约翰·德·拉·波尔一定不会放过这个清除亨利七世的好机会。而后，他开始悄无声息、想方设法地削弱兰伯特·西姆内尔的地位，同时强化自身权力。这么想来，假如白金汉公爵亨利·斯塔福德在 1483 年的叛乱中取得了胜利，那么在帮助亨利七世称王的过程中，他有可能也会做出和林肯伯爵约翰·德·拉·波尔相似的选择。伦敦城里的大部分人都曾见过沃里克伯爵爱德华·金雀花——在他前往圣保罗大教堂及返回途中夹道欢迎，而这一切都是亨利七世特意安排的。鉴于此，将兰伯特·西姆内尔的第一次亮相安排在爱尔兰或许是最佳选择，这样就不会被识破了。可是，兰伯特·西姆内尔察觉到，爱尔兰人表现得十分谨慎，他们担心约克家族在爱尔兰发起叛乱。与此同时，基尔代尔伯爵杰拉尔德·菲茨杰拉德（Gerald Fitzgerald）受命攻打爱尔兰，并以贝德福德公爵乔治·金雀花代理人之名对爱尔兰进行管理。1487 年 5 月 24 日，未费一兵一卒的兰伯特·西姆内尔在柏林接受了加冕，自称"爱德华六世"。同一时间，基尔代尔伯爵杰拉尔德·菲茨杰拉德得到了约克的玛格丽特的大力援助。此时的玛格丽特可谓有勇有谋，看起来毫不逊色于其夫勃艮第公爵"大胆的"查理，而且她那以柔克刚的手段可以说独具特色。玛格丽特还帮指挥官马丁·施瓦茨（Martin Schwartz）调集了 19 艘战舰，以及两千精壮的士兵。舰队一路护送兰伯特·西姆内尔前往英格兰王国，随行的除了数支听命于基尔代尔伯爵杰拉尔德·菲茨杰拉德的爱尔兰队伍之外，还有林肯勋爵约翰·德·拉·波尔所带领的英格兰士兵。兰伯特·西姆内尔等人在位于兰开夏郡的福尔德利停船上岸，然后挺进约克防线。兰伯特·西姆内尔一路上都十分注重军队的纪律,这让人们印象深刻。他推行宽厚的政策,好让大家接受自己这个英格兰国王。自此之前,亨利七世为了朝圣曾亲临沃尔辛厄姆(Walsingham),后来又在诺丁汉修建了好几座军事指挥中心。在博斯沃思战役打响之前,理查三世的军事指挥总部也建在诺丁汉。在亨利七世和理查三世看来,诺丁汉拥有得天独厚的地理条件,在这里可以很好地控制住来往于英格兰王国北部与伦敦之间的武装力量。亨利七世是幸运的,因为尽管约克家族的叛乱声势浩大,备受支持,可要是这些爱尔兰人及佛兰芒人想直接在英格兰王国空降一位统治者的话,恐怕大多数英格兰人都不会欣然接受。1487年6月16日,斯托克(Stalker)之战打响,林肯伯爵约翰·德·拉·波尔的爱尔兰军队又获得了一些兵力支援。战斗双方僵持不下。亨利七世大军对包括爱尔兰人在内的外国士兵毫不留情。没过多久,林肯伯爵约翰·德·拉·波尔、马丁·施瓦茨等人便横尸战场。至于洛弗尔子爵弗朗西斯·洛弗尔,要么死在了战场上,要么如坊间传闻所说,在战后逃往了牛津郡,并在此后的好几年里,一直躲在洛弗尔大教堂的某个珍宝库里,然而最后,因为粗心的仆人忘了给他送去食物,他被活活饿死在了珍宝库里。参与战争的爱尔兰士兵无不是可怜人,个个都浑身插满刀剑与飞镖,可以说参与斯托克战役的爱尔兰人都死得很惨。劲敌殒命,亨利七世很是开怀。早先帮助兰伯特·西姆内尔称王的各路贵族现在不得不跪地求饶,个个都表示自己是受到蒙骗才做错事的,而罪魁祸首是亨利七世任命的爱尔兰地方官、都柏林(Dublin)大主教,以及一部分有头有脸的神职人员。此情此景令亨利七世心情大好,他不但赦免了那些帮助过兰伯特·西姆内尔的贵族,还对兰伯特·西姆内尔手下留情,并把他安排到厨房去烤肉。后来,兰伯特·西姆内尔又被派去训练老鹰。一年之后,一个爱尔兰贵族访问团来到了伦敦,亨利七世让曾经假冒过爱德华的兰伯特·西姆内尔穿上工作服出现在访问团面前。爱尔兰贵族们在看到兰伯特·西姆内尔后纷纷露出厌恶之情,而站在一旁的亨利七世却笑开了花。

第 5 节　突如其来的戒严令

在玫瑰战争落下帷幕之后，为了平复约克家族中人的情绪，亨利七世决定择日举行王后加冕仪式，对象自然是伊丽莎白。加冕日最终定为 1487 年 11 月 25 日。这一年，亨利七世在英格兰王国北部地区收获颇丰，这大大超出了他在前一年所做的设想。这也就意味着，向来纵容约克家族的亨利七世即将一改常态。他决定对约克家族中的叛乱者进行惩罚，为了达到这一目的，他专门制定了戒严令。不难看出，这个时候，亨利七世每到一个地方都必定会掀起一阵血雨腥风。不过，相较于暴力相向，他更偏向于对叛乱者进行罚款。政府随后表态，认为在叛乱平息之后，戒严令就成了与法律格格不入的存在，并要求亨利七世出台所谓的"补偿性法案"，免除那些戒严令违规者的罚金。令人难以理解的是，在戒严令的实施过程中，受影响最大的竟然是伊丽莎白·伍德维尔（Elizabeth Woodville），即亨利七世的岳母。我们在最先提到兰伯特·西姆内尔叛乱的历史报告里可以看到，伊丽莎白·伍德维尔后半生一直被关押在伯蒙德塞（Bermondsey）的某间女修道院里，基本上失去了所有的生活来源。这项决定是亨利七世在议会上以王权之名宣布的，其托词是伊丽莎白·伍德维尔曾经没有好好陪伴几个女儿成长，而是把她们的抚养工作交给了理查三世。这个理由显然有些说不过去，所以足可见亨利七世另有所图。弗朗西斯·培根对此做出的推测是，可能伊丽莎白·伍德维尔之前告诫过兰伯特·西姆内尔，希望他认真地扮演好王子的角色。另外，她或许始终觉得女儿伊丽莎白在亨利七世身边过得不是很好，所以她内心里很想让亨利七世下台，甚至死掉。不过，据我们所知，作为丈夫，亨利七世还是很温和、很体贴的，只是不知为何，他的母亲玛格丽特·博福特在之后的许多年里一直对伊丽莎白颇为苛刻。由此可见，皇室家庭的气氛总是很紧张的。玛格丽特·博福特夫人来自兰开斯特家族，在得到亨利七世的准许后，她对伊丽莎白夫妇二人的家务事进行了干涉，并时刻提防着伊丽莎白的母亲伊丽莎白·伍德维尔接近皇宫内廷。假如伊丽莎白·伍德维尔懂得委曲求全，忍受排挤的话，或许她还能以国王岳母之名，至少像普通女性那样静静享受暮年时光。她的结局很是不好，究其原因，还有待进一步分析。

第6节　布列塔尼事件

亨利七世在位期间的第二次议会召开于1487年11月9日这天。在这次会议上，关于创建星室法庭的提案得以通过。我们将在后文中详细阐述星室法庭的源起、建立过程，以及为了保护女性人身安全而颁布的相关法案。星室法庭的主要职责是对布列塔尼相关事务进行处理。在亨利七世成为统治者之前，布列塔尼公爵弗朗西斯二世在很长一段时间内对他进行了保护。这个时候，布列塔尼公爵弗朗西斯二世已垂垂老矣，却还没有一儿半女，所以对他来说当务之急是确认布列塔尼公国的未来走向。在利益面前，身为法兰西王国摄政王的安妮·德·博热（Anne de Beaujeu，又称为法兰西的安妮），张罗起了布列塔尼的安妮（Anne of Brittany）——布列塔尼公国女性继承者的婚事，对象是查理八世。她这样做是想通过联姻让布列塔尼公国和法兰西王国结盟。不过，这只是她一个人的愿望，和爱不爱国毫无关系。西班牙王国的斐迪南二世（Ferdinand Ⅱ），以及伊莎贝拉一世（Isabella Ⅰ）夫妻俩在1486年做出承诺，假如安妮·德·博热能让查理八世娶伊莎贝拉一世之女为妻，那么他们就会想方设法把法兰西王国的永久摄政权送到法兰西的安妮面前。不管是斐迪南二世还是伊莎贝拉一世，都觉得假如查理八世可以做到独揽大权，那么安妮·德·博热也定然可以成为西班牙王国和法兰西王国之间的和平使者。英格兰王国政府当然不会眼看着布列塔尼公国和法兰西王国抱团。每当遭遇内讧的时候，英格兰王国政府就会拿法兰西王国当靶子。然而这一次却有所不同，英格兰王国政府反对布列塔尼公国和法兰西王国联手的原因不是源于处于敌对状态,而是因为如果布法两国结盟成功,那么航行于漫长海岸线附近的英格兰王国船队便会遭到法兰西人的打击,对于英格兰王国来说,这无疑是极其危险的。威灵顿公爵阿瑟·韦尔斯利(Arthur Wellesley)之前说过,英格兰船员人人皆知,当日光从南边射向北边时,沿着英格兰王国海岸线航行的船队是无法隐匿航行踪迹的,就算离得很远也能被敌人看到。而法兰西王国的船队所航行的区域正好处于阴影地带,所以不易暴露,也很容易摆脱追击。从布列塔尼公爵弗朗西斯二世时代开始,布列塔尼公国与法兰西王国就已经彼此看不顺眼了。布列塔尼公爵弗朗西斯二世早先曾救助并支持过路易十二,然后无异于其他的法兰西王储,路易十二后来也站出来反对摄政王,也就是安妮·德·博热,并参与了针对布列塔尼公爵弗朗西斯二世的"公益联盟"战役。就像我们在前文中所说的那样,法兰西王国政府在1486年9月派出使团访问英格兰王国。使团向亨利七世转达了法兰西王国政府的要求:请他不要忘记自己早先对法兰西王国政府所做出的承诺,并认真履行应有的义务。除此之外他们还提到,希望英格兰王国能和法兰西王国一起对付布列塔尼公国,或者最起码在法布战争中不偏不倚。法兰西王国使团和亨利七世见面的地方是莱斯特。一见到法兰西人,亨利七世马上问道,查理八世到底会不会和布列塔尼王国的安妮结婚。使团中人在听到这件事情的时候都非常惊讶。他们表示,据他们所知,查理八世早有婚约在身,对方是神圣罗马帝国皇帝马克西米利安一世之女,来自奥地利的萨伏伊公爵夫人玛格丽特(Margaret of Austria)。虽然年纪不大,不过玛格丽特之前在巴黎生活和学习过;另外,查理八世此时正在找借口对意大利发起远征。这就意味着,查理八世的想法和布列塔尼公国的期许相去甚远。据说使团还表示,真正要迎娶布列塔尼王国安妮公主的是神圣罗马帝国皇帝马克西米利安一世[1]。没过多久，亨利七世通过使臣向法兰西王国表示，英格兰王国政府会帮助协调法兰西王国与布列塔尼公国之间的关系。据查理八世说，他希望法布两国能重新找回和平友好。他还提出，倘若英格兰王国驻法大使克里斯托夫·厄斯威克在返回英格兰王国的途中，能顺便去趟布列塔尼公国的首都雷恩，和布列塔尼公国政府商定此事，那自然就再好不过了。结果如查理八世所料，布列塔尼公国没有拒绝这个请求，克里斯托夫·厄斯威克顺利访问了布列塔尼公国。不过，出面与大使谈判的是好斗的路易十二，而非布列塔尼公爵弗朗西斯二世。路易十二给出的答复是，绝不接受议和，无论给出什么条件；同时，他还拼命撺掇法兰西王国与勃艮第公国结盟，一起抵制英格兰王国。于是，查理八世一边希望亨利七世继续在当中协调，一面又马上对外宣了战。查理八世大军在1487年6月对布列塔尼公国发起了攻击，并成功包围了南特。见此情形，斯凯尔斯勋爵爱德华·伍德维尔带领麾下几员大将挺身而出，帮助布列塔尼公国对付入侵的法兰西人。然而，这些英格兰王国将领的擅自行动，令亨利七世觉得非常生气。

第7节　看法兰西人做何应对

如上所述，英格兰王国议会在1487年11月遇到了亟待解决的难题。托马斯·莫顿大主教问过议员们，应不应该向亨利七世提出如下建议：和布列塔尼公国结盟，一同对付法兰西王国。他对议员们解释说，站在亨利七世的立场来看，在最近一段时间内，与其被那些恼人的国内动乱牵着鼻子走，不如风风火火地对外征战一场。他还指出，因为法兰西王国和奥地利大公国把勃艮第

---

[1]　神圣罗马帝国皇帝马克西米利安一世和布列塔尼王国的安妮公主在1490年通过代理方式结为夫妇。——作者注

公国也收入了囊中，所以近期的欧洲大陆局势越来越不利于英格兰王国。他问道，难道英格兰王国要眼睁睁地看着另一个拥趸，也就是布列塔尼公国和法兰西王国携起手来对付自己吗？除此之外，倘若开启了这种以大欺小的局面，那么那些地处苏格兰、葡萄牙、神圣罗马帝国等大国境内的弱权邦国定将难逃一劫。最终，托马斯·莫顿用这番话说服了议员们。实际上，议员们也很忧心，因为英格兰王国和布列塔尼公国之间的商业贸易活动可能会因此而受到极大影响[1]。所以，议会通过了这个提案，并承诺为这次的征伐拨款。然而，亨利七世却坚定地认为，应该再一次派驻使团出访法兰西王国，而后再考虑是否要动用武力。不过，在先期开战的圣奥宾战役落幕后，路易十一已经被囚禁。斯凯尔斯勋爵爱德华·伍德维尔和他的将士们纷纷倒在了1488年6月28日这一天。基于此，亨利七世忽然感到迷茫了。随后，他任命曾经和他出生入死过的布鲁克勋爵罗伯特·威洛比[2]带兵八千赶赴法兰西王国。罗伯特·威洛比不情愿地接受了这个任务，但最终没能完成。布列塔尼公爵弗朗西斯二世在1488年9月9日离开了人世。在此之后，布鲁克勋爵罗伯特·威洛比一直没能找到可以与自己商议结盟一事的人，只好在停留了5个月之后，灰头土脸地返回了英格兰王国。无须多言，法兰西王国政府当时已经控制了布列塔尼公国。不可否认，法兰西王国政府在处理政治难题方面很是灵活机敏。依托查理八世宗主国统治者的身份，他们宣布布列塔尼公国安妮公主和神圣罗马帝国皇帝马克西米利安一世的婚约无效，毕竟这场婚姻是不利于法兰西王国的。于是，神圣罗马帝国皇帝马克西米利安一世在被解除了与安妮的婚约后，便计划迎娶来自奥地利的萨伏伊公爵夫人玛格丽特，而玛格丽特之前则以为自己会坐上法兰西王后之位。在这场利益斗争当中，神圣罗马帝国皇帝马克西米利安

---

[1] 英格兰的麻布和帆布都由布列塔尼供应。——作者注

[2] 约翰·威洛比勋爵的儿子，在1497年帮助亨利七世平定康沃尔叛乱的将领之一。——译者注

一世可以说是赔了夫人又折兵。尽管布列塔尼公国曾经是神圣罗马帝国皇帝马克西米利安一世的战利品，尽管在 1491 年 12 月改嫁了查理八世，但布列塔尼公国的安妮公主始终记得自己曾经是神圣罗马帝国的王后[1]。她甚至计划违背撒利族法典[2]的相关规定，促成女儿克洛德公主（Claude of France）与查理五世的婚姻，因为查理五世是神圣罗马帝国皇帝马克西米利安一世的孙子。查理五世正在积极地开疆扩土，而她则想通过联姻将法兰西王国双手奉上。除此之外，马克西米利安一世在被废除婚约之前，一度得到了英格兰王国的大力帮助，成功平息了布鲁日（Brugge）、根特（Ghent）、伊普尔（Ypres），以及斯勒伊斯（Sluis）等地的叛乱。叛乱者则在之前得到了法兰西王国的支持。亨利七世故意造假，引诱神圣罗马帝国皇帝马克西米利安一世做出了错误的判断：叛乱者已拿下了法兰西王国境内的加来（Calais）。而后，在亨利七世的授意下，莫利男爵亨利·洛弗尔与多布尼男爵贾尔斯·多布尼领兵两千对包围纽波特（Newport）的法兰西人发起了猛攻。这也就是说，除了在布列塔尼公国境内，在法兰西王国东北部边境一带，英法两国也发生了激烈冲突。纵然如此，无论是亨利七世还是查理八世，都在宣称两国友谊不可动摇。

第 8 节　北部暴动及混乱的苏格兰

　　亨利七世在 1489 年召开了执政以来的第三次议会，以商议就对法战争向民众征收战争补助金一事。然后，这一政策在英格兰王国北部地区几乎推

---

　　[1]　布列塔尼的安妮，法国王后。1488 年继承其父的公爵领地，企图使领地独立而摆脱法兰西的统治，遂与皇帝马克西米利安一世联姻。后被迫改嫁查理八世。查理死后又嫁与继承王位的路易十二，是中世纪政治、爱情女性不自由的代表人物之一。——译者注

　　[2]　法兰西王室从 15 世纪开始启用的一部法典，该法典规定，女性不再享有王位继承权。——译者注

行不下去，尤其在约克郡和达勒姆主教所管理的地区，人们表示了强烈的反对，声称在过去的许多年中，大家的生活都很辛苦，完全没有能力承担这样的重税。实际上，在被要求缴纳征收战争补助金之前，这些地区的人们或许一直在强忍统治者的专制。亨利七世只好把这个任务交给了诺森伯兰伯爵亨利·珀西，不过在做出第一次尝试后，诺森伯兰伯爵亨利·珀西就死在了反对者手中。在这种情况下，才结束牢狱生活的第二代诺福克公爵托马斯·霍华德[1]受命前往上述地区平息人民起义。因为担心第二代诺福克公爵托马斯·霍华德出师不利，亨利七世又亲自率军紧随其后。不过，在亨利七世大军抵达目的地之前，局面就已经稳定下来。起义带头人约翰·埃格雷蒙特爵士得以逃脱，此后受到了约克的玛格丽特的保护，不过参加起义军的普通民众大多都丢了脑袋。就在这个时候，亨利七世收到一个消息：苏格兰国王詹姆斯三世遭遇不测。自始至终，亨利七世都没有放弃过和詹姆斯三世搞好关系，并在1487年和詹姆斯三世签署了一份长达7年的停战协定。令人惋惜的是，詹姆斯三世意外丧生：布列塔尼公国和神圣罗马帝国在1488年大打出手，詹姆斯三世在战场上因坠马而陷入慌乱，被一个刚刚在苏格兰王国的梭希（Sauchie）中大胜詹姆斯三世大军的叛乱者杀害。

第9节　在埃塔普勒签订的条约

有意思的是，亨利七世眼见布列塔尼公国落入了法兰西王国囊中，便在1492年公然准备起了对法战争。与此同时，英格兰人被一个消息激起了好战心。阿拉贡国王斐迪南二世和卡斯蒂尔女王伊莎贝拉一世在这一年的

---

[1]　亨利七世在位之初，第二代诺福克公爵托马斯·霍华德一直被关在伦敦塔监狱里。——作者注

春天一举征服了摩尔人，顺利收服了位于西班牙王国南部地区的格拉纳达（Granada）。准确地说，格拉纳达是在1月2日这天臣服于西班牙王国的。这是个至关重要的事件，不容忽视。因为在这个时候，来自奥斯曼土耳其的"占领者"，也就是穆罕默德二世（Muhammad II）的庞大军队实力超群。作为拜占庭帝国的首都，君士坦丁堡（Constantinople）在1453年失守。拜占庭帝国的许多地方也都被穆罕默德二世攻占，不过这些土地也极有可能再度易主。穆罕默德二世在1456年袭击了意大利王国的奥特朗托（Otranto），这场战役在历史上十分有名。此后，他又制订了一系列征服计划。他的第一个目标是罗马（Rome），然后是意大利王国全国，接着是欧洲其他国家。他麾下的将士们骁勇善战，势不可当。武力扩张的进程直到1487年才逐渐放缓，因为穆罕默德二世在这一年离世了，新任统治者巴耶塞特二世（Bayezid II）是位和平爱好者。

与此同时，好斗的西班牙人改变了欧洲人在战争中的颓势。在穆罕默德二世去世之后，伊斯兰势力失去了强有力的保护。西班牙人赢来了一连串胜利，阿拉贡王国和卡斯蒂尔王国的疆域得以不断扩大。在资源丰富的格拉纳达王国俯首称臣之后，西班牙王国的君主制变得更加稳固了。就专制程度而言，霸占了勃艮第公国的法兰西王国远逊于卡斯蒂尔王国和阿拉贡王国。带领英军攻占格拉纳达的将领只有一位，那就是斯凯尔斯勋爵爱德华·伍德维尔[1]。在这场攻坚战最初打响的时候，他的英勇事迹就已经广为人知了。他赢得了战争，英格兰王国政府决定在圣保罗大教堂举行庆祝仪式。枢机主教托马斯·莫顿在隆重的仪式上献上贺词，并宣布他们和西班牙异教徒之间这场持续了700年之久的争斗现在终于画上了句号，从此之后，一定会有越来越多的国家加入神圣的基督教世界里来。阿拉贡王国和卡斯蒂尔王国大军的丰功伟绩令英格兰王国议会产生了动摇，最终，亨利七世被批准为对法战

---

[1] 其父为首位里弗斯伯爵理查德·伍德维尔。——译者注

争征收恩税[1]。在征税的过程中，托马斯·莫顿及其"莫顿之叉"理论轰动一时，在他看来，平常用钱大手大脚的人一定家财万贯，而勤俭节约的人也会存积不少财产。基于这个理论，他要求税吏们对上述两个人群更加严格地征税。此时，以"唤醒民众内心激情"为目的的军事演习在英格兰王国各地如火如荼地开展着。英军在佛兰德斯的一连串战斗中所向披靡，这让英格兰人群情激奋。与此同时，神圣罗马帝国皇帝马克西米利安一世与布鲁日叛乱者矛盾重重。这个时候，萨克森公爵阿尔布雷希特三世（Albrecht III）借口调和上述二者之间的矛盾，率领一小队人马挺进了布鲁日。然而，萨克森公爵阿尔布雷希特在来到布鲁日之后，并未和当地官员进行磋商，而是小心翼翼地通过了城门，挺进了德意志王国的达姆（达姆施塔特，Darmstadt）与尼德兰（荷兰）斯勒伊斯，并最终拿下了达姆，控制了布鲁日的海上贸易通道。亨利七世来到斯勒伊斯，攻占了布鲁日运河河口，而后又向神圣罗马帝国皇帝马克西米利安一世派出了援兵，一同对斯勒伊斯进行围攻。在进攻斯勒伊斯的过程中，亨利七世表现得异常主动，毕竟斯勒伊斯早已成为反叛者兼海盗拉费斯泰因的基地。听命于亨利七世的爱德华·波伊宁斯（Edward Poynings）爵士带着精锐部队袭击了斯勒伊斯一带的军事堡垒，萨克森公爵阿尔布雷希特则对斯勒伊斯进行了围攻。驻守在斯勒伊斯的叛军在激战中败下阵来。在英军的帮助下，这场剑指神圣罗马帝国皇帝马克西米利安一世的叛乱已接近尾声。不过，虽然驻守在斯勒伊斯的叛军大势已去，但是亨利七世仍旧拒绝干涉与法兰西王国有关的战事。他的军队现在拥有26000多名士兵，可是他却不知道该以何种理由宣战。一方面，神圣罗马帝国皇帝马克西米利安一世财力有限，其父腓特烈三世在作为神圣罗马帝国皇帝的时候被菲利普·德·科米纳誉为"这个世界上最卓越的人物"，可是在马克西米利安一世讨伐法兰西王国这件事上，恐怕帮助也不大。向神圣罗马帝国的平民百

---

[1] 在此之前，亨利七世征收恩税的要求被英格兰议会否决了。——作者注

姓征收战争补助金则难上加难，就算能征收到一些，相较于不菲的战争费用，那也是微不足道的。要知道，对于大型战争而言，最普通的弓箭手每天也要6便士的报酬[1]。

另一方面，亨利七世听到风声，法兰西王国政府和阿拉贡国王斐迪南二世在前不久签署了一份和约，对于斐迪南二世来说条件很是不错：阿拉贡王国重新获得了鲁西永（Roussillon）与佩皮尼昂（Perpignan）两地。这两个地方是斐迪南二世的父亲早先以30万克朗的价格卖给法兰西王国的。亨利七世在1492年10月6日这天由海路抵达法兰西王国的加来，命旗下大军原地待命。而后，他带领精兵挺进法兰西王国北部地区，围攻并占领了布洛涅（Boulogne），并对外声称布洛涅是其对法统治的开始。不过，亨利七世深知谈判是会有利于自己的。于是，他在1492年11月3日于埃塔普勒（Etaples）与法兰西人进行了和平谈判，并由此解决了眼下的难题。法兰西王国政府接受了以下条件：支付英格兰王国121000克朗的费用，并以每年6000克朗的额度支付布列塔尼战役的战争费。两国自此暂时停战。这个结果看上去不怎么辉煌，不过，若是之后的英格兰国王能如亨利七世这般反对所有不必要的战争，那么英格兰王国的发展应该会更加顺畅一些。当然，亨利七世并没有那么单纯，他还有别的目的。他之所以选择停战，或许正如其敌人所说，他是个"唯利是图"的家伙。不过总地说来，亨利七世倾向于以和平手段解决问题，一来因为他当初是以武力获得王位的，二来因为战争会带来敌人。假如他的"唯利是图"能让英格兰人不用缴税的话，那么这种秉性大概可以被划归为优点。在我们看来，战争是一国之君巩固王权的途径之一，而亟待巩固自身地位的亨利七世却选择了和平的方式，这确实值得世人称道。我们最起码得承认，在这个至关重要的时刻，他所做的选择取决于他的思维方式与心理倾向，而非一时兴起。然而，一场风暴即将袭来，他将

---

[1] 时值15世纪末期，6便士大概等同于现在的6先令。——作者注

迎来一段危机重重的日子,并最终艰难地化险为夷。值得一提的是,他并未被困于未来那场危险的、令人绝望的对外征伐,因为输赢对他而言毫无意义。

第 4 章
珀金·沃贝克的叛乱与布莱克希思战役

第 1 节　初出茅庐

年纪轻轻的珀金·沃贝克在 1491 年来到爱尔兰，成为布列塔尼商人皮根特·梅诺家里的一个仆人。刚到科克郡的珀金·沃贝克因其不凡的相貌和挺拔的身姿引起了人们的关注。没多久，坊间就开始有了传闻，说他来自金雀花家族，至于他究竟有何来头，则是众说纷纭。一开始，有传闻称他为沃里克伯爵乔治·金雀花；后来，又有传闻说他是理查三世与人私通所生的私生子；最后，几乎所有爱尔兰人都认为，他就是来自什鲁斯伯里的约克公爵理查德，也就是死于伦敦塔中的那两个年轻人之一。流言蜚语为珀金·沃贝克带来了爱尔兰人民的关注。为了讨好德斯蒙德伯爵莫里斯·菲茨杰拉德、基尔代尔伯爵杰拉尔德·菲茨杰拉德这两位爱尔兰权贵，珀金·沃贝克写信向他们致以问候，并希望他们能助自己登上英格兰王位。不过，他那笼络强大势力的打算暂时无甚成效。对于英格兰人而言，他就是个无名小卒。不过，在爱尔兰的时候，他对自己的身份还是深思熟虑过。英格兰王国在 1492 年对法兰西王国发动了战事，这个时候，法兰西王国政府忽然觉得应该把珀金·沃贝克请到巴黎来。在珀金·沃贝克来到巴黎后，法兰西王国政府像接待亲王一般接待了他，还指派了一个警卫员给他。约克的玛格丽特在接见他的时候，就像看到亲侄子一样高兴，或许还曾努力撺掇珀金·沃贝克篡位。不过，在两人见面之前，就有传闻说她在背后撺掇，所以上述说辞或许有悖于历史。

令人难以理解的是，珀金·沃贝克花了很长时间拉拢各方势力，但亨利七世却一点儿也没有发现。他可能觉得，约克的玛格丽特上一次挑唆他人篡位以失败告终了，到现在才过去了6年而已，如果她是个聪明人，就绝不会在这个时候故技重施，再造出一个冒牌货来。亨利七世完全没有想到，珀金·沃贝克在英格兰王国的拥趸着实不少。另外，珀金·沃贝克答应玛格丽特，他一旦登上英格兰王位，就会替她赎回已故丈夫勃艮第公爵"大胆的"查理被悬置的遗产，并会向她支付一笔金钱，以感谢她对自己的帮助，还会承担她之前在支持约克家族叛乱时所耗费的所有开支。在这种情况下，亨利七世在1493年7月委派以爱德华·波伊宁斯爵士、威廉·渥兰（William Warham）为核心的使团赶赴佛兰德斯，敦促佛兰德斯当地政府打压珀金·沃贝克的追随者们。同一时刻，为了防患于未然，他开始厉兵秣马。没想到，腓力一世的议会敷衍英格兰王国使团说："针对约克的玛格丽特在自身领地范围内的一举一动，我们是无权干涉的。"到了这个时候，对于亨利七世而言，想要扭转乾坤，要么出兵，要么切断佛兰德斯和英格兰王国之间的商业往来。此后，英格兰王国政府驱逐了境内的佛兰芒人，并将安特卫普（Antwerp）的布匹贸易市场搬迁到了加来。这么做自然是有弊端的，禁止通商无论对英格兰王国来说还是对佛兰德斯来说都意味着商业贸易遭到打击。而这项禁令几乎没有影响到那些在伦敦做买卖的德意志人，这也导致很多英格兰人开始妒忌德意志商人。英格兰人的妒忌情绪日益高涨，他们甚至破坏了斯蒂尔亚德（Steelyard）商站，那是德意志商人的伦敦贸易基地。

作为一位和路易十一颇为相似的统治者，亨利七世打算不择手段地追查参与此次谋反行动的人。为此，他派出了几名间谍。这些间谍被要求混入珀金·沃贝克追随者的队伍，以追查隐藏在珀金·沃贝克队伍中的英格兰王国势力。间谍们还通过各种方式阻止境外的英格兰人加入珀金·沃贝克阵营。据我们所知，亨利七世还曾在圣保罗大教堂中故作愤怒地高声呵斥那几位间谍，把他们置于自己的对立面。我们很容易理解他为什么要这样做，因为他要为间谍们隐藏身份。没过多久，他的计划就有了成效。包括菲兹沃尔特男爵约翰·雷德克里夫在内，参与谋划篡位之事的贵族们最终暴露无遗，其中几人被亨利七世处死。出人意料的是，之前在博斯沃思战役里向亨利七世俯首称臣的彭布罗克伯爵威廉·斯坦利，竟然也是珀金·沃贝克叛军中的一员，不过其罪名很是模糊，起诉书上只写着，身为揭发者的罗伯特·克利福德爵士曾听到他说："亨利七世如果得知珀金·沃贝克的父亲是爱德华四世，就不会与他兵刃相见。"法官给出的结论是，虽然罪名大小还无从定夺，但彭布罗克伯爵威廉·斯坦利的叛国已成既定事实。最后，彭布罗克伯爵威廉·斯坦利在1495年2月16日被处决。其实早在彭布罗克伯爵威廉·斯坦利申请切斯特伯爵这一头衔的时候，亨利七世就对他心有芥蒂了。毕竟这一头衔从来都只属于威尔士亲王[1]。

对于神圣罗马帝国皇帝马克西米利安一世，以及他那年纪尚幼的儿子腓力一世来说，珀金·沃贝克的叛乱无疑是个绝佳的机会，令他们喜出望外。据说他们还得到过珀金·沃贝克的许诺：一旦篡位成功，他会把英格兰王位让给腓力一世，听命于腓力一世，替他管理英格兰王国。事情若真到了那个地步，神圣罗马帝国皇帝马克西米利安一世大概会动用英格兰王国的一切力量，来讨伐他痛恨至极的法兰西国王查理八世。

---

[1] 时至今日，这一爵位仍旧是威尔士亲王的专属。——作者注

此时此刻，亨利七世终于醒悟，英格兰就要成为众矢之的了。他还发现，有很多人都以为珀金·沃贝克就是真真正正的约克公爵，譬如教皇亚历山大六世、苏格兰国王詹姆斯四世、法兰西国王查理八世、萨沃伊公爵查理二世、丹麦国王约翰、身在西班牙王国的斐迪南二世与伊莎贝拉一世，以及那些追随了珀金·沃贝克长达两年的人。向来明智、慎重、眼光长远的亨利七世十分懊恼，他深知自己的失误令事态每况愈下，短短几天过后，他就变得像老人一样沧桑了。

第 2 节　开始行动

在 1495 年 7 月初的某一天，在珀金·沃贝克的指挥下，叛战舰队[1]从肯特海岸（Kent Coast）起航了。他们本打算从迪尔上岸，但在过程中被当地人袭击，一部分士兵被抓走。珀金·沃贝克只好放弃了这些士兵，率队向前行进。在诸多舰队将领当中，斐迪南二世拥有过人的洞察力，他敏锐地发现，那个胆小鬼不可能是金雀花家族中人。在抵达爱尔兰之后，珀金·沃贝克对沃特福德（Waterford）进行了包围。人们向来认为，亨利二世当年就是在沃特福德登陆的。在兰伯特·西姆内尔于 1487 年发动叛乱时，生活在沃特福德的民众都站在了亨利七世这一边。如今，他们又一次众志成城，联手抗击了珀金·沃贝克舰队 11 天之久。于是，那个冒牌货决定攻城，不承想却碰了一鼻子灰。于是，珀金·沃贝克打算到詹姆斯四世的地盘上去试试，因为在他从佛兰德斯撤离之前，詹姆斯四世答应会帮他一把。他带着大队人马在 1495 年 11 月 26 日抵达苏格兰王国，詹姆斯四世为了迎接他特意在斯特灵

---

　　[1]　珀金·沃贝克此番带领的舰队其实是神圣罗马帝国皇帝马克西米利安一世借给他的。——作者注

（Stirling）准备了隆重的仪式。很快，两人达成了一致，决定携手攻击英格兰王国。如果成功，珀金·沃贝克将支付给苏格兰王国政府33000克朗的战争补偿金，还会将英格兰王国境内的贝里克郡（Berwickshire）送给他。与此同时，亨利七世已对局势了然于胸，并计划故技重施：采用曾让英格兰王国在佛兰德斯屡战屡胜的战术策略。其实亨利七世从未断了和博斯韦尔勋爵约翰·拉姆齐（John Ramsay）之间的联系，博斯韦尔勋爵约翰·拉姆齐之前做出过承诺，只要条件允许，他就会把"冒牌货"珀金·沃贝克绑到英格兰王国，让冒牌货的追随者们清醒清醒。博斯韦尔勋爵约翰·拉姆齐是个狡猾的家伙，他不停游说亨利七世讨伐苏格兰王国。他告诉亨利七世，向苏格兰王国宣战对英格兰王国至关重要，另外，詹姆斯四世所领导的苏格兰王国政府已经失去了民心。现在派舰队直捣黄龙是很容易获得成功的。他还认为，爱丁堡城堡当前兵力薄弱，若要攻占，易如反掌。可令人意外的是，亨利七世还在准备的时候，苏格兰王国就率先在1495年9月17日袭击了英格兰王国。这次侵袭死伤无数，其暴虐程度就连珀金·沃贝克都有些难以接受。珀金·沃贝克在事后对这场嗜血行动表示无比的悲痛，以至于其他人都觉得他"没有一点儿王者之风"。无异于之前在迪尔的表现，他这次也表现得十分懦弱。袭击英格兰王国的苏格兰人一共只有1400人左右，所以英格兰王国并未遭遇重创。在两国边境线上作战的苏格兰人本希望能得到珀金·沃贝克的帮助，可是等了足足4天，他们都没有看到一个援兵。此时此刻，斐迪南二世也好，查理八世也罢，都看到了亨利七世的重要性，也都想争取这位盟友。所以两人都公开表示，除了自己，再没有人可以证明珀金·沃贝克的真实身份。欧洲各国都纷纷向亨利七世示好，与此同时，珀金·沃贝克的实力大打折扣。好在亨利七世依旧十分谨慎，他以叛乱为由，继续在法兰西王国和奥地利大公国之间坐山观虎斗。他还对斐迪南二世，以及神圣罗马帝国皇帝马克西米利安一世表示："内乱就在眼前，珀金·沃贝克的队伍哪能向法兰西王国宣战呢？"谁也不知道詹姆斯四世是不是获悉了最新消息，但他的确下达了命令，要求珀金·沃贝克从苏格兰王国撤军，暂时前往英格兰王国沿海地区避避风头，并想办法笼络当地民众。珀金·沃贝克率军在1497年7月来到了苏格兰王国的艾尔（Ayr），并在那里和安德鲁·巴顿（Andrew Barton）、罗伯特·巴顿（Robert Batton）相遇。这两个人是十分有名的苏格兰水手，我们在之后讲述下一位英格兰国王的执政情况时会常常提到他们。由此可见，詹姆斯四世是经过深思熟虑才建议珀金·沃贝克做出下一步行动的。可惜珀金·沃贝克并未依计行事，而是选择再一次，亦是最后一次赶赴爱尔兰。然而，身为爱尔兰总督的基尔代尔伯爵杰拉尔德·菲茨杰拉德一点儿也不赞同他篡位。无奈之下，珀金·沃贝克只好去了康沃尔。康沃尔在1497年4月时曾爆发过一场叛乱，后来叛乱被平息。在珀金·沃贝克看来，自己去了康沃尔之后，说不定能重新集结起那里的叛乱势力。

第3节 康沃尔叛乱及布莱克希思战役

从很早之前开始，康沃尔居民就对英格兰王室的税收制度甚为不满了，所以后来才爆发了叛乱。生活在康沃尔的人中有很多是煤矿工人，他们原本是不想和忽然出现的几百个外地人发生冲突的，但是在他们看来，这些苏格兰人的入侵很有可能成为英格兰王国政府向人们征税的借口，所以他们不能坐视不管。托马斯·弗兰莫克是一位律师，来自博德明（Bodmin）。他对康沃尔人说，以收取战争费用为由征税是不合法的。所以，一些康沃尔人打算发动起义，攻入伦敦，向政府提交反对横征暴敛的请愿书，并恳请政府对始作俑者托马斯·莫顿大主教，以及雷金纳德·布雷勋爵进行处罚。离开康沃尔之后，起义军来到了德文郡，此时他们还没有做出出格之举。然而，当他们来到了位于汤顿地区的萨默塞特郡（Somerset）之后，不仅杀害了汤顿市的市长，还强制要求奥德利男爵詹姆斯·塔切特加入起义军并担当将领。而后，奥德利男爵詹姆斯·塔切特率领起义军沿索尔兹伯里前进，借道温切斯特（Winchester）抵达肯特。起义军本以为在肯特能够寻到一些志向相投的、像杰克·凯德那样具有反叛精神的同道者，然而那里的人们这些年来一直对自身的出色表现——在对付珀金·沃贝克的过程中——备感骄傲，而这份骄傲之心似乎已经超过了对前人功勋的崇拜之情。在这种情况下，起义军只能无功而返。幸运之神很眷顾亨利七世，他手下的队伍早已准备好和苏格兰人一决高下。于是，亨利七世一方面即刻出兵布莱克希思（Blackheath），那里是苏格兰王国大军的驻地；另一方面则命令军队务必要把马匹尸体搬运至后方，以免阻塞前路，影响前进速度。除此之外，他还派人前往伦敦的各个角落认真布防，以及压制伦敦市内有可能出现的恐慌局面。这一连串的准备为亨利七世大军注入了满满元气。亨利七世让军队指挥官到处散播消息，说英军会在 1497 年 6 月 24 日攻打叛军。不过，叛军对此不以为然。1497 年 6 月 24 日下午，在亨利七世的命令下，驻扎于德特福特郡雷文斯本的先遣部队在多布尼男爵贾尔斯·多布尼的率领下挺进了伦敦。由于康沃尔起义军并未在这一线路上布防，因此先遣部队轻松到达布莱克希思山，并在多布尼男爵贾尔斯·多布尼的指挥下，对山上的起义军主力发起了猛攻。先遣部队迅速地拿下了敌人。在这场对抗中，起义军中有两千人战死，14000 人被后续赶来的英格兰王国政府军队围困；至于亨利七世方面，有大概 300 位士兵被优秀的起义军弓箭手射杀。最终，亨利七世下令处死了奥德利男爵詹姆斯·塔切特、托马斯·弗兰莫克，以及迈克尔·约瑟夫——起义军将领之一，本来是博德明的一个铁匠。对于这场战争的结果，亨利七世心满意足。

第 4 节　东躲西藏的日子

珀金·沃贝克费尽心思带领舰队躲过了沃特福德守军的追击，并最终在怀特森德湾上了岸。尽管伦敦方面传来的不是好消息，但康沃尔起义军并没有因此而放弃。他们选择加入了珀金·沃贝克的队伍，和珀金·沃贝克一起攻打埃克塞特（Exeter）。在此之前，珀金·沃贝克被德文郡伯爵爱德华·考特尼赶出了埃克塞特，现在他带着7000士兵进入了汤顿。到了这个时候，他其实早就绝望了。他无暇顾及那些值得同情的拥趸，只想逃到位于新森林地区的比尤利（Beaulieu）躲起来。然而，在来到埃克塞特的时候，他被等在那里的亨利七世逮了个正着。随后，他承认了自己冒充威尔士亲王的行为。其实前些时候就有人看到，珀金·沃贝克在一封写给母亲的家书中说到了一些与假冒威尔士亲王有关的事，所以他的假冒之举是不争的事实。有意思的是，尽管珀金·沃贝克试图逃出监狱，可亨利七世却没有处死他。珀金·沃贝克被押入了伦敦塔监狱，并在那里结识了沃里克伯爵爱德华·金雀花。两人一起谋划了一场越狱，可惜不但没有成功，还双双赔上了性命。弗朗西斯·培根曾写道："金雀花家族被他的一株野生藤蔓缠绕，金雀花之树因此失去了生命。"我们在本书里所引述的与珀金·沃贝克有关的最新资料都来自《理查三世》一书的附录，这本书的作者是詹姆斯·盖尔德纳。在詹姆斯·盖尔德纳看来，亨利七世没有立刻处死珀金·沃贝克的原因是，他想借珀金·沃贝克之手除掉沃里克伯爵爱德华·金雀花。倘若真是如此，那么亨利七世的谋略可以说足以比肩路易十一和理查三世。不过我们认为亨利七世完全可以采取更加简单直接的办法来对付沃里克伯爵爱德华·金雀花，而且他在之前还曾饶恕过兰伯特·西姆内尔。尽管亨利七世不是真善美的化身，但他也不是残暴的统治者。他最起码可以在不大开杀戒的前提下，安安稳稳地坐在王位上。鉴于已经出现过很多次假冒王室成员谋反的事情，议会特意慰问了亨利七世一番。亨利七世也十分诚恳且仁慈地对议会的慰问做出了回应："上帝能了解伟大之人的忧虑，请别再折磨我的友人们了。我向来鄙视谋逆者，我之所以感到难过，是因为我的子民们因他们而遭遇了巨大的灾难和不幸。"

第5节 《大通商条约》

珀金·沃贝克谋反一事终于尘埃落定。在此之前，针对佛兰德斯的贸易禁令得以解除。在实行禁令的这些日子里，一家诞生于14世纪的公司——"商人冒险家"——的爱国之举帮助英格兰王国解决了当前的最大难题。公司员工一如往日进行着贸易活动，用现金购买其他国家的货物。这样做的结果是，他们遇到了资金周转问题，而在他国的信誉也因此受到了影响。所以，解除禁令这件事无疑是重中之重。1496年6月，佛兰芒人迎来了《大通商条约》，自此，英格兰王国与佛兰德斯之间的贸易往来得以恢复。该条约对贸易自由进行了保护，并规定在英格兰王国、爱尔兰、法兰西王国的加来等地，商人在前往布拉班特、佛兰德斯、埃诺、荷兰、梅赫伦（Mechelen）进行贸易活动的时候不用出示护照和许可证。签约国相互之间被允许在彼此领土上拥有房产，或归国家所有，或归本国商人所有。不过，商人们必须依照条约里的相关条款支付一定的费用。当然，他们可以重新获得与之前无异的交易权利。英格兰王国与佛兰德斯都没有提出异议，而且英格兰商人在来到比利时安特卫普的时候，甚至受到了当地人的热情欢迎，就像得胜回来的队伍一般被人们护送回了商业基地。不过令人失望的是，在1497年，"商人冒险家"公司居然在千钧一发之际处心积虑地想要垄断英格兰王国的对外贸易。没有得到该公司许可证的人员在进行海外贸易的时候常常遭到阻挠。此外，这家公司还表示，买卖许可证是"坎特伯雷圣徒托马斯博爱精神"的体现。他们以宗教之名扰乱了社会，并逐渐受到了人们的质疑。许可证费用从一开始的3先令4便士涨到了现在的5英镑以上，而且商人们还必须支付所谓的会费。

纵然名声不好，不过还是有很多人接受了他们的部分不合理条件[1]。在这种情况下，"商人冒险家"公司掌握了很多特权，即便是在许多年之后，这些特权依然是社会焦点话题。

---

[1] 公司章程规定，想要获得商业许可证的商人需要缴纳的费用不超过6英镑3先令4便士。——作者注

第 5 章

亨利七世执政中后期

第 1 节　查理八世的意大利狂想

亨利七世和意大利在对法战争期间是什么关系？他为什么在 1496 年和意大利一同对付查理八世？要想找到这些问题的答案，我们需要先来看看在 1494 年和 1495 年时，英格兰王国和意大利王国的结盟。查理八世接受了法兰西王国驻英大使所提出的建议，并在 1494 年 8 月开始了行动。除此之外，查理八世还计划向意大利王国宣战。在此之前，他那聪明过人的姐姐，也就是法兰西的安妮公主曾劝说过他；命不久矣的路易十一也曾对他说过，他应该再给法兰西王国五六年的调整时间。然而，他对这些话毫不在意。他的目的和动机十分复杂，无人能懂，而他对外征战的最大原因或许是虚荣心作祟。他是个很虚荣的人，他希望自己像恺撒大帝和查理曼大帝那样年纪轻轻就功勋卓然，骄傲地掌管和统治法兰西王国；他想在这些年里不断开拓疆土，并迎来几百年来的巅峰时代。除此之外，查理八世总是说，天命难违，自己就注定会战胜奥斯曼土耳其帝国。无异于已故的路易十一，他为了攻占耶路撒冷而决定迂回作战，并计划在突尼斯（Tunisia）上岸。在他看来，自己必须先占领那不勒斯（Naples）王国，然后才是意大利，只有如此，才能轻松拿下耶路撒冷圣城并统治希腊。他为此迈出了第一步,对外宣布那不勒斯原本属于安茹的勒内[1],后来被割让给了路易十一。这也就是说,安茹的勒内其实是耶路撒冷王国的君主,至少名义上是的。随着土地被割让,耶路撒冷王国统治者的桂冠也被戴在了路易十一头上。此时,奥斯曼土耳其帝国大军实力强劲、所向披靡,以至于查理八世的盘算看上去可笑至极。他想离间意大利王国的两大城邦,但这种方法完全没有办法帮助他对付意大利王国,而且还会致使其征战计划彻底失败。更何况,如果要出兵意大利王国,那么查理八世还需要先花钱笼络那些法兰西王国的亲王,若非如此,当他领兵出发后,那些亲王很可能乘虚而入。为了避免遭到他国的偷袭,他把阿图瓦、佛朗什-孔泰这两个地方还给了神圣罗马帝国皇帝马克西米利安一世,又将鲁西永、塞尔达尼亚两地割让给了阿拉贡国王斐迪南二世。在1481年的时候,阿图瓦、佛朗什-孔泰两地成了路易十一的囊中之物。现在,神圣罗马帝国皇帝马克西米利安一世重新获得了它们。所以,法兰西王国的东北部边境门户大开。鲁西永、塞尔达尼亚两地则是加泰罗尼亚地区的前哨。在此之前,卡斯蒂尔王国为了得到路易十一的帮助,许诺重新收回格拉纳达,便将上述两地双手奉上。现在,对于西班牙人来说,收复失地的意义无异于占领格拉达纳。不过,神圣罗马帝国皇帝马克西米利安一世并不安心,他深知查理八世的理想是称霸东方。所以,在这两位统治者之间只可能存在竞争关系。斐迪南二世别有所图,他很清楚,查理八世可不想让那不勒斯王国的阿拉贡王朝就这样存在下去。所以,斐迪南二世绝不会积极帮助阿拉贡王朝。在当时的意大利,真正忠诚于法兰西王国的人只有米兰公爵卢多维科·斯福尔扎(Ludovico Sforza)。米兰公爵卢多维科·斯福尔扎掌控着米兰公国,不过这个权力是从他的侄子米兰公爵吉安·加莱亚佐·维斯孔蒂(Gian

---

[1] 勒内一世(1409—1480年),出身法国王室,1435—1442年为那不勒斯王国名义上的国王,1431—1453年为洛林公爵。——译者注

Galeazzo Visconti)那里抢来的。站在巩固统治权的角度，米兰公爵卢多维科·斯福尔扎当然不会对法兰西王国征伐意大利王国有什么意见，他巴不得意大利王国乱作一团。

法兰西王国发起了一连串军事行动，我们将在这里做些简单描述。查理八世信誓旦旦地表示自己支持米兰公爵吉安·加莱亚佐·维斯孔蒂，而米兰公爵卢多维科·斯福尔扎见状立马远离了查理八世。查理八世执意要攻占佛罗伦萨，统治比萨（Pisa）。所以，他并没有选择和佛罗伦萨结为同盟。除此之外，查理八世还多了个不良癖好，他五次三番地把各种意大利艺术品搬到法兰西做装饰品。在意大利，受控于罗马教皇的各邦国要塞都被查理八世攻破了，教皇与各地主教都不得不躲到了圣安吉洛城堡。尽管阿拉贡王朝的阿方索不得民心，查理八世也很快就拿下了那不勒斯，然而，查理八世的一系列恶劣行径让他很难在那不勒斯立足，实施统治。威尼斯共和国、斐迪南二世、教皇亚历山大六世、神圣罗马帝国皇帝马克西米利安一世、米兰公爵卢多维科·斯福尔扎私下结为了同盟，联手出击法兰西王国。他们打算对法兰西王国政府进行阻挠，以让查理八世大军失去后援，同时竭力抓捕查理八世并将其囚禁。不过，在地处皮亚琴察一带的福尔诺沃（Fornovo），查理八世还是顺利突围了，并命令随行的9000人大军继续征伐意大利王国。后来，他好像再也没有想起过那些士兵。结局不言而喻，因为一方面不敌意大利人，另一方面又遭遇了疾病困扰，查理八世大军这次输得很彻底。

第2节 以联姻结盟

查理八世的惨败也影响了亨利七世的对外政策，而且这种影响既强烈又特别。显然，英格兰王国的统治者通常都不太愿意和法兰西王国走得太近，也不喜欢和西班牙王国交往过密，而是会选择顺其自然，看着它们此消彼长，日渐颓然且相互牵制。在这种情况下，无论是法兰西王国，还是西班牙王国，都没有能力联合苏格兰王国共同对付英格兰王国。不过，在法兰西王国吞并布列塔尼之后，英格兰王室开始视法兰西王国为敌。当时的亨利七世正背井离乡，远征他国。所以，假如法兰西王国和西班牙王国结盟，英格兰王国势必会陷入困境。然而，西班牙王国的斐迪南二世与伊莎贝拉一世都认为应该和亨利七世搞好关系，以借亨利七世之力制衡后方劲敌法兰西王国。实际上，他们一直在找机会讨好亨利七世。此前，在西班牙王国驻英大使佩德罗·德·阿亚拉的游说下，苏格兰国王的詹姆斯四世最终选择了亨利七世，放弃了冒牌货珀金·沃贝克。亨利七世由此而得以渡过难关，并更加关注英西之间的关系。为了拉拢苏格兰王国和西班牙王国，或者说为了防止这两个国家和法兰西王国联手对付自己，亨利七世特意规划了两个联姻行动。他打算让大儿子威尔士亲王亚瑟和阿拉贡王国的凯瑟琳公主成婚，凯瑟琳是斐迪南二世和伊莎贝拉一世最小的女儿；让自己的女儿玛格丽特·都铎嫁入苏格兰王室，坐上苏格兰王后之位。两次联姻皆意义非凡。此后，英苏王室有了更紧密的联系，苏格兰的储君詹姆斯·斯图尔特将获得英格兰国王之位的继承权。这也就意味着，英苏正式结盟了。聪敏的亨利七世还特意表示，一旦两国成了亲家，那么苏格兰亲王将获得英格兰王位的继承权，但英格兰亲王不会被允许登上苏格兰王位，毕竟通常都是弱势国家的储君继承强权国家的王位。英西之间的联姻则令两国友谊更加稳固了。神圣罗马帝国皇帝马克西米利安一世的大儿子，也就是腓力一世与阿拉贡王朝凯瑟琳公主的姐姐，来自卡斯蒂尔的胡安娜结了婚。此后，英格兰王国、西班牙王国，以及尼德兰之间的商贸活动变得越来越活跃。见到这样的情况，约克的玛格丽特只好放弃了又一次煽动约克家族叛乱，反对亨利七世的计划。尽管亨利七世有很多办法能让威尔士亲王亚瑟赶紧把阿拉贡王朝的凯瑟琳公主娶过门，不过整个商谈的过程却出奇的缓慢。终于，两国王室在1496年9月对联姻一事及其各项条件达成了一致。

威尔士亲王亚瑟和凯瑟琳的结婚大典于1497年8月15日在伍德斯托克成功举行。不过，他们的正式婚礼却被安排到了1501年9月。亨利七世在1496年9月参加了反法同盟，彼时的他像以往一样谨慎小心。在正式加入之前，他提出了一个条件：反法同盟不能像要求其他盟国那样要求英格兰王国对法开战。尽管他的条件十分苛刻，不过斐迪南二世还是想把他拉进来，他坚信亨利七世已深陷被动，要不了多久就会诉诸武力。近来的历史研究证明，斐迪南二世当时正在谋划如何抵制高卢教派所主张的特殊自由权[1]。在人们看来，正因为有了高卢教派所主张的特殊自由权，历史上才会出现譬如法兰西国王查理八世等敢于挑战罗马教皇权威的统治者，在那个时代，罗马教会无疑是精神权威，但那些统治者不但不惧怕，还表现出了叛逆。所以，为了让罗马教皇的地位不被动摇，斐迪南二世不得不让女儿凯瑟琳嫁给威尔士亲王亚瑟。这场联姻似乎是宿命的最佳例证。无论是英格兰王国还是西班牙王国，都想通过联姻来巩固罗马教皇的地位，然而也正因如此，英格兰王国不但会遭到宗教威胁，还得面对自由制度被破坏的局面。弗朗西斯·培根曾经谈到，在亨利七世治下，人们对异教徒的控诉虽然不太多，但时不时也会出现。在1494年及之后的数年间，屡有威克利夫教派的信徒被判处火刑，比如琼·鲍顿·扬夫人等。在英格兰王国活动的宗教异端不得不离境避难。从多年前开始，经斐迪南二世与伊莎贝拉一世批示，异端裁判所年年都会对500人处以火刑。在与斐迪南二世、伊莎贝拉一世联手之后，亨利七世会受到他们那种强硬政策怎样的影响呢？值得庆幸的是，大概是因为天生胆怯、瞻前顾后，也可能是因为无法接受任何暴行，亨利七世一直在努力避免给人民带去过多的痛苦与不幸，即便是选择了联姻。

---

　　[1] 高卢教派的创始人是查理七世，也就是查理八世的祖父。——作者注

第 3 节　拒绝东征

教皇亚历山大六世在 1500 年宣布东征，但他的目的却不同于查理八世。因此，亨利七世不再对教皇亚历山大六世坚信不疑。教皇亚历山大六世希望亨利七世带头起兵，而后联合匈牙利、波兰、波西米亚、威尼斯、法兰西、西班牙等国家和地区的部队，一起进攻奥斯曼土耳其帝国。亨利七世对此十分不屑，于是回复说，没有哪个统治者会比他更想加入神圣的东征队伍，不过相较于英格兰王国，位于地中海沿岸的那些国家和奥斯曼土耳其帝国只是咫尺之遥，而且他们的舰队拥有更加先进的装备，所以那些国家应该更加积极地发动进攻；当然，假如那些国家不愿意出战的话，那么他也不会坐视不管，让教皇亚历山大六世陷入孤立无援的境地，待准备充分之后，他定会与教皇亚历山大六世一起踏上征途。亨利七世还提出了出兵的条件：首先，基督教国家的统治者们要彻底消除分歧；其次，教皇亚历山大六世必须把意大利境王国内的良港交给亨利七世来控制，以方便英军后撤及防卫。教皇亚历山大六世派出的使团没有给出确切的答复，由此可见，教皇亚历山大六世其实并不是太重视这次东征。

第 4 节　一场无奈的婚姻

在订婚的时候，阿拉贡的凯瑟琳只有 13 岁，而亨利七世的大儿子威尔士亲王亚瑟比她还小 3 岁。在这种情况下，一部分西班牙人提议，不如让凯瑟琳到英格兰王国去学习，不过这个建议遭到了另一部分西班牙人的反对。反对者认为，在英格兰王国的皇宫里，小姑娘可学不到什么好东西。支持者则表示，凯瑟琳总有一天要去英格兰王国生活，不能太依赖自家了，还是早点儿去英格兰王国适应一下为好。如此到英格兰王国这件事就定下来了，凯瑟琳只好从1500年年底就开始准备。为此，英格兰王室计划为凯瑟琳举行盛大的迎接仪式，在听说此事后，伊莎贝拉一世马上写信告知亨利七世不用那么破费，并恳请亨利七世替自己和斐迪南二世尽量照顾凯瑟琳，给予她慈父般的爱。凯瑟琳将成为威尔士王妃，除了能得到一块位于威尔士境内的封地之外，还将得到康沃尔公爵夫人和切斯特伯爵夫人的头衔。假如她日后能登上王后之位，那么她将会是"英格兰历史上头衔最多的王后"。凯瑟琳很看重这些模糊的身份，并为此而签下了一份文件，放弃了自己的嫁妆，尽管她的嫁妆价值20万达克特。威尔士亲王亚瑟在1501年11月正式迎娶了凯瑟琳，和她一起住进了拉德洛城堡。在一两周之后，这位新婚的年轻人写信给父亲亨利七世说，自己从未如此幸福过。他在拉德洛的时候总是全心全意地承担着王室成员应尽的责任。玫瑰战争破坏了拉德洛一带的众多城镇，他竭尽全力地鼓励人们重建家园。除此之外，他还得到了威尔士议会成员的协助，对威尔士公国的司法制度做了进一步完善。性情温和的他总能顺利调和各种家族斗争。所以，他的声誉一直不错。可是令人遗憾的是，他没能一直这样好运。忽有一日，他一不小心感染了风寒。在和凯瑟琳完婚5个月后，也就是在1502年的4月，威尔士亲王亚瑟病逝。斐迪南二世与伊莎贝拉一世还有两个女婿也很不走运地死于壮年。在此后的日子里，凯瑟琳悲伤地躲了起来，离群索居，后来被西班牙王国的使者接回去了。另外，西班牙方面对英格兰王国政府提出要求：凯瑟琳有权获得已故丈夫的遗产，以及作为王妃的收入。不过，在斐迪南二世和伊莎贝拉一世看来，亨利七世是一位不可或缺的盟友，所以他们私下告知西班牙王国的使团，如果有可能，要尽力促成亨利八世和凯瑟琳的婚事。但是凯瑟琳刚刚丧夫，而且比亨利八世这个小叔子大了5岁，对于身为天主教徒的斐迪南二世和伊莎贝拉一世来说，这样的婚约显然是不合规矩的，除非得到罗马教皇的特别许可。不过，鉴于斐迪南二世和亨利七世的联手是有政治目的的，以及据说凯瑟琳与威尔士亲王亚瑟还没有真正圆房，所以凯瑟琳和亨利八世之间或许也是有可能的。因为，首先，教皇制度具有一定的灵活性；其次，亨利七世没有对此表示反对；最重要的是，凯瑟琳和亨利八世的婚事关系到英西两国未来的关系。凯瑟琳来到了克罗伊登（Croydon）的一个小乡村，暂时住进了坎特伯雷大主教亨利·迪恩在那里的一间房屋。亨利七世对西班牙王国的态度在改变，对凯瑟琳的态度也在改变。凯瑟琳俨然成了西班牙王国守护自身利益的砝码。亨利七世一度想要将凯瑟琳纳入自己的后宫，不过被伊莎贝拉一世严词拒绝了，伊莎贝拉一世直言不讳地说出了她的想法："不利于社会风气，更是对基督教教徒的亵渎"。

第 5 节　再婚计划

斐迪南二世与伊莎贝拉一世十分急迫地想要把凯瑟琳再嫁出去，究其缘由和法兰西王国当下的局面不无关系。在布列塔尼，查理八世感受到了自己叔叔路易十二的威胁。最终，查理八世的法兰西皇冠还是戴在了路易十二头上。路易十二一登上王位就对教皇亚历山大六世进行了贿赂，以便让教皇亚历山大六世同意他的离婚申请：他的妻子是路易十一之女，也就是法兰西王国的让娜公主，与他向来不和；此外，他还打算立刻迎娶布列塔尼公国的安妮公主，也就是查理八世的遗孀，他这么做自然是为了让法兰西王室在布列塔尼公国的统治更加稳固。在继承了查理八世的地位之后，他又坐上了那不勒斯国王之位。因为身为米兰维斯孔蒂家族的后代，他还得到了米兰公爵这一爵位。事实上，他在成为统治者之前就已和威尼斯共和国、罗马教皇联手霸占了米兰公国，把米兰公爵卢多维科·斯福尔扎赶下了台。在查理八世离开意大利王国之后，卢多维科·斯福尔扎一度重新获得了米兰公爵的身份，而现在的他身在法兰西王国的图尔（Tours），被路易十二关在位于洛什的一座废弃的城堡里。此后，路易十二和斐迪南二世签订了一份协议，打算对那不勒斯王国进行瓜分：西班牙王国将获得阿普利亚、卡拉布里亚；法兰西王国将获得拉瓦洛、阿布鲁佐。法军在1501年7月对那不勒斯王国发起了进攻，占领了划归法兰西王国的那不勒斯王国，而那不勒斯国王腓特烈一世成了阶下囚。斐迪南二世大军中的贡萨洛·费尔南德斯·德·科尔多瓦将军成功占领了塔兰托（Taranto），以及那不勒斯王国南部。不过，这样一份意欲分割那不勒斯王国广袤土地的荒唐协议肯定会草草收场。在分割那不勒斯王国中部地区的时候，路易十二和斐迪南二世没有达成一致。两个人都想将这块土地据为己有。这一矛盾在1502年之初逐渐被激化。所以威尔士亲王亚瑟的离世注定会让斐迪南二世和伊莎贝拉一世更在意自己和英格兰王国之间的关系。他们强烈地想要拉拢英格兰这个盟友，完全没有看到阻碍凯瑟琳再婚的各种难题。对于这件事，亨利七世也不是没有担心过。马上就要出任伦敦主教一职的威廉·渥兰完全不支持教皇亚历山大六世的决定：允许亨利八世迎娶凯瑟琳。这让亨利七世更加焦虑了。不过，理查德·福克斯主教与部分重臣都赞成这桩婚事。当然，罗马教皇此前也做过多次类似的决定，很多王室成员都被允许离婚。亨利七世大概是在想，罗马教皇的这一特权是很难去限制的。就在这个时候，从那不勒斯王国传来了好消息，西班牙王国的贡萨洛·德·科尔多瓦旗开得胜，这让亨利七世的愁绪少了许多。在这种情况下，他决定接受斐迪南二世夫妇的提议，不过在整个过程中仍旧表现得很小心，甚至还授意亨利八世私下发起反对这门婚事的抗议活动。

第6节　腓力一世的来访

到了统治后期，亨利七世时时刻刻都在担心约克家族卷土重来，整日愁眉苦脸。这个时候，萨福克公爵埃德蒙·德·拉·波尔还活着，在早先的布莱克希思之战中，亨利七世曾任命他为军队指挥官，而他的兄长则是林肯伯爵约翰·德·拉·波尔。他曾经在与人发生争执时不慎致人死亡，而亨利七世毫不留情地要求他一个人出席庭审，并向法官申诉。在当时，只有普通百姓才会被如此要求，因此萨福克公爵埃德蒙·德·拉·波尔对此十分恼怒。他决定前往佛兰德斯向他的姨母，也就是约克的玛格丽特求助。在玛格丽特的劝说下，他和亨利七世握手言和，并返回了英格兰王国。不过，就在威尔士亲王亚瑟大婚之前没多久，负债累累的萨福克公爵埃德蒙·德·拉·波尔又一次跑到了佛兰德斯，企图在这个全民不满的时刻趁机篡位。见此情形，亨利七世只好使出老花招。他命罗伯特·柯曾（Robert Cozens）去佛兰德斯找萨福克公爵结盟，然后找出他在英格兰王国的后台。在这件事之后，亨利七世下令逮捕了自己的妹夫德文伯爵威廉·考特尼[1]、阿伯加文尼男爵乔治·内维尔，以及部分小官，譬如蒂雷尔勋爵詹姆斯·理查德，他杀害了被囚禁在伦敦塔里的爱德华五世与约克公爵什鲁斯伯里。上述这些人都性命不保。萨福克公爵埃德蒙·德·拉·波尔见阴谋已经败露，只好绝望地逃离了英格兰王国。他来到了佛兰德斯，并在那里得到了神圣罗马帝国皇帝腓力一世的庇佑。在此之前，伊莎贝拉一世已撒手人寰，在妻子卡斯蒂尔公国胡安娜公主的协助下，神圣罗马帝国皇帝腓力一世成功获取了卡斯蒂尔王国的统治权。后来，萨福克公爵埃德蒙·德·拉·波尔遭遇了一场意外，最终被迫从佛兰德斯离开。在1506年1月的时候，神圣罗马帝国皇帝腓力一世夫妇正赶赴西班牙王国，准备接手卡斯蒂尔国王。神圣罗马帝国的舰队穿过英吉利海峡来到了目的地，而后在停靠之前向空中放了几枪。就在众人感到欢欣鼓舞的时候，瞬间刮来了一阵大风，把舰船吹得东倒西歪。腓力一世和胡安娜只好赶紧让船队驶入英格兰王国的梅尔库姆（Maycomb）海港。这件事让

---

[1] 约克的凯瑟琳是他的妻子，而凯瑟琳又是亨利七世之妻约克的伊丽莎白的妹妹。——作者注

亨利七世心情大好，因为在他眼中，腓力一世是敌人无疑，因为腓力一世之前不但挑唆及帮助珀金·沃贝克篡位，还答应在事成之后接手英格兰王室。现在，腓力一世似乎成了瓮中之鳖。于是，亨利七世赶紧向腓力一世与胡安娜发出了邀请，请他们到温莎访问。两人看起来备受礼遇，但事实上却被亨利七世控制住了。亨利七世一面对他们礼遇有加，一面要求他们将萨福克公爵交出来。尽管腓力一世夫妇不愿意这么做，但他们好像没有别的选择。亨利七世许下诺言说，虽然萨福克公爵埃德蒙·德·拉·波尔之前意欲谋反，但自己不会因此而责罚他，并会好好安排交接事宜，让人们以为是萨福克公爵埃德蒙·德·拉·波尔不愿再流落他乡，自愿归国的。除此之外，亨利七世还要求腓力一世签署了一份新的商贸协定。这份协定遭到了卡斯蒂尔人的疯狂反对，人们称其为《小通商条约》，其规定和1496年出台的《大通商条约》相去甚远。卡斯蒂尔人十分不满，声称该协定有损其利益。在此之前，英格兰王国的布匹只能在商贸重镇布鲁日与安特卫普进行交易，而此后则被允许进入佛兰德斯各地市场。对于卡斯蒂尔的商人们而言，无论是利益还是贸易机会都受到了很大影响。

身为英格兰王后的伊丽莎白来自约克家族，她秀外慧中、心地善良，不过却在1501年离开了人世。于是，亨利七世成了孤家寡人。亨利七世眼下最发愁的事莫过于英格兰王位的继承问题，谁也不知道亨利八世的命运将会是怎样的。为了防患于未然，他打算再次结婚生子。尽管他看上去身材瘦削，稍微有些衰老，不过身体还算不错，留下更多后代应该是不成问题的。大臣们为他选了几个结婚对象，或者说未来的王后。他因为一直打探她们的性情而遭到嘲笑。无奈的他选择了那不勒斯王国已故国王的遗孀伊莎贝拉一世的外甥女，不过对方并没有答应。对方表示，不想远赴英格兰王国当个被人呼来唤去的花瓶。他后来看上了马克西米利安一世之女玛格丽特，她曾荣登法兰西王后之位，而后又与西班牙王位的继承人结了婚，还一度被封为萨沃伊公爵夫人。在婚姻之路上十分坎坷的她看上去似乎可以稳定下来，成为未来的英格兰王后了。除此之外，还有人指出，早在腓力一世夫妇受邀访问温莎的时候，亨利七世就看上了卡斯蒂尔公国的胡安娜。在那个时候，神圣罗马帝国皇帝腓力一世的健康问题很严重，看起来命不久矣[1]。不过，亨利七世的再婚计划最终没有实现，他不得不一个人生活下去。亨利七世在1508年做了一件令人不解的事情。在他的请求下，亨利六世被罗马教皇尤里乌斯二世[2]追封为圣徒。对此，弗朗西斯·培根的说法是，英格兰王室为此花费不菲，掏了1000达克特给罗马教廷。另外，在弗朗西斯·培根看来，尤里乌斯二世是个理性、慎重的人，绝不会把"圣徒"殊荣赐予"德不配位的人"。尽管罗马教廷要价很高，但亨利七世并没有就此罢休。在这一年里，他还自愿支付了差不多的费用，让坎特伯雷大主教安瑟伦也被追封为了圣徒。

第7节　可恶的代理者

亨利七世在统治英格兰的最后13年里并未通过定期征税的方式来为议会提供资金，而是选择了不定期敛财的方式为议会提供收入。不过，他所采用的方式使他在执政史上留下了污名。他要求各个政府部门都要上缴资金，并以授予教区为由收敛钱财，同时还向那些被关押的康沃尔起义军成员贩卖赦免令，费用在1~200英镑之间。另外，亨利七世最遭人唾弃的暴敛行为都是理查德·恩普森（Richard Empson）与埃德蒙·达德利（Edmund Dudley）来负责的。理查德·恩普森来自托斯特，出身商人家庭。一开始，亨利七世只是打算像路易十一那样在官场上起用一些普通人，所以理查德·恩普森才有了机会。埃德蒙·达德利则颇有来头，其子约翰·达德

---

[1] 腓力一世在1506年去世。——作者注

[2] 尤里乌斯二世是在1503年成为罗马教皇的。——作者注

利曾先后被封为利斯尔子爵、沃里克伯爵和诺森伯兰公爵，是英格兰王国历史上一个至关重要的存在。理查德·恩普森与埃德蒙·达德利的目标是生活在英格兰王国的所有有钱人，他们不择手段、大敛横财，迅速为亨利七世累积起了大量资金。曾任伦敦市市长的威廉·卡佩尔爵士因为玩忽职守而导致劣币频现，为此，理查德·恩普森与埃德蒙·达德利对他进行了严审，并开出了2000英镑的罚单。威廉·卡佩尔爵士早先就已经被罚过一次款了，所以这一次他无论如何也不愿再给钱。后来，他被关进了伦敦塔，直到亨利七世去世也未能获释。一部分受到指控的罪犯被直接打入了大牢，而不会经过审判，只要他们愿意支付赎金或罚金，他们就可以走出监狱。毫无疑问，这样的行为已经违反了《大宪章》中的相关规定。弗朗西斯·培根指出，理查德·恩普森与埃德蒙·达德利权势过人，有时候就连地方法官也惹不起他们。他们徇私枉法，随意收押罪犯只为通过罚金敛财。非法拘禁外加擅自开释，他们通过这样的方式收获不菲。他们甚至还想做出这样的规定：罪犯需要缴纳不少于释后两年内收入50%的保释金。除此之外，当有人合法继承某块封地的时候，他们便会借机横征暴敛，收取各种税费，令封地继承人苦不堪言。受影响最大的莫过于王室成员们，在缴清巨额税费之前，他们无法继承任何封地。理查德·恩普森与埃德蒙·达德利还雇佣了一批税收特使，要求他们认真核查地主们的缴税情况，并想借此机会重新启动英格兰王室曾经拥有的征税权。日复一日，年复一年，繁重的苛捐杂税渐渐动摇了亨利七世及其政府的统治根基。在未来的历史中，查理一世及其政府的轰然倒塌多少也和横征暴敛有关。亨利七世或许知道自己时日无多，便开始察纳雅言。令人欣慰的是，都铎王朝的高官都很坦诚且勇敢，是值得敬佩的人。不过，在收敛恶行之前，亨利七世已经积累起了180万英镑的资产。这个时候，那些税收特使犹如过街老鼠般遭人痛恨，而雇佣他们的人更是成了全民公敌，没有人不希望他们早点儿死去。

第 8 节 最后的日子

亨利七世生前所处理的最后一件国事是女儿玛丽公主的婚事，对方是卡斯蒂尔公国的王子查理，也就是神圣罗马帝国皇帝腓力一世和卡斯蒂尔公国的胡安娜公主所生下的儿子。亨利七世想通过这段婚姻让英格兰王国与盟国的关系变得不可撼动。成婚之后，查理王子将继承苏格兰王国和西班牙王国的王位，以及被封为勃艮第公爵。亨利七世知道自己大限将至，索性赦免了所有叛国者，并打算将不义之财悉数归还。在不久后的 1509 年 4 月 22 日，52 岁的亨利七世于里士满离开了人世。他在位 28 年零 8 个月，历经磨难，最终在这样一个年纪遭遇了本不该遭遇的病痛。

第 6 章

亨利七世的治国之道

第 1 节　令人头疼的爱尔兰问题

亨利七世对英格兰王国和爱尔兰所采取的策略是分而治之[1]，所以我们也将分开探讨英格兰王国和爱尔兰的情况。实际上，在参加韦克菲尔德之战时，备受人们认可的约克公爵理查德启用了爱尔兰的大部分兵力，然而他失败了，爱尔兰政府也因此失去了独立。后来，玫瑰战争愈演愈烈，因为无法再向爱尔兰派驻更多人员，也无法再拨出更多资金，英格兰殖民者只好撤离了爱尔兰。因此，爱尔兰的贵族们陆续夺回了大片曾经失去的土地，特别是阿尔斯特地区的贵族，战果颇丰。一部分英格兰人选继续在爱尔兰南部和西部生活下去，哪怕最后会被爱尔兰人同化。英格兰诗人埃蒙德·斯宾塞曾经写道，德斯蒙德伯爵托马斯·菲茨杰拉德在 1467 年时被处死，而杰拉尔丁家族中人为此怒不可遏。

他们起兵讨伐爱德华四世，并公开表示脱离英格兰王室。在来到曼斯泰

---

[1]　实际上，在大部分的历史阶段，英格兰和爱尔兰都是相对独立的。——作者注

（Munster）的时候，杰拉尔丁的军队中有很多英格兰人。无异于奥尼尔家族和奥唐奈家族，巴特勒及德·伯格家族也已被爱尔兰人同化了。他们遵循着布里恩的律法，变得好斗，而且大部分人都已改用爱尔兰名，习惯说爱尔兰语，身着爱尔兰样式的衣服，和爱尔兰人结婚生子，以及把家臣纳入家族，设定为旁系。他们的军队非但不会向当地部门缴纳租金和服务费，还会时不时地强行住进百姓家里，或者白吃白喝。在英格兰王国，人们称这种情况为"供宿供食"。英格兰历史学家戈尔德温·史密斯（Goldwyn Smith）之前提到过："那些被爱尔兰同化的英格兰人把爱尔兰人的古怪思想都学得很到位，譬如基尔代尔伯爵杰拉尔德·菲茨杰拉德。他是杰拉尔丁的领袖，曾经很不道德地放火烧毁了卡舍尔圣约翰大教堂，在被追责的时候，他居然说自己以为大主教还没离开教堂。"英格兰移民极为推崇爱尔兰律法，原因在于爱尔兰律法的创制者是金雀花家族，各项条文都十分严苛。安特卫普的克拉伦斯公爵莱昂内尔在1367年制定了《基尔肯尼法规》，禁止爱尔兰人在英格兰王国境内畜牧。他的初衷不是禁止爱尔兰人来到英格兰王国，而是促使英格兰人和爱尔兰人划清界限，以免有英格兰人在爱尔兰人的影响下远走他乡，毕竟"自由自在"的爱尔兰生活拥有独特的魅力，唯有法律才能束缚。

第 2 节 《波伊宁斯法》

在英格兰王国，兰开斯特家族与约克家族一直势不两立，若要选择一个来合作的话，对于爱尔兰人来说，约克家族自然是首选。这也是为什么亨利七世在登上王位并察觉到爱尔兰不受自己控制之后，会着手改变统治方式。一开始，亨利七世把对爱尔兰的管理权交给了爱尔兰贵族。鉴于基尔代尔伯爵杰拉尔德·菲茨杰拉德在爱尔兰位高权重，所以亨利七世便任命他为爱尔兰总督，并将管理权交给了他。后来，亨利七世在空闲的时候认真一想，之前无论是兰伯特·西姆内尔也好,还是珀金·沃贝克也罢,在发起叛乱的时候可都是得到了爱尔兰人支持的,想当初自己深陷困境,差点儿和都铎王朝一起被灭。于是,他觉得必须设立一个具有一定规范性的政府来对爱尔兰进行管理。1494 年,珀金·沃贝克准备进攻英格兰王国,就在这个时候,爱德华·波伊宁斯爵士被亨利七世指定为了爱尔兰总督。他此前参与过很多大事件,作为政治家和指挥官,可谓经验丰富。他没过多久便洞察到,自己的队伍在阿尔斯特和珀金·沃贝克麾下那些充满野心的爱尔兰人对垒的时候,总是遇到许多障碍——那些爱尔兰人时常躲在"群山所形成的固若金汤的天然堡垒"中。基于此,爱德华·波伊宁斯爵士认为基尔代尔伯爵杰拉尔德·菲茨杰拉德一定和珀金·沃贝克有着某种不可告人的关系,而后通过爱尔兰议会罢免了基尔代尔伯爵杰拉尔德·菲茨杰拉德,并将其抓捕,押往英格兰王国。此外,爱德华·波伊宁斯爵士还召开了爱尔兰议会,地点就在德罗赫达(Drogheda)。在会议上,议会通过了好几个法案,而且有两个都关乎爱德华·波伊宁斯爵士。其中一个法案规定:"英格兰王国的新法规同样适用于爱尔兰,同样具有法律效力。"英格兰历史学家亨利·哈勒姆(Henry Hallam)说过,在爱尔兰境内推广英格兰王国法规的情况在以往并不鲜见,而且法规中并不一定会明文指出,爱尔兰民众也需要遵循相关规程,不过法官们通常都认定,爱尔兰人应该接受这些法规的约束。在理查三世时代,大部分爱尔兰人都心知肚明,在爱尔兰有很多自治城镇依循的是英格兰王国的法律。在颁布了《波伊宁斯法》之后,爱尔兰人不再对之前所启用的英格兰王国法律持怀疑态度[1]。在那之后出台的英格兰王国的法律不再适用于爱尔兰,除非有明文规定要求爱尔兰人遵守,或者出现了诸如"陛下的全部国土"之类的涉及爱尔兰的概括性描述。我们在这里强调一下,在距今不远的 1719 年,爱尔兰议会出台的一项法案明确规定,在经过大不列颠王国议会上、下议院的批准后,英格兰

---

[1] 我们也不太明确,为什么"新法规"能得到一致支持。——作者注

王室可以针对爱尔兰人制定相关法律法规。该法案在 1782 年停止实施，而后爱尔兰议会脱离了大不列颠王国议会。这一局面一直维持到《1800 年联合法案》问世，此后，爱尔兰议会又一次被纳入英格兰王国议会。

在《波伊宁斯法》中还有一个更为关键的规定：因为英格兰国王需要在英格兰王国议会上对议案进行审批，所以爱尔兰只能等到有结果之后才能召开自己的议会。在拿到印有英格兰王国国玺图案的议案后，爱尔兰议会可以依照上级意见通过或驳回相关法案，不过没有权力对法案进行修改或变更。由此可见，尽管爱尔兰名义上独立于英格兰王国，不过移居爱尔兰的英格兰人并不享有独立自主的立法权。在爱尔兰地区的人口当中，他们只占了很少一部分，但他们常常为了维持自身优越性而采取强制手段。对此，不可否认的是，的确应该好好管理下那些移居爱尔兰的英格兰人。实际上，我们在《波伊宁斯法》中清楚地看到，这是一部有意针对爱尔兰地区英格兰王国移民中那些违法犯罪者的法案。为了保护英格兰王国移民的财产免遭不测，《波伊宁斯法》规定，假如有英格兰王国移民被杀害，其他英格兰王国移民不得侵占罪犯所在家族的财产，或者强行要求罪犯所在家族支付罚款[1]。该法案还规定，各贵族之间禁止私人武装斗争，禁止雇佣城镇居民加入私人武装队伍；废除"供宿供食"制度，违规者将遭受更为严厉的处罚。

第 3 节　圣乔治兄弟会

1494 年，爱尔兰境内爆发了一场名为"圣乔治兄弟会"的动乱，后来被亨利七世平息。在玫瑰战争结束后，爱尔兰的旧政府垮台，新政权又迟迟

---

[1] 爱尔兰议会在 1475 年宣布，移居爱尔兰的英格兰人有权占有杀人犯所在家族的财产，或者强制罚款。——作者注

未建立，这也就给了圣乔治兄弟会一个契机。就组织形式而言，圣乔治兄弟会类似于我们在第1章里所谈及的西班牙王国的"神圣兄弟会"。这个组织的主要成员是爱尔兰境内13个郡县的总督，比如基尔代尔、都柏林、米斯、劳斯，等等。他们招募了一支反应迅捷的精良部队，其中有弓箭手120位，骑兵40位。这些士兵无时无刻不在追击和抓捕暴徒及逮捕令上的犯人。成员们会在每年的圣乔治日来到都柏林，选举出来年的会长。为了资助该组织，爱尔兰政府在对进出口都柏林的货物征收税费的时候，特许他们在每镑税款当中抽取1先令。显然，圣乔治兄弟会所采取的行动几乎无异于私人武装斗争，所以他们很不受亨利七世待见。在要求爱德华·波伊宁斯爵士回归之后，爱尔兰的政府管理一直十分混乱，有时候听命于基尔代尔伯爵杰拉尔德·菲茨杰拉德[1]，有时候又接受英格兰王国官员的领导，譬如班格尔主教亨利·迪恩、坎特伯雷大主教威廉·渥兰等。威廉·渥兰是个杰出的说客，在敦促爱尔兰议会施行《波伊宁斯法》方面，他功不可没。

第4节　法律的保驾

爱尔兰的上述立法行为可以很好地解释亨利七世在英格兰王国颁布的系列法令的原因。因为既有法律的优良法治性是不可动摇的原则，所以亨利七世制定的英格兰王国法律都很重要且接地气。总地说来，这些法律都彰显着责任感，而这种责任感是一个优质政府应该去守护的。实际上，尽管亨利七世的统治不尽完美，不过就连弗朗西斯·培根都觉得他在立法方面所做的努力丝毫不逊于前朝名君，譬如爱德华一世。亨利七世出台了两项极为关键

---

[1] 英格兰议会在1495年重新任用基尔代尔伯爵杰拉尔德·菲茨杰拉德为爱尔兰总督。——作者注

的王权法令。第一项规定是：只要是帮助过历任国王的功臣，即使犯下叛国罪也可以免于处罚。弗朗西斯·培根评价该法令"是正义的，却又是不合法的。虽然展现了立法者的仁厚，却目光短浅"，毕竟那些意欲篡位者大多拥有一定的实力，很可能在短时间内积攒起强大的势力。这一法令给了那些人豁免权，很容易让家国风雨飘摇。不过，它也有可能让那些人重新考量自己和王室的关系，并开始谋求合作，而非执拗地争斗下去，并最终落败，前功尽弃。所以，时至今日，这一法令依然为那些合法的统治者提供着帮助。另外，这一法令还规定，无论何人，就算是像彭布罗克伯爵威廉·斯坦利那样的人，若是怀疑一国之君，也是会被认定有叛国之心的。所以，这一法令对王权的拥趸也有助益。至于它所具有的正义性，正如爱尔兰政治家埃德蒙·伯克（Edmund Burke）所说的那样：在政治世界里，宽容才是真正永恒的智慧。

站在某个角度来看，这项颁布于1496年的法令和另一项颁布于1488年的法令是相互抵触的。1488年的法令规定，谋害英格兰王国议员或贵族致死者将被处以极刑。不过，1496年的法令并未对在爱尔兰工作之人，以及未来在英格兰王国护国公手下工作之人进行保护。假如有法令保护这部分人的话，那么小亨利·范内就不会在王政复辟时期被害，而原因只是他在爱尔兰担任过重要的职位。

亨利七世出台的另一项王权法令的目的是打击暴力犯罪行为。我们在1488年的法令中看到，强行要求女性继承人，或者拥有财产继承权的女性接受婚姻关系之人会被处死。在此之前，早先有一位名叫玛格丽特的丧夫之妇被一百多位男性集体逼婚，而这个团伙后来被40几个"手拿武器"的民众追赶，不得不开始逃亡，结果还是被逮捕。在那一年，政府还出台了其他法令，要求所有谋杀案件的审理都必须在人们记忆犹新且取证方便的时候进行。在此之前，谋杀案件的审理往往会拖到一年零一天之后。新法令的出台意味着，死者亲属被允许提前对嫌疑人提起"谋杀控诉"，以此作为非公开的复仇。在英格兰历史学家托马斯·巴宾顿·麦考莱看来，"谋杀控诉"早在 18 世纪就已出现，譬如在与政治家斯宾塞·康普顿（Spencer Compton）有关的案件里。1488 年出台的另一项法令还规定，除了叛国、谋杀等重大刑事案件之外，法官还可以在没有陪审团出庭的情况下审理违法犯罪行为。理查德·恩普森与埃德蒙·达德利正是依照这一法令，以非公开形式审理了一系列金融案件里的犯罪行为。

第 5 节　星室法庭

为了维护社会秩序，亨利七世出台了很多法令，其中最重要也最知名的当属在 1488 年颁布的创立星室法庭的法令。我们在该法令的序言里看到了这样的话："英格兰国王亨利七世无法忘记，英格兰王国政府在过去常常非法募集资金和割让土地……在组织建立陪审团的过程中，治安官员经常无故被贬，陪审团成员经常收受贿赂。英格兰王国境内频频出现暴动和非法集会。这些混乱现象一度阻碍了国家政策的施行，对社会秩序造成了极大的破坏。这些混乱现象理应受到惩处，陪审团的例行审问收效甚微。鉴于此，亨利七世陛下做出了如下规定：英格兰的大法官、财政大臣和掌玺大臣，有权要求和一名主教、一名上议院议员、两名法官一起开庭，依律对证人进行询问，对犯人进行审判。"在人们看来，这一规定不是空穴来风，说明议会对枢密院由来已久的权威是认可的。不管怎么说，星室法庭作为一个实力强大的存在非常有利于制暴。没过多久，它就开始对造假、欺诈、做伪证、藐视法庭等各种案件进行审判。有的时候，它还会被用于民事案件的审理。另外，自始至终，星室法庭都绝不姑息那些犯下过错的陪审团成员，譬如无视证据、释放重要罪犯和杀人犯，等等。在 1492 年，身为枢密院成员的赫西男爵约翰·赫西（John Hersey）因为伙同他人杀害爱丽丝·福德曼的丈夫而被起诉至星室法庭，起诉人自然是爱丽丝·福德曼。在此之前，已经有好几位贵族子弟被人起诉，有的是因为包庇罪犯；有的是因为操控治安官员的选举；还有好几位治安官员被惩处，原因是渎职。尽管这个时候的处罚金额大多低于日后，似乎很难填满法官与检察官的口袋，不过对于那些恶人，罚款还是很有用的。即便是位高权重者，有时候也会被要求几乎赤裸地来到法庭上为自己进行辩护。关键之处在于，星室法庭还颁布了与族徽有关的法令，禁止贵族豢养私人武装力量，并以族徽为标志进行武装斗争，若有违规者，将从重量刑进行惩处。我们大概在每一本历史书籍里都可以看到，亨利七世曾经的拥趸牛津伯爵约翰·德·维尔为了让亨利七世高兴而做出过有违该项法令的事情。最后，亨利七世责令他缴纳 15000 马克的高额罚金[1]。亨利七世从来都是路易十一的"学徒"，所以他在惩罚牛津伯爵约翰·德·维尔的时候也参考了路易十一的手段。曾几何时，蒙莫朗西的纪尧姆为了迎接路易十一而精心准备了一批珍贵的工艺品和帷幔，却被路易十一一把火烧得精光。不过，亨利七世的做法看上去要更加正义一点儿，毕竟牛津伯爵约翰·德·维尔做了个不良示范，若是不管不问，那么当亨利七世即将到访他们的领地的时候，贵族们就有可能着手准备武装力量，而那些手持刀剑的人若是有了二心，叛变夺权之类的事情恐怕随时都有可能发生。

第 6 节 《航海法规》等条例

亨利七世时代出台的各种律法条文都是依照时人的想法，从人民利益出发的。亨利七世参考斐迪南二世夫妇的做法，对英格兰王国的度量衡进行了统一。他引入并颁布了英格兰王国有史以来的第一部《航海法规》，规定除了英格兰王国的商船之外，他国船只不得运输从德意志王国的萨克森及法兰

---

[1] 15 世纪末的 15000 马克可换算为当下的 10 万英镑。——作者注

西王国的朗格多克引进的红酒与菘蓝染料；宁可提高采购成本，也要阻止他国建立海军。他还规定，商会的内部章程必须经过政府高官的审批方才具有法律效力。他是一位颇具人道主义精神的统治者，要求议会制定相关法案，将监狱长这一职位设定为非专职职务，并归属治安官员管理。当然，在消除监狱内部施暴现象方面，这项法案收效甚微，毕竟施暴这一难题在监狱监管中已根深蒂固。如果有贫困之人提起诉讼，依照亨利七世的意见，身无分文者将获得免费的法律顾问或辩护律师。关于这一点，邓肯·坎贝尔（Duncan Campbell）勋爵的说法耐人寻味：亨利七世时代的法律顾问们一直尽心尽力地服务于穷苦之人。尽管法律顾问们会向疑似叛国者非法收取辩护费，不过在辩护过程中也还算不遗余力。

第7节　与尼德兰的贸易法案

　　对外贸易法案的出台是亨利七世立法工作的重要成绩。如我们所知，路易十一曾积极推动商贸发展，受其影响，亨利七世对确立商贸法案的工作十分重视。当时的英格兰王国以出口羊毛、布料和兽皮为主；它所出产的铅是全欧洲教堂与大型建筑顶部不可或缺的建材；它还垄断了欧洲地区的锡市场。

　　在那个时候，英格兰王国的羊毛主要出口至尼德兰，为了推动双方的羊毛贸易合作，英格兰王国政府实行了与此有关的商业举措。尽管声名鹊起的英格兰商品大有超越尼德兰商品之势，而且佛兰芒人也开始警惕英格兰商品的冲击，不过英格兰王国政府依然想通过出台商业举措，在佛兰德斯为英格兰布料开拓市场。我们知道，亨利七世是兰开斯特家族中人，所以约克的玛格丽特一直视其为眼中钉肉中刺，这也间接增加了英格兰王国和尼德兰的贸易风险。正因如此，英格兰王国的商贸活动曾经在一段时间内流向了法兰西王国的加来。英格兰王国与尼德兰在商业贸易方面的分歧逐渐得到了化解，并在 1496 年签订了《大通商条约》。两国之间旧有的商业政策被取代，通商条件变得更为自由。我们在前文中提及了该条约的部分内容，该条约还规定：两国海关人员需要做到有礼有节，禁止无理地私拆包裹，杜绝无理的、强制性的销售行为；若有人遭受伤害，受害者可以向施暴者一方的统治者提起控诉，但不得直接报复；以防御海盗活动为目的，商品所有者必须事先缴纳押金，金额为船只与货物价值的两倍；若商品所有者雇佣的船员参与或实施了海盗活动，那么前述押金将不予退回；两国均需避免他国船只在境内港口遇袭，禁止他国在境内港口兜售战利品；若遇到沉船事故，船只所有国除了需要缴纳必需的打捞费之外，还需在即日起的一年零一日内把所有货物运回本国。

亨利七世还积极发展了英格兰王国和地中海沿岸地区的商业贸易活动。瓦斯科·达·伽马（Vasco da Gama）在 1497 年绕过好望角向东航行，由此开拓了新的海上航线。这也导致地中海沿岸地区在商贸领域内的地位每况愈下。不过，对于亨利七世来说，地中海沿岸地区依旧具有极大的开拓价值。当时，威尼斯共和国和英格兰王国在商业上来往甚密。满载着厨房用品的威尼斯小型船队穿过英吉利海峡，来到了英格兰王国的桑威奇、南安普敦和伦敦。他们为英格兰人送来了各种香料，譬如胡椒；希腊摩里亚（Morea）与克里特岛（Crete）出产的马姆齐甜酒；塞浦路斯、克里特岛、埃及亚历山大港出产的糖；波斯、叙利亚、希腊、西西里岛出产的丝绸；埃及、印度出产的棉花；东方国家、威尼斯穆拉诺岛出产的玻璃、纸、手抄本等。他们从英格兰王国购买了羊毛、布匹、兽皮、铅、锡之类的上等商品。按照规定，威尼斯商人必须从英格兰王国买些东西回去，否则就会像他国商人那样因"无所作为"而被起诉。

第 8 节　和法兰西的商贸活动

英格兰王国和法兰西王国之间的贸易往来主要集中于加斯科涅红酒、图卢兹菘蓝染料、盐、麻布、布列塔尼帆布等商品。鉴于英格兰王国政府对法兰西人民造成了伤害，路易十二在1504年公开宣布，禁止法兰西王国船只承运出口至英格兰王国的红酒，这就意味着英格兰王国必须自己派船来运货。我们在前文讲到过，亨利七世颁布的《航海法规》曾经规定法兰西王国红酒只能用英格兰王国商船来运送。除此之外，英格兰王国还从西班牙王国购买了不少甜酒、水果、上等的科尔多瓦山羊皮和小山羊皮，还有韧性十足的毕尔巴鄂铁矿石。用毕尔巴鄂铁矿石可以冶炼出适用于农具制造的金属铁。西班牙的马匹质量也很好，适合骑行与作战，因而备受他国青睐。不难看出，英西之间的贸易合作规模也很大。1530年，西班牙王国的卡斯蒂尔、安达卢西亚等地的英格兰王国商人被允许在塞维利亚、加的斯、圣卢卡尔召开商业行会；得益于"20位德高望重、经验丰富的老者的帮助"，他们选举出了各地理事。如此这般，英格兰王国商人在西班牙王国不仅不用缴税，而且不用再担心遭受异端宗教裁判所的打压。

第 9 节　航海大发现

需要强调的是，英格兰王国其实也参与了航海大冒险，不过亨利七世时代的英格兰王国政府对此还不够上心，所以给了葡萄牙王国等开拓海上航线的绝佳机会。在葡萄牙王国之前，还没有哪个国家把星盘带到大海上[1]，也没有哪支船队让船员尝试使用指南针。葡萄牙王国使用了它们，才

---

[1]　当时的英格兰船队在测量维度时用的是六分仪。——作者注

能在 1443 年与 1462 年成功抵达佛得角（Cape Verde）与塞拉利昂角（Cape Sierra Leone），并在 1486 年抵达好望角（Cape of Good Hope）。葡萄牙王国政府指出，卡斯蒂尔王国早在 1393 年就殖民了加纳利群岛，尽管如此，他们还是在 1479 年和西班牙王国签订了和约，把对非洲沿岸航线的开辟权交给了西班牙王国。因此，人们明白，葡萄牙王国的海上霸主地位已被西班牙王国取代。当时，开辟新航线是一件十分紧急的大事，而每一位梦想着成功的航海家都很想尝试一番。1482 年，克里斯托弗·哥伦布（Christopher Columbus）向热那亚共和国的政府高官递交了西行亚洲的航海计划，不过结果并不尽如人意，那些官员回复说，热那亚共和国拿不出那么多钱。克里斯托弗·哥伦布又找到了葡萄牙王国政府，不料葡萄牙王国政府不但没有给予支持，还为了抢先一步而偷偷派出了一支舰队依照哥伦布的计划进行航海冒险。这一举动令哥伦布愤怒不已。他继而又在 1484 年找到了西班牙王国政府，但因为西班牙王国政府迟迟不启动计划，所以哥伦布只好请弟弟弗拉·巴尔托洛梅奥（Fra Bartolomeo）到英格兰王国去试一试。不料，弗拉·巴尔托洛梅奥在途中被海盗绑架了，然后被关押了很长一段时间。所以当亨利七世看到弗拉·巴尔托洛梅奥带来的他亲笔描绘的世界地图时已经是 1488 年了。弗拉·巴尔托洛梅奥恳请亨利七世为哥伦布提供支持。亨利七世很欣赏这份航海计划，因而不但答应资助哥伦布，而且其所拿出的资金比西班牙王国多了很多。因返回的航程困难重重，弗拉·巴尔托洛梅奥直到 1492 年才回到西班牙王国，而此时哥伦布早就离开了帕洛斯（Palos），并已经登上了西印度群岛。自古以来，这个世界上的各个大洲和各个国家都从未经历过眼下的一切，人类被困在前无古人的侵占、抢夺与杀戮中，无所适从。屠杀，带给了哥伦布荣耀，也带给了西班牙王国荣耀——他们发现了新大陆。同一时刻，英格兰王国政府敏锐地洞察到，断然不可效仿西班牙王国，只顾着靠奴隶大肆采掘金矿、银矿，却忽视了国家实力的颓败。在开辟新航线的这段时期内，英格兰王国尝试了诸多更积极、更契合实际的探索活动。它们的价值是长远的，比殖民墨西哥和秘鲁更有利可图。所以，英格兰王国是西方世界中第一个洞察到某种无限价值的国家。

第 10 节 精彩的人生

海员约翰·卡伯特（John Cabot）是热那亚人，长期居住在布里斯托（Bristol），在 1496 年被亨利七世选中，担任开发新大陆的专员，并负责征服被开发地的原住民。亨利七世不但不用承担约翰·卡伯特的远航经费，还能从被开发地所获利润中抽取 20%。除此之外，他还能垄断当地的贸易权，而被开发地政府不得不向他俯首称臣。出于和克里斯托弗·哥伦布相同的想法，约翰·卡伯特也打算以印度群岛为目的地，不同的是，他没有选择向西走，而是沿西北方向前行。在得到亨利七世的特别许可后，他于 1497 年 6 月 24 日驾驶着一艘小型帆船离开了布里斯托。不久之后，他来到了一片未知之地。那里的海岸轻雾弥漫，景色迥异于哥伦布在 1492 年找到的阳光地带。随后，他抵达了不列颠海角[1]，在此之前，他或许还抵达过加拿大的新斯科舍（Nova Scotia）。由此可见，他遇见美洲大陆的时间是早于克里斯托弗·哥伦布的。哥伦布在 1498 年的时候才航行至巴拿马地峡。令人惋惜的是，约翰·卡伯特的儿子塞巴斯蒂安·卡伯特（Sebastian Cabot）并没有继承他父亲的航海梦想与热情，甚至没有认真梳理和保存父亲的笔记。据我们所知，在约翰·卡伯特离世之后，塞巴斯蒂安·卡伯特也曾沿着父亲所开辟的航线做过数次探索。他一度带领船队抵达了北极圈附近。大概是因为担心北极圈内气压过高，也可能是因为船员们对这个冰雪世界颇为畏惧，船队最后在加拿大哈得孙湾（Hudson Bay）止步。塞巴斯蒂安·卡伯特被迫终止了航行。在那

---

[1] 不列颠海角被约翰·卡伯特称为"最初到达的地方"。——作者注

之后，他受到了西班牙王国政府的重用，并于1525年受命带领船队借道新开辟的麦哲伦海峡，前往摩鹿加群岛（Moluccas）。因为船员们纷纷表现出了不满情绪，所以他不得不在发现拉普拉塔河（La Plata）后停了下来，并沿着河流探索了好几年。他们划着小船进入了巴拉那河（Parana），来到了巴拉圭（Paraguay），而后求助于当地居民。他们想开发这片广袤之地，不过没有人肯帮助他们。在某次尝试中，他沿着美洲大陆的海岸线一路向南，然后抵达了佛罗里达（Florida），而后又沿着沿海低地勘探了起码1800英里。在塞巴斯蒂安·卡伯特背井离乡奔向海洋的时候，布里斯托的商人们年年都会派出几支小型船队，一路向西寻找新大陆。在1509年之前，塞巴斯蒂安·卡伯特没有回到过英格兰王国，若非如此，亨利八世或许就会把精力放在探索世界这件事上，并不一定会发动战争。最终，爱德华六世下令召回了塞巴斯蒂安·卡伯特，并给他发放了250马克的补助金，封给他"大领航"称号。这一称号大概是特地为他准备的吧。不过有趣的是，我们在史料中只找到了一条与塞巴斯蒂安·卡伯特有关的线索，描述的是他卧床不起，不久于人世的情形。这个世界上没有几个人能和塞巴斯蒂安·卡伯特一样活得如此精彩纷呈。英格兰王国从新大陆敛取了大量财富，尤其是渔业。毫无疑问，塞巴斯蒂安·卡伯特对航海领域的贡献为英格兰王国带来了直接利益。

不过，他最重要的功劳是，为未来大量涌入新大陆的北欧移民开拓了一条与众不同的发展道路。新大陆拥有异常丰富的资源，后来者必须努力开拓，克服一切困难。尽管荆棘密布，但新大陆的自然环境还是可以满足发展需求的。在那片广袤的土地上，自由精神无拘无束地成长着。这便是英格兰王国得到的神奇土地，也是塞巴斯蒂安·卡伯特的丰功伟绩。我们必须明白，新大陆的开拓不仅影响了人类的精神世界，还影响了人类的思想世界。这让我们不禁联想到，恺撒大帝以征服者的姿态把不列颠带到了世人面前，罗马的智者由此意识到世界是如此广阔。到了15世纪末，有识之士们同样开创了一个激动人心的局面，让人类看到了更广阔的未来。彼得·马蒂尔[1]写信对枢机主教弗朗切斯科·阿斯卡尔尼·斯福尔扎（Francesco Askarni Sforza）说："在那之前，地理学家们所能探索到的世界仅限于地球半圆之内，在谈到那些未知之地的时候，我们往往缺乏自信，不置可否。不过现在，我们大可骄傲地说，得益于伟大的国王陛下，我们已走上破解时代难题的道路。我和过往那些发现新大陆的聪明人交谈过，我的内心一直洋溢着幸福与快乐。这世上有贪婪的人也有放纵的人，不要管他们！如今，神明为我们带来了一番无垠的神奇景象，我们应该铭记、感恩、快乐！"

---

[1] 意大利历史学家，活跃于地理大发现时期。——译者注

第 7 章
古典文艺的复兴（1390 年至 1509 年）

第 1 节　文艺复兴的精神

　　古人所著的各类经典文学作品，在被第一次发现时总会以誊抄或印刷等形式流传各地，并对人们的思想产生影响，当然，这种影响不同于我们在上一章文末所说的那种影响。几百年来，人类对内心世界的探索并不太多。到了这个时候，探索思考新大陆的征程终于开启了。知识得以积累起来，新的论述方式层出不穷，在这种情况下，人们纷纷开始表达自我，并对未来充满了自信。可以肯定的是，假如日日都能做到温故而知新，假如新的发现能更好地诠释旧的知识，假如能积极对抗传统旧学并努力争取胜利，那么我们的人生便充满了意义。传统旧学在表达观点时偏好使用难懂且粗糙的拉丁文，以令人无所适从的逻辑对无意义的问题进行探索。知识在都铎王朝的统治下重新焕发了光彩，款款走到了世人眼前，为那个时代带来了令人惊叹至今的飞跃发展。

第 2 节　向拉丁作家和希腊作家看齐

直到中世纪，欧洲人依然对拉丁作家抱有热情。僧人们会遵照古罗马作家所提出的农务准则，在自家田地里忙碌。在遥远的过去，德意志王国校园里的孩子们还会朗诵古罗马诗人维吉尔、贺拉斯、斯塔提乌斯、奥维德等人的诗歌作品。然而，英格兰王国的学生对拉丁诗人了解甚少，仅来源于杰弗里·乔叟的相关作品。英格兰王国的学者若想一睹知名拉丁作家的作品，只能到图书馆里慢慢查找，或许最后能找到些手稿。波焦·布拉乔利尼（Poggio Bracciolini）是意大利的著名学者，他在1415年应邀前往瑞士出席康茨坦会议。会议期间，他在圣加尔修道院里翻出了一份尘封已久的手稿。这份手稿书写于很早之前，纸张也已破败，但人们还是从中发现了昆体良[1]的一个完整手稿，而剩下的部分基本上全是加里乌斯·瓦列里乌斯·弗拉库斯（Gaius Valerius Flaccus）所著的伟大史诗《阿尔戈船英雄记》。波焦·布拉乔利尼后来还发现了普劳图斯（Plautus）生前的最后12部戏剧手稿、西塞罗（Cicero）"反费雷斯"演讲稿数篇及《论演讲家》书稿、马库斯·尤尼斯·布鲁图[2]的部分手稿，等等。在14世纪，有人发现了西塞罗所著的其他主题的演讲稿。在寻觅到一份卢克莱修[3]的手稿之后，波焦·布拉乔利尼又把目光落在了塔西佗（Tacitus）身上，不过一直没有找到塔西佗的手稿。在将近一个世纪之后，一位德国学者偶然得到了一部书稿，书名为《历史记录》；后来，教皇利奥十世在浏览这部书稿时发现，原来是塔西佗的手稿。波焦·布

---

[1]　昆体良（Marcus Fabius Quintilianus，约35—约100年），古代罗马著名的教育家。他是教育史上大大发展完善教育方法和思想的先驱。他主张对儿童的教育应是鼓励的，能激发他们兴趣的。——译者注

[2]　罗马共和国晚期的元老院议员之一。——译者注

[3]　提图斯·卢克莱修·卡鲁斯（Titus Lucretius Carus，约前99—约前55年），罗马共和国末期的诗人和哲学家，以哲理长诗《物性论》（De Rerum Natura）著称于世。——译者注

拉乔利尼的毕生心愿是得到古罗马历史学家李维的遗世之作。有僧人自信满满地告诉他，自己亲眼所见，索拉的熙笃会（Cistercians）修道院里存有一份李维的手稿。波焦·布拉乔利尼立刻赶赴熙笃会修道院，在询问了好几次之后，他确定那里并没有自己想要的东西。虽然他找到了 30 部传世经典，却始终没能完成找到李维手稿的心愿。可能越是找不到的东西，人们就越想找到。传说那不勒斯国王阿拉贡的阿方索曾经在行军打仗期间日日诵读李维的大作。

还有传说讲到，阿方索每次聆听完昆图斯·库尔提乌斯·茹福斯的作品后都会觉得轻松快乐，而且在某次病入膏肓之时，在聆听了昆图斯·库尔提乌斯·茹福斯的作品后，他的病就奇迹般地好了起来。意大利知名诗人彼特拉克有一位名叫乔万尼·迪·拉文纳的学生，他对所有已知的传世经典可谓信手拈来。当然，他的老师彼特拉克也和他一样厉害。据说，彼特拉克曾有一次在散步时把维吉尔、奥罗修斯、老普林尼、蓬波尼乌斯·梅拉、克劳迪安等人的文字挨个回想了一遍，只为找出他们如何解说"天涯海角"的位置。在意大利，彼特拉克享有爱国主义先驱的美誉[1]。在文艺复兴拉开帷幕之前的那个世纪里，也就是在 14 世纪时，彼特拉克就已经在着手修复学术经典著作了，并在这方面做出了很多成绩。在彼特拉克的引领下，意大利人开始疯狂寻找各种经典作品，这一热潮甚至影响了政局。身为反罗马教皇者，科拉·迪·里恩佐（Cola di Rienzo）在 1347 年发动了暴乱，以期"元老院与罗马人民"的权威在罗马得到正式确立。这次暴乱的基础是古典思想，对此，彼特拉克深表认同。不过，相较于后来的搜寻热潮，这个时期的潮流还不算什么。没过多久，许多希腊学者开始通过各种希腊作品传播古典思想，不过他们并未宣扬古罗马折中主义，而是积极

---

[1] 弗兰齐斯科·彼特拉克（Francesco Petrarca，1304—1374 年），意大利学者、诗人，文艺复兴第一个人文主义者，被誉为"文艺复兴之父"。——译者注

传播着古典思想中的简朴与本真。拜占庭的曼努埃尔·赫里索洛拉斯（Manuel Chrysoloras）是第一个挺身而出，引领欧洲人探究古希腊经典著作的学者。1390 年，奥斯曼土耳其帝国大军对拜占庭帝国发起了进攻，曼努埃尔·赫里索洛拉斯受命赶赴威尼斯共和国寻求帮助。在完成任务之后，他回到了君士坦丁堡，开始在佛罗伦萨教授希腊语。1422 年，他的女婿弗朗切斯科·费勒弗也被派到了君士坦丁堡，同行的还有瓜里诺、乔瓦尼·奥利斯帕两位意大利学者。三人的任务是搜寻遗失的欧洲古籍。后来，瓜里诺带着两箱珍贵的古籍坐上了归国的船，然而船却在海上出了故障，导致其中一箱典籍落入海中。据我们所知，瓜里诺当时还未满 20 岁，面对这场无妄之灾，他可以说是一夜白头。次年，乔瓦尼·奥利斯帕带着 238 本珍贵古籍顺利地回到了威尼斯。那批古籍中不乏柏拉图、琉善[1]、色诺芬[2]、西西里的狄奥多罗斯[3]、阿里安、斯特拉博[4]、卡利马科斯[5]、品达[6]等伟大作家的经典作品。弗朗切斯科·费勒弗回到意大利时已是 1427 年，在此之前，他

---

[1] 琉善（Lucian，约 125—180 年），生于叙利亚的萨莫萨塔，罗马帝国时代的希腊语讽刺作家。是罗马帝国时代最著名的无神论者。周作人曾翻译其作品（他照希腊语发音译为路吉阿诺斯），结集为《路吉阿诺斯对话集》出版。——译者注

[2] 色诺芬（Xenophon，约前 440—前 355 年），雅典人，历史学家，苏格拉底的弟子。他以记录当时的希腊历史、苏格拉底语录而著称。——译者注

[3] 狄奥多罗斯（Diodorus Siculus），生于西西里，是公元前 1 世纪时古希腊历史学家，著有世界史《历史丛书》四十卷。——译者注

[4] 斯特拉博，公元前 1 世纪时古希腊学者，旅行家，作家。因 17 卷的著作《地理学》而著名，书中详细描述了当时已知的世界各地的人文地理情况，范围包括从爱尔兰到里海、印度和埃塞俄比亚。这一巨著是人们了解古代世界的信息来源。在这部著作中，还有一幅欧洲地图。——译者注

[5] 卡利马科斯，古希腊诗人。亚历山大里亚派诗歌的代表，他是一位多才多艺的作家，哀歌体的《起源》（共 4 卷，已佚）是他最著名的作品。——译者注

[6] 品达（约前 518—约前 438 年），古希腊抒情诗人。他被后世的学者认为是九大抒情诗人之首。他的作品藏于亚历山大图书馆，被汇编成册。——译者注

一直旅居海外，并成了希腊语专家。继他之后，意大利还涌现出了许多知名的希腊语专家，这也让意大利得以在这一领域内始终保有优越地位。在亨利七世登上英格兰王位时，伟大的政治家托斯卡纳·蒙特普尔恰诺[1]已经跨过了30岁的门槛。他对众多欧洲古典文学作家了如指掌，对古罗马法律了然于胸，也因此而广为人知。同一时期的其他欧洲古典文学专家还有不少，例如柏拉图作品的译者马尔西利奥·费奇诺（Marsilio Ficino）及乔瓦尼·比科·德拉·米兰多拉（Giovanni Pico della Mirandola）。乔瓦尼·比科·德拉·米兰多拉在31岁时英年早逝，他一直致力于研究犹太文学，并利用所学的犹太文学知识组织了一次大规模的"基督教辩论"活动。为了替基督教争取传教资格，他曾经拿着十字架，光脚走遍了意大利境内的大小城镇。在1485年至1491年期间，威廉·格罗辛（William Grocyn）在牛津教授过两年希腊语，还曾在佛罗伦萨生活过，并在那里听过许多政治家的演讲，譬如季米特里奥斯·卡尔科孔狄利斯（Demetrios Chalkokondyles）。从那之后，很多英格兰学者都对意大利文学产生了兴趣。生活在佛罗伦萨的时候，威廉·格罗辛很欣赏托马斯·利纳克尔（Thomas Linacre）这个人。他不仅创办了伦敦皇家医师学院，而且既有风度又很谦逊。他们后来一度成了"同事"，共同在佛罗伦萨辅佐梅第奇王朝开国君王洛伦佐·德·梅第奇的后人。在回英格兰王国的路上，同为英格兰人的威廉·格罗辛和托马斯·利纳克尔相谈甚欢，而且两人都很敬重圣保罗大教堂的教长约翰·科利特（John Colet），以及托马斯·莫尔（Thomas More）。知名学者伊拉斯谟曾对托马斯·利纳克尔与托马斯·莫尔进行过评价，从中不难看出两人在文坛都颇有地位。伊拉斯谟曾在1498年到牛津大学攻读过希腊语，并表示："能有机会和约翰·科利特等学者一起做研究，就算身

---

[1] 托斯卡纳·蒙特普尔恰诺，他以出生地为名，实际上是安布罗基尼家族中人。——作者注

处条件恶劣的锡西厄（Scythia）也没关系。"他还说过："每每聆听约翰·科利特讲话，都会令人以为站在眼前的是柏拉图本人。在威廉·格罗辛的诸多朋友里，谁不敬佩知识渊博的约翰·科利特？谁的想法能比托马斯·利纳克尔的观点更深入、细致、全面？这世上还有谁比托马斯·莫尔更温和谦逊、英姿勃发、受人欢迎？"众多历史记载告诉我们，那个时代的学者在钻研文学时总是"胆大包天"。威廉·格罗辛曾经在圣保罗大教堂里对《教阶体系》这本书进行过讲解。时人以为该书的作者是来自圣保罗的教徒亚略巴古的狄奥尼修斯（Dionysios）。可是，威廉·格罗辛在讲了几次课后突然停下，之后通过研究他发现，那本书有可能是伪造的。随后，他取消了这门课。洛伦佐·瓦拉（Lorenzo Valla）早先也做过类似的事情，他大胆地揭露了事情的真相：所谓的奥斯若恩国王阿布加五世写给耶稣的书信，也就是《君士坦丁的馈赠》是假的。在此之前，还没有谁敢对经典文学作品的真假提出质疑。所以，威廉·格罗辛的行为让英格兰人懂得了，应该在知识和科学领域内追求真知。此后，英格兰人渐渐收获了许多珍贵的思想成就。欧洲古典文学迅速地成了令英格兰人激动不已、趋之若鹜的一个学科。不过，英格兰人在研究欧洲古典文学时并不像意大利人那样迂腐，他们不太关心细致入微的哲学命题，也不会纠结"卢修斯·塔克尼修斯·普利斯库斯究竟是卢修斯·阿伦提乌斯的父亲还是爷爷"之类的问题。不同于意大利的处境，英格兰王国没有出现过令人不解的偶像崇拜。尤里乌斯·蓬波尼乌斯·拉斯图斯为了祭奠罗慕路斯——罗马城的建造者——而铸起了圣坛，并依照古罗马诗人奥维德的记载，私下对罗慕路斯进行祭拜。英格兰人从不认为有必要用《圣经》中的言辞来标榜自己教徒的身份。不过，意大利人却常常称"圣父"为"父上帝"，"圣灵"为"泽费罗思之神"，"圣餐"为"纯粮"。不难想见，托马斯·莫尔、约翰·科利特、威廉·格罗辛、伊拉斯谟等人的思想定然与意大利学者大不相同。在伦敦的圣劳伦斯教堂里，托马斯·莫尔认真讲解过《上帝之城》一书，那是圣奥古斯丁的作品。

对于这件事，詹姆斯·麦金托什（James Mackintosh）爵士的观点是："通常情况下，青年律师们都不会这么特立独行。"在伊拉斯谟看来，托马斯·莫尔居住的地方"既像是一间基督教学校，又像是一个做礼拜的地方。生活在那里的善男信女们总会在不忙的时候自由地学习、读书，不过他们最看重的当然还是对主的虔诚"。随着工作的日渐繁重，托马斯·莫尔最终改变了自己的想法。他不再全身心地钻研欧洲古典文学。他曾写信给自己想象中的"书的理想国"以述说自身对古典文学的想法，他列举了"大量经典作品"，例如柏拉图的许多作品、亚里士多德的一部分作品，以及泰奥弗拉斯托斯（Theophrastus）的植物学著说，等等。托马斯·莫尔曾表示："在书的理想国里，我们可以看到阿里斯托芬（Aristophanes）、荷马、欧里庇得斯、索福克勒斯写的诗，用的是小号阿尔杜斯字体；还可以看到修昔底德（Thucydides）、希罗多德，以及希律王室的学者等历史学家的经典文字。普鲁塔克（Plutarchus）的著作在那里备受重视。那里的人们偏好有创造力、有幽默感的作品。"托马斯·莫尔彻底被这样的文学氛围征服了，在某种层面上，他已将其转变为自身的思维习惯之一。托马斯·莫尔不但常常把柏拉图的名言挂在嘴边，还常常在处理各种紧急状况的时候像柏拉图那样思考问题。圣保罗大教堂的教长约翰·科利特同样很喜欢钻研古典文学，在他眼中，古典文学能够让人们的思维变得具有逻辑性和目的性，也可以引导人们建立起更高尚的目标。关键在于，身为神学家的约翰·科利特特别喜欢研究圣保罗的书信，探究福音书的渊源，以及研读《使徒信经》和主祷文。不过，因为之前接触过自由思想，所以他的新式精神为神学研究注入了新鲜力量。对此，西博姆·朗特里（Seebohm Rowntree）认为，托马斯·莫尔常常激动地对圣保罗大教堂中的书信进行整理，以期从中找出与使徒有关的蛛丝马迹。托马斯·莫尔在"演讲的时候总是表现得义愤填膺"，因此他常常说错话。鉴于其书信集的读者囊括了社会各个阶层的人士，因此为了迎合大众需求，他应该在演讲的时候放慢语速，小心说话。

他很想去西班牙王国游学，但这个愿望没能实现，即使如此，他依然表现得十分平和。无异于当今时代的托马斯·阿诺德博士（Thomas Arnold），约翰·科利特也在圣保罗大教堂里讲过课。他在讲课时总会提到苏埃托尼乌斯（SuetoAnius）笔下的古罗马社会。约翰·科利特所做的事情与托马斯·莫尔大致相同：通过讲课和其他研究方法，将精选的学术成就全面地应用于宗教目的，并以此改革治国策略。

第 3 节　伊拉斯谟及其著作

不同于约翰·科利特与托马斯·莫尔，学者伊拉斯谟既朴素又单纯。他一生只做一件事，那就是文学创作。不仅如此，他还是世界主义的支持者。他出生于 1467 年，故乡是鹿特丹，但是他却不太像尼德兰人。尼德兰人总是无休无止地大宴宾客，无心研习文学艺术，而这些都是伊拉斯谟无法忍受的。他来到巴黎，过着穷困潦倒的生活。而后有幸遇到了芒乔伊勋爵威廉·布朗特（William Blount），这才从艰难困苦中解脱出来。1498 年，在芒乔伊勋爵威廉·布朗特的带领下，他第一次踏上了英格兰王国的土地。除此之外，他还从芒乔伊勋爵威廉·布朗特那里得到了一笔生活费。因为有了这笔费用，加上后来陆续得到了一些资助，他渐渐脱离了贫苦生活。后来，他的一位有一半王室血统的学生打算资助他，但被他拒绝了。这个学生名叫詹姆斯·斯坦利（James Stanley），是亨利七世继母之子，算是亨利七世的弟弟。詹姆斯·斯坦利在成为伊拉斯谟的学生后，研究了许多文学艺术知识，所以十几岁时就当上了伊利主教。伊拉斯谟在 1505 年又一次来到了英格兰王国，不过在此之前，他已名扬欧洲，是公认的、数一数二的欧洲古典文学专家。英格兰王国的威廉·渥兰大主教与约翰·费希尔（John Fisher）主教热情地接待了他，他们都对新兴学科很感兴趣。

伊拉斯谟的文字秉承了传统的拉丁文学风格，没有混入现代语言，在当时独树一帜。他擅长用古老的文章结构与行文风格讲述当今时代的怪事与怪象。他在1500年完成了著名的《格言集》，并在世界范围内轰动一时。《格言集》运用了意大利政界常用的编纂模式，将古籍里同一主题的格言汇编为一体。伊拉斯谟最常说的名言有两句，第一句是"世上无僧不识书"，第二句是"没有经历过战争的人定是善良之辈"。第一句说的是，他极其厌恶施泰因修道院内的生活；第二句说的是，他十分心痛意大利遭到了如此不该有的破坏。在亨利八世继位后，伊拉斯谟马上就去了英格兰王国。这是他第三次前往英格兰王国了，耐人寻味的是，尽管遭遇了恶劣天气，不得不住进肮脏的客栈，还遇到了无理取闹之人，不过他依然以平和之心完成了幽默的《愚人颂》。《愚人颂》极具讽刺意味，且对象广泛，例如读书人、语法学家、修辞学家、律师、经院哲学家、朝圣者、兜售赦罪符的人、男老师、运动员、僧人、侍臣、王子、国王，还有教皇。《拉丁座谈会》也是他的作品，不过风格要明朗很多，讲述了繁杂无常的世俗中所存在的宗教事务。这部作品备受好评，就像雅典哲学家色诺芬说的那样，在看这本书的时候，人们仿佛听到苏格拉底那温柔且诚挚的劝慰。伊拉斯谟好似苏格拉底，一直在努力劝告世人，要开心舒服地走过青春，要勇敢地面对衰老与死亡，要打破迷信，用纯洁之心克服重重困难。最为关键的是，无论是《拉丁座谈会》这本书，还是他的其他文字，都充满了对简朴生活与美满家庭的热切期待。他始终在用修道院里的宗教生活衬托简单和谐的家庭生活，这一点无异于马丁·路德。在伊拉斯谟看来，暂且不论充满修道院的腐败异象，单单是生活于此都是最不济的选择。他的大多数作品都诞生在英格兰王国，并对英格兰王国影响至深。实际上，他曾在一段时间里创作过一些具有思想性与人文性的现代文学作品，这些作品在当时被认为是文化标杆。此后的历史告诉我们，面对战争，他放弃了希望。但不管怎么说，他对英格兰王国和英格兰王国教会贡献良多，影响深远。

第4节　新兴学科及学院

这时，主张新思想的人们遇到了一个棘手的难题：什么样的教育机构可以为下一代创造更优秀的教育机会，以便让下一代好好学习知识并掌握技能。基于这些诉求，一时间冒出了很多与时俱进的高级学校。理查德·福克斯之前出任过达勒姆主教一职，并在当时因抗击侵略者苏格兰大军而为人熟知。后来，他又出任了温切斯特主教，并在此期间建立了两所文法学校，一所在格兰瑟姆，另一所在汤顿。他原本还想在牛津创办一家修道院，不过目光长远的埃克塞特主教休·奥尔德姆劝他说："把人力和物力放在发展新兴学科上，才是真正有利于国家与教会的，何必兴师动众地修房子养僧人呢？更何况，僧人的供养制度很快就要没落了。"理查德·福克斯主教听从了建议，继而创办了牛津大学基督圣体学院，致力于新兴学科的研究。那个时候，该学院还出台了一系列规定：禁止拉丁文教师讲授未开化文化；希腊语教师必须用拉丁文诵读和解释名家名作。宅心仁厚的玛格丽特·博福特夫人也在剑桥大学做了很多不错的尝试。她是个单纯的教徒，从不用批判的眼光看世界，同时也不太喜欢探究未知，不过，她很信任约翰·费希尔主教——她的告解神父和专职教士。她听从了约翰·费希尔主教的建议，在剑桥大学里开办了基督学院和圣约翰学院，以弘扬新兴学科。她为这两座学院选好了地址，将原址上的破败房屋推倒重建，并承担了学院教师和学者的酬劳。现在看来，大家的酬劳其实不算高，不过足以维持生活，而玛格丽特·博福特夫人也因此备受大家的尊敬。在玛格丽特·博福特夫人去世之前，基督学院已完工。受她邀请，身为学院创始人之一的约翰·费希尔主教成为基督学院的顾问；她要求全体师生务必以约翰·费希尔的思想为行动准则。基督学院规定：每年都会对教师进行等级评定，并基于不同等级来发放津贴，最低不低于13先令4便士，最高不高于16先令8便士；普通教师不仅每周可以拿到1先令的酬劳，每年还有13先令4便士的"服装费"可以领取，这足以让他们在全国闻名的斯陶尔布里奇（Stourbridge）市场里买上一些纯色布料。无论是什么选举，经济条件欠佳的候选人都具有优先权；所有收入在10英镑以上的人都不能申请成为学院教师；禁止携带犬类与鹰隼入内；在圣诞假期，除了学院大堂，其他地方都不允许玩牌，以庆祝"圣主诞生"。在约翰·科利特教长的主持下，圣保罗学院在1510年正式完工。就整个建设过程而言，我们非常明确地体会到了那时候的世俗教育，也就是非经院教育的建设过程。该学院录取了153位男性学员[1]，他们将学习"西塞罗、塞勒斯特、维吉尔、特伦斯时代传统纯正的、罗马式的拉丁语演讲，而不会接触由愚蠢之人胡乱发明的混合式拉丁语"。

如果"条件允许"，希腊语也将成为他们的课程之一。这一规定言之谨慎，大概是为了避免有人质疑学院教授异教用语。在约翰·科利特的邀请下，学富五车的托马斯·利纳克尔为学院编撰了一本讲解拉丁语语法的教材。不过，约翰·科利特后来觉得托马斯·利纳克尔编撰的语法书太复杂，不适合那些"年纪轻轻的入门者"学习。威廉·利利（William Lily）出任了圣保罗学院的第一任院长，他的教父是威廉·格罗辛，同时他和托马斯·莫尔还是好朋友。他的拉丁语是在意大利学的，而为了研究希腊语，他还曾移居希腊罗得岛（Rhode）数年。在伊拉斯谟眼中，他精通青年教育，堪称一代大师[2]。伊拉斯谟还曾在信中写道，威廉·利利在闲暇之余还研究过很多名人，譬如哲学家柏拉图、亚里士多德；诗人荷马、奥维德；地理学家蓬波尼乌斯·梅拉、托勒密、老普林尼、斯特拉博。在伊拉斯谟看来："身为教师，理应有能力去探究词源，去了解君士坦丁堡、意大利、西班牙、法兰西等各地语言的演化过程；了解各种植物、动物、器具、服饰、珠宝等的专有名称。然而令人震惊的是，一说到那些专有名称，就连学识最渊博之人也会抓耳挠

---

[1] 这个数字与《约翰福音》有关，是第21章中所述鱼群的数量。——作者注

[2] 伊拉斯谟认为，教师也好，主教也罢，对英格兰都很重要。——作者注

腮……我期待，教师们可以翻越知识的高山和海洋，可以帮助莘莘学子轻松从容地学习与探索。"作为圣保罗学院的院长，卓越的约翰·科利特认为体罚可以促进学习，不过他同时又十分反对"只有鞭子能管住坏学生"的暴戾态度。但是我们要知道，在那个时候，没有什么规则是完善的。在基督学院，在印有玛格丽特·博福特夫人影像的琉璃窗下，常常可以看到违反纪律的学生被鞭笞，而这种教育方式在当时被认为是合理的。玛格丽特·博福特夫人有时候会提醒说"慢一点儿，慢一点儿"，除此之外便不再干涉。在吃晚饭的时候，一些年龄相对较小的学院也会被鞭打，即便是有客人在的时候。他们之所以被打，不是因为他们犯了错，只是因为他们有犯错的可能。约翰·科利特邀请了"伦敦呢绒商会里最坦诚的人"[1]出任圣保罗学院的顾问，而非神职人员。这是因为他觉得在自己这辈子的新老相识里，只有他们是真正清白的人。

第5节　印刷业与诗歌

亨利七世治下的英格兰王国很重视文学传播，而印刷工人无疑在传播过程中发挥了不可或缺的作用。当时的印刷工人还需要负责对印刷品进行校对，因为在通常情况下，校样是不会拿给作者或编辑审定的。这就意味着，包括如巴塞尔福罗宾斯印刷厂、威尼斯阿尔迪印刷厂、巴黎艾蒂安印刷厂在内的各家印刷厂的负责人都必定是学识过人。为了后继有人，这些负责人还会让自己的孩子研习拉丁文、希腊文、希伯来文等各种语言文字。据我们所知，福罗宾斯印刷厂工作间里的所有人平日里说的都是希腊语，哪怕是排字

---

[1] 这是伊拉斯谟所说的话，"伦敦呢绒商会里最坦诚的人"主要是指"已婚的德行俱佳之人"。——作者注

工人也不例外。相较于意大利王国、法兰西王国、瑞士等国的印刷业，英格兰王国的印刷业稍逊一筹，不过就印刷质量而言至少还维持在威廉·卡克斯顿（William Caxton）——英格兰王国首位印刷家——所在时代的水平上。温金·德·沃德（Wynkyn de Worde）曾经当过威廉·卡克斯顿的帮手。他在1510年至1520年期间负责印制了至少66部作品。当然，这并不是说英格兰王国当时出现了不少作家、作者。事实恰恰相反，在亨利七世和亨利八世执政期间，英格兰王国文学作品产出极少，文学发展走入了历史低谷。究其原因，在这段时期内，为了更好地发展文学，英格兰人还在孜孜不倦地学习，以及收集材料。在当时，亚历山大·巴克利（Alexander Buckley）笔下的《愚人船》或许称得上是英格兰王国文学界的经典之作。温金·德·沃德在1508年看到了这本书，并对它进行了印制。然而，这部风靡一时的作品其实源自一位德意志作家，亚历山大·巴克利只是做了翻译和改编，当然，这个经过改编的译本极具亚历山大·巴克利的个人风格。亚历山大·巴克利曾坦率地说，无异于其他作者，自己一直"碌碌无为"，如果能有机会加官晋爵，肯定会把学习抛之脑后；倘若成为一名神父，无论是在霍宁顿教区还是在克里斯特教区工作，相较于忠于神性，自己可能更擅长拍马屁，或者户外运动。亚历山大·巴克利所说的话看似是在责备自己，其实是在讽刺世事。他之前说过，他喜欢手拿书本的感觉，喜欢用丝绸、锦缎、天鹅绒把书本包裹得漂漂亮亮、整整齐齐。

史蒂芬·霍斯（Stephen Hawes）在1506年创作的《余暇之乐》是一部长篇寓言诗著作，该作品在1517年出版，负责印刷的是温金·德·沃德所在的印刷厂。这本书虽然名为《余暇之乐》，但内容却与此毫无关联，这一书名完全是为了投亨利七世之所好。这首长篇寓言诗意义深远、奥妙无穷，就叙事风格而言，和英格兰作家约翰·班扬（John Bunyan）很相似，象征意味浓厚，七大科学与众多美德都被人格化。不过史蒂芬·霍斯的文笔不如约翰·班扬那样生动。在朝圣的过程中，他不但没有静下心来去冥想，反而表现得异常活跃。不仅如此，他还对很多科学方面的领域进行了学习，这也是他日后成为卓越作家的原因。他通晓天文星象，认为"上帝才是最了不起的天文学家"。在这个时代，积极学习、目的明确的优秀作家们大多都拥有各自鲜明的风格。

时至今日，亨利七世时代的一部分短诗仍旧风行于世，而且其影响力也依然比亚历山大·巴克利、史蒂芬·霍斯等人的作品要大一些，例如《栗色头发的女佣》这首短篇叙事诗。理查德·阿诺德（Richard Arnold）在1502年发表了一系列刻画伦敦风俗的诗歌，《栗色头发的女佣》便是其中一首。温金·德·沃德在1489年印制出版了《罗宾汉英雄事迹小唱》，该作品刻画了一位名为罗宾汉的除暴安良、受人敬仰的英雄形象。另外，《切维厄特猎场》也是一部值得关注的叙事诗作品，据我们所知，它早在1500年就已出版过，毋庸置疑，1500年版本肯定是最接近原著的。

第6节　都铎王朝治下的散文，以及《乌托邦》

托马斯·莫尔所创作的散文在都铎王朝时期的英格兰王国备受欢迎。他和伊拉斯谟都喜欢书写很长的段落，不过他的文字并没有因此而变得混乱。他从1506年开始创作《爱德华五世的历史》，并在1513年交付印制并出版。这本书收录了爱德华五世时代所有重要人物的演讲稿，行文风格自然是托马斯·莫尔式的。托马斯·莫尔用拉丁文创作的《乌托邦》出版于1515年，这本书让他得以蜚声海外。相较于同一时期其他的名家名作，譬如菲利普·德·科米纳、托马斯·莫尔、尼科洛·马基雅弗利等人的作品，《乌托邦》不但毫不逊色，而且其饱含的右翼保守主义思想，以及对改革的强烈诉求，远在上述名家名作之上。这本书讲的是拉斐尔·希斯拉德——曾与意大利航海家阿美利哥·韦斯普奇同行——的海上奇遇。在书中，拉斐尔·希斯拉德遇见了一个

"乌托邦",并为人们讲述了他在那里的见闻。生活在"乌托邦"的人们无一不是知识的实践者。在去过"乌托邦"之后,拉斐尔·希斯拉德又走遍了各国,并开始针对英格兰王国眼下的诸多问题进行批判。他在批评英格兰王国政治制度的时候表示:对于其他欧洲国家来说,退伍军人是所有职业人士中最爱小偷小摸的人,不过在英格兰王国却不是这样。在英格兰王国,因为羊毛价格居高不下,为了养更多的羊,地主们开始大量收购大型牧场。除了牧民、牧羊犬,以及很多农舍之外,牧场里别无其他。地主们将之前生活在牧场范围内的佃农赶了出去,这些人在弹尽粮绝之后不得不开始偷盗,哪怕在被抓到后被判处绞刑。我们将在下一章中了解到,为了改变这种情况,英格兰王国的议会将出台一项法案,并计划颁布更多法令来强化执行。显然,这些法律将给英格兰王国的社会带来诸多变化,而英格兰王国也将因此受益。

第 7 节　约翰·莫顿及其教会改革

通过施行新的法案与新的政策,经验法则得到了普及。很多重要地区都表示支持新法,并积极地付诸了实践。约翰·莫顿(John Morton)也参与了这场法律的改革。他这辈子可谓命运多舛,所以他选择投身大改革也并非让人难以理解。汤顿叛军在 1461 年败下阵来之后,作为兰开斯特家族的支持者,约翰·莫顿侥幸逃生,并在爱德华四世和理查三世的庇护下苟活。他是个能言善道之人,曾在 1483 年怂恿白金汉公爵亨利·斯塔福德加入叛军。我们在前文中提到过,约翰·莫顿向亨利七世暗示过:布列塔尼公国大臣皮埃尔·朗代图谋不轨。在博斯沃思战役结束之后,他回到了官场,重新担任了原来的职务。1486 年 3 月,他被晋升为财政大臣。几天之后,坎特伯雷大主教托马斯·鲍彻撒手人寰。约翰·莫顿在这时很有可能坐上坎特伯雷大主教之位。可惜他太心急了,若非如此,他或许可以成功引领英格兰王国教会的改革，把改革工作做得风生水起。他迫不及待地讨好教皇亚历山大六世，企图借教皇亚历山大六世之力加强王权专制。最后的结果是，英格兰王国教会的改革虽然没有误入歧途，不过也没能变得更有活力。约翰·莫顿坚持认为，管理单一教区的神父必须住在教区内，管理多个教堂的神父必须在其管辖的各教区内定期移居。除此之外，为了惩罚那些"沉迷于声色犬马"，或者过着类似婚姻生活的神职人员，他还向议会提交了一项法案，并得到了通过。他一直坚称，神职人员应该严格管理自己的仪表与着装，并对那些不剃头发、不穿教服的人员很是不满。在他看来，神职人员必须剃发露耳，穿着"露出一侧身体"的衣服；除了大学毕业生，其他人都不应穿着皮毛；神父绝不能把刀剑、匕首带在身上；修道院的管理和惩罚应该更全面一些。教皇英诺森八世曾经颁布过一项法案，这项法案赋予了约翰·莫顿对修道院进行改革的权力，然而在实行过程中，约翰·莫顿却出人意料地表现得格外宽容，关于这一点，我们可以从众所周知的圣奥尔本斯（St. Albans）修道院事件中了解一二。如果把圣奥尔本斯修道院院长身上的罪名集合起来，大概可以编撰一本"丑闻录"了。他常常提拔女性出任一些传统的高级官职，究其缘由，十分有悖职业法则，可这位纵情声色的院长却一直未被罢免。他被要求在30日内于圣奥尔本斯修道院中重启《圣本笃会规》，要不然就得承受严厉的惩处。为了显示自身的宽容与大度，约翰·莫顿大主教会不定时地指派王室特派员代为巡察各地修道院。事实上，他要是肯亲临修道院巡视一番，那么其所产生的道德影响力和宗教影响力应该会大很多。就像我们所看到的那样，他从未想过给特派员们的宗教热情降降温。相较于议会，身为财政大臣的约翰·莫顿在很多时候都表现得更有常识，也更加公正。他曾经提出，上帝法规和国家法规理应具有同等效力，不仅如此，对于那些心有恶意、罪该万死的人来说，上帝法规的效力比国家法规更甚。

第8节 伊拉斯谟及其朝圣

　　一方面，民众在教会与国家的暴力行径面前选择了沉默；另一方面，一国之君陶醉于专制统治。在这种情况下，伊拉斯谟挺身而出，大力斥责了英格兰王国的宗教腐败现象。对朝圣、遗迹、奇迹等迷信言论，伊拉斯谟的主张完全不同于后来者托马斯·莫尔。托马斯·莫尔的观点是，除非智力失常，否则陪审团成员不会否认，我们可以在每一个重要的祭祀地点看到无法解释的神迹。为了批判这样的观点，伊拉斯谟究其根源，创作了著名的《朝圣漫谈》。这部作品里充满了幽默，类似于阿里斯托芬的风格。其中一个故事讲述的是诸多身在天堂的先贤写信给马丁·路德道谢。他们在信里感谢马丁·路德引导世人不再祈求上天庇佑，从而让他们收获了难得的清净。另一个故事讲述的是，在奥杰吉厄岛（Ogygia）上，一个一直墨守成规的岛民忽然想到，他的岳母曾在家庭聚会中许下过一个愿望。为了帮助岳母完成愿望，他历经艰险，数次远赴西班牙圣地亚哥孔波斯特拉教堂一带寻找。

　　伊拉斯谟还在《朝圣漫谈》里写道，沃辛厄姆修道院里建有一个密道，曾经，一名骑士带着一队人马在躲避追击时发现了这个密道，然而他们却打不开那扇门。骑士只好对天祈祷，希望得到圣母马利亚的帮助。忽然之间，骑士和他的队伍竟然乾坤大挪移般地到了密道那头。在沃辛厄姆修道院遗址中的确能看到一条密道，而密道旁边立有石碑，这说明这一遗址并非伪造，不过因为石碑建得太高，上面的铭文很难看清楚。我们在《朝圣漫谈》一书中还能看到与圣托马斯（St. Thomas）纪念堂——位于坎特伯雷大教堂内——有关的记述。圣托马斯纪念堂的建造者正是伊拉斯谟与约翰·科利特教长。因为威廉·渥兰大主教给他们写了推荐信，所以在遭受当地人质疑的时候，这对好朋友没有被当作心怀不轨的异教徒，要知道，在其他地方可不一定能这么幸运。伊拉斯谟写道，圣托马斯纪念堂门口建有两座美轮美奂的塔楼，它们像是在迎接前来朝拜的圣徒；纪念堂里矗立着谋杀托马斯·贝克特主教[1]之人的塑像；柱子上捆绑着尼科迪默斯（Nicodemus）的福音外传。伊拉斯谟与约翰·科利特不得不亲吻那些令人作呕的尸体遗骨。约翰·科利特在看见一只皮肉模糊的胳膊后再也忍不住了，便向修道院的看守问道："圣托马斯在活着的时候是很仁慈的吧？"看守说："是的。""不管他生前品性如何，事到如今，我们是否可以认为，他的品质已进入了更高的境界？""当然。""若真如你所说，他以慈悲之心对待穷困之人，那么我能不能问问你，当他遇到一个带着孩子忍饥挨饿、度日如年的贫穷寡妇，或者碰见一个因为拿不出嫁妆导致女儿找不到好人家，甚至嫁不出去的寡妇，他难道不会想到，将自己纪念堂所得到的钱财施舍出去，救济那些穷困潦倒之人吗？"面对约翰·科利特这番涉嫌亵渎神明的质问，看守无言以对，只是害怕地看着他。在修道院副院长的指引下，约翰·科利特与托马斯·莫尔参观了圣托马斯纪念堂。他们最先看到的是历代统治者所赐的宝石，然后又瞻仰了一部分不可言说的圣人的遗体。这个时候，约翰·科利特感觉到了难以忍受的恶心。见此情形，副院长为了调节气氛而停止了追思，并让人奉上了红酒，与客人一同品尝。伊拉斯谟写了一些讽刺诗来批判教会的不良行为，没有人会斥责他[2]，因为他是这世上最优秀的拉丁文专家。他连续40天公开讨伐这样的恶行，在他看来，极乐世界是不分白天与黑夜的。因为同样的原因，他才"胆敢"无休无止地斥责教会保存圣人遗体这件事有多么不文明，抑或是告诫男人们别整天在罗马的各个"朝圣驻站"里忏悔祈祷，而应该好好监督手下人，照顾好妻子儿女。伊拉斯谟为我们留下了数不胜数的作品，而这些作品给予了后世之人巨大的力量，让人们团结在了一起。在这种情况下，从罗拉德派（Lollards）兴起的那一天起，英格兰人就已经对其教义与行为抱有疑虑。

---

[1] 伊拉斯谟在《朝圣漫谈》一书中写道，在坎特伯雷，人们认为害死托马斯·贝克特主教的谋杀犯名叫图斯库斯、弗拉克斯，或者贝利厄斯。——作者注

[2] 从另一个角度来看，这也说明那时候的英格兰对学者极为尊崇。——作者注

假如伊拉斯谟只是想通过这本诗集表达自身对教会的质疑，那么这本诗集或许现在仍会备受关注。在那之后的时间里，这本诗集的影响力的确较之前更甚了，因为在时人看来，宗教被简化和升华到了一个令人不可思议的程度。伊拉斯谟反对以逻辑推论的形式来推动宗教教义的发展，那样做会让宗教变成教条。他的观点是，信仰对于基督教教徒来说无疑是生命的一部分。不过，就算是新教徒，譬如马丁·路德也觉得他的言论偏向于异教徒。当然，对于宗教改革这件事，他一点儿也不着急，他表示，真正正确的宗教观是不可能一蹴而就的，只有循序渐进才能做到彻底纠错。正如某位知名作家所说："马丁·路德的宗教改革是一座里程碑，但已成为历史。之后的宗教改革或许会像伊拉斯谟所说的那样返璞归真。"

第9节　卓越的建筑及建筑师

在这一章的最后一节里，我们将对亨利七世时代的建筑做些讲解。在那个时代，英格兰王国为世界贡献了许多卓越的卓越大师。约翰·莫顿大主教大规模地修缮了其在梅德斯通（Maidstone）、阿丁顿（Addington）、查灵（Charing）等地的住所，以及留存至今的哈特菲尔德宫（Hatfield）的古代宫殿。他好像还是威斯贝奇教堂（Wisbech）那座恢宏塔楼的重建者之一，传说他曾经无数次站在塔楼上挥手。他是罗切斯特（Rochester）大桥的建造者，包括这一建筑在内，经他之手修建的很多建筑都运用了领先于世界的石工技艺。不仅如此，他还公开表示，桥梁工程的资助者若是犯事被抓，将享有40天的监外执行特权。约翰·莫顿还在牛津大学的时候就参与重新建设神学院和圣玛丽教堂了。坎特伯雷的"天使之塔"也有他的贡献。在担任伊利主教的时候，他以工程师的身份对威斯贝奇至彼得伯勒一带大沼泽地进行了重新规划，缩小了范围并安装了排水管道。时至今日，这项名为"莫顿排水工事"的工程仍存于世。生活在宁河地区各个城镇的人们苦不堪言，因为宁河与周边沼泽地之间的排水管道因年久失修而失去了排水功能，没有办法把沼泽地中的水导入大海。所以每次下大雨，河岸就会被洪水冲垮，导致周围的庄稼被淹。约翰·莫顿曾经长期生活在尼德兰，对治理水患颇为了解，所以即便没有尼德兰专家的支持，他依旧成功解决了宁河地区的水患问题。不仅如此，他主持建造的宁河排水工程还将4000多英亩土地变成了良田。这个排水工程在1725年之前一直是宁河地区的主要排水系统，所以约翰·莫顿的大名赫然列于"英格兰第一批现代工程师"名单当中。

亨利七世在生前也修建了几座辉煌的建筑，例如希恩宫。如今，我们在萨利的里士满还能看到一小片希恩宫遗址。希恩宫的大厅十分华美，有100英尺长，40英尺宽；外围建有许多塔楼和围墙，墙上镶嵌有彩色的大窗户，给宫殿增添了几分敞亮、安然的感觉。正如弗朗西斯·培根所言："这些屋子美极了，到处都是玻璃，每个角落都是明媚温暖的。"走出大厅，人们可以看到希恩宫的另一大特色：国王与王后拥有各自的私人餐厅。这样的宫殿设计现在很流行，很受大众欢迎。在当时权贵们的豪宅里，主人的餐厅一般都和大厅以墙相隔，有的餐厅还被修建在大厅的上方。当然，如果房间不够大，也有可能不修建大厅。曾几何时，一些上层人士并不赞同把餐厅和大厅分开设计，哪怕是在伊丽莎白一世时代，英格兰王国政府也总是反复提及罗伯特·格雷斯特（Robert Greist）大主教的箴言："除非身体抱恙或疲惫不堪，否则就不应该在大厅之外的地方用餐。在主的面前进餐是有好处的，那代表着对主的尊崇。"不过，亨利七世时代的权贵们有很多自己的想法，完全没有把罗伯特·格雷斯特大主教的话放在心上，他们"更喜欢也更习惯在私密的地方，或者角落里吃饭"。正是从这个时候开始，贵族们养成了不公开进餐的习惯。与此同时，尼德兰由来已久的奢侈之风也来到了英格兰王国，相较于此前，现在无论是家居用品还是建筑装潢都奢华了不少。

在众多教会建筑里，威斯敏斯特教堂的礼拜堂无疑是经典。这座礼拜堂始建于 1503 年，主持建造者是亨利七世。这是亨利七世为其祖母瓦卢瓦的凯瑟琳，以及亨利六世追修的安睡之地，同时也是他为自己与妻子，即约克的伊丽莎白修建的豪华陵墓。这座礼拜堂的外部设计精美至极，全球闻名；它的角楼是八角形的，上方建有华丽的飞拱，飞拱连接着顶部，支撑着上面的天窗。除了低矮处的道路，礼拜堂到处都雕刻着各式美丽的纹饰，譬如叶子一样的花纹，等等。走进礼拜堂，顶棚上建有呈扇形带花格的肋拱，有几个地方呈下垂状态，那是中世纪晚期典型的英格兰建筑样式。顶棚的装饰纹路十分复杂，也十分漂亮。因为内部纹饰过于精美，所以时常有人认为这种扇形花格样式的设计太"腐败"。不过，这种样式依然得到了法兰西当代建筑大家欧仁·维奥尔特·勒·杜埃的真诚赞美。他表示，相比法兰西建筑家们所了解的其他拱顶设计，肋拱不但更具艺术气质，还更科学。位于礼拜堂南面走廊右侧的华丽建筑是亨利七世夫妇的华丽陵墓，建造者是知名建筑家皮埃托·托雷贾诺。另外，这里还安睡着亨利七世的母亲，也就是玛格丽特·博福特夫人。亨利七世曾经颁布诏书，要求今生后世的有罪者要不断前来祭拜其灵魂，并祈求赦免。为了新建一座礼拜堂，亨利七世拿出了 5000 英镑给礼拜堂教长买地，并为他争取到了受俸神父这一身份。这意味着，这位教长的年收入绝不低于 450 英镑。当然，这些钱都受到了严密监控，想要从中牟利几乎不可能。新礼拜堂选址为旧圣母堂所在之处，周围已清理干净。这附近原来有一家叫作"白色玫瑰"的酒吧，一座有可能入住过大诗人杰弗里·乔叟的小楼，以及伊丽莎白·伍德维尔主持建造的圣伊拉斯谟礼拜堂。用来修建新礼拜堂的石料是政府斥巨资从约克郡买来的，和如今的议会大厦所用的相同。这种石料明显不同于中世纪各个大教堂所用的石料，其实这样的选择是缺乏合理性的。历史证明，中世纪的大教堂至今保存完好，而威斯敏斯特大教堂的礼拜堂却从 19 世纪开始就得不断修复。

第 8 章

继任者的和平之治（1509 年至 1511 年）

第 1 节　建设海军

亨利八世在登上王位后改变了英格兰王国的面貌。在此之前，亨利七世积极地推动着经济发展，无所不用其极地解决玫瑰战争所导致的物资匮乏问题；虽然亨利七世尽心尽力，但人们似乎并不买账。后来，18 岁的亨利八世成了一国之君，带着英格兰式的倔强、大气、热情、坚毅、勇敢、宽容，英姿勃发地走到了英格兰人面前，人们惊喜地发现，那个年轻人早已不是从前那个胆小鬼，他已长大成人了，一头短发让他整个人显得神采奕奕。各国驻英大使都不约而同地在致信本国时对亨利八世的风采做了详述。亨利八世通晓法语、意大利语、西班牙语，会演奏、会唱歌，还会作曲。曾有音乐家表示，亨利八世谱的曲子"音韵清丽、动人心魄、旋律曼妙、节奏精巧，完全听不出是一位来自英格兰王室的音乐爱好者所创作的"。亨利八世不仅学识不凡、才艺过人，而且身手也不错，许多著名的骑士都曾是他的手下败将。他在外出打猎时总是精力无限，他的 6 匹好马常常被累到跑不动。他还常常出现在赌桌上，而且从来都是一掷千金。一到节日，他就温柔地要求大臣们陪他赌博，赌注就是他或大臣身上的饰品。他从来没有系统地学习过政治学与经济学，不过他后来所展露的政治才干与经济才干都足以与那个时代的其他统治者比肩。在众多文化学者的期盼下，他大概也认真研习过相关的知识。他在9岁时便能创作出非常不错的拉丁文作品，而且还是在无人指导的情况下完成的。由此可见，亨利八世一定会受到古典学者们的欢迎，而主张宗教改革的教士们也会对这位通晓神学的统治者心存期待。

可是，亨利八世似乎更喜欢打仗，更在意自己的政治业绩，这种喜好会不会影响他的心智，毁掉他的未来呢？并不是没有可能。好在亨利八世洞察到了这一切，并找到了一条适合英格兰王国的途径来防止自己误入歧途。他不再一门心思地发展军工企业，而是把精力投入海军建设当中。他不准备出兵法兰西王国以夺回亨利六世失去的土地，而是打算建设一支拥有足够实力镇守英格兰王国海岸线的海军。这样一来，既能让英格兰人放弃东征西战、开疆拓土的野心，又能清除工业发展道路上的各种障碍。在先进的"大哈利"号战舰完工之后，他甚至亲自带领着外国友人登舰参观。这艘战舰一共安置了7层错落有致的大炮。舰队的指挥官们给亨利八世写了很多信，对航行过程做出了详细描述，例如，"圣枝主日（复活节之前的礼拜日），因为刮的是东南风，和航行方向一样，所以我们并没有过多行船。周一的时候，风来自西南方向，对我们而言不是有利的。那天晚上，我们一夜没睡。洪水就要来了，没有船敢停留在海上。'凯瑟琳·福塔雷萨'号的航行没有遭遇什么阻碍，您的'君主'号可以说是迄今为止最先进的战舰了。写得有点儿多，因为臣得按照您的盼咐，把航行情况尽量详细地告诉您。"这封信是爱德华·霍华德（Edward Howard）写的，在战争打响后，他激动万分地向亨利八世报告说，他估计五六天后战争就会结束，毕竟他听说敌军只有100艘战舰。除此之外，他还笃定地说："我们的进攻将随着第一阵风狠狠地落在敌人头上，届时全世界都会惊叹于英格兰王国海军的雄风。"得益于优秀的海军，英格兰王国不再惧怕外敌侵扰，不再遭受损失与破坏，不再忧心于外事，终于可以安心解决国内问题了，而此时无论是政府问题还是企业发展问题都还不算尖锐。

第 2 节　罪有应得

在亨利七世入土为安之前，他麾下那两位横行霸道的代理人理查德·恩普森与埃德蒙·达德利都已被定罪。两人的最终结局无异于法兰西国王查理八世手下的奥利维耶·勒·戴恩。因为担心亨利八世在登上王位、大赦天下时赦免他们，枢密院把他们叫了过去。枢密院自然是有备而来，马上公布了早就查好的法律条文，以控诉两人对平民百姓施加的经济压迫。他们狡辩说，自己从来没有违反过相关法律。枢密院并未采纳他们的辩词，并指出两人是在钻法律的空子，滥用有利于自身的条款。不仅如此，两人还曾密谋在亨利七世离世之后暗杀年轻的继承人亨利八世。两人的罪名又多了一条，最终被关进了伦敦塔。不过，我们没有看到任何与暗杀亨利八世有关的证据，所以这一罪名并不确凿。然而，正是因为这项没有证据的指控，两人被分别带到了伦敦市政厅与北安普敦接受审问，并被判定有罪。从那以后，他们再也没有走出过监狱。1510 年 8 月，坊间有传闻称阿拉贡的凯瑟琳已出面求情，英格兰人因此而群情激愤，集体要求对两人处以死刑。民意之下，亨利八世很快处死了两人。弗朗西斯·培根对此表示："与其说亨利八世是一位优秀的统治者，不如说他是一位贤明的君主。"在此之后，曾经受雇于埃德蒙·达德利与理查德·恩普森的征税专员们也都各有报应，一些死于百姓之手，一些在康希尔（Cornhill）被抓，被关进了新门监狱并死于狱中。据切尔伯里的爱德华·赫伯特勋爵称，埃德蒙·达德利曾求救似的对枢密院说："或许将来不会有人记得我的起诉书，也不会有别的国家看到我的起诉书。可是，一旦被别的国家发现我被判刑，它们肯定会替我发声，并让英格兰王国政府付出分裂的代价。到了那个时候，征服者会对英格兰王国虎视眈眈，英格兰王国将陷入困境。"这番说辞没有打动亨利八世，他的罪名已板上钉钉，不过在他被处死之后，没过多少年，英格兰王国的统治者又恢复了他的名誉。如我们所知，达德利家族日后会卷土重来，又一次成为英格兰王国最权威、最显赫的门第。

第3节　可悲婚姻的开始

亨利八世刚一即位就开始行动了。1509年6月7日，亨利八世终于迎娶了阿拉贡公国的凯瑟琳公主，这件事已经耽搁得太久[1]。大家都知道，《圣经》是不允许拥有姻亲关系之人结婚的，而罗马教皇通常也不会同意这类婚事。不过，英格兰人普遍觉得凯瑟琳和威尔士亲王亚瑟虽有婚姻之名分却无肌肤之亲。最能证明这一说法的是，在亨利八世的结婚大典上，凯瑟琳并没有束起头发，这表明她还是个处女。枢密院成员大多都持赞同意见，只有威廉·渥兰表示反对。在面对反对者时，阿拉贡国王斐迪南二世指出，葡萄牙国王曾经娶了姐妹二人为妻，而上帝并未对他做出处罚。在结婚大典举行的那一天，凯瑟琳签署了一份文件，把价值20万达克特的嫁妆送给了英格兰王国[2]，同时她也从英格兰王室手中得到了布里斯托尔（Bristol）、贝德福德（Bedford）、诺里奇（Norwich）、伊普斯威奇（Ipswich）等150多座城镇及教区。除此之外，凯瑟琳还被允许在上述领地内进行罚款、收藏、没收重大案件罪犯的家产，以及加纳流浪者，等等。

---

[1]　这一婚事在1503年得到了教皇尤里乌斯二世的同意。——作者注

[2]　凯瑟琳的嫁妆很是丰厚，所以回礼是件难事。在这场婚事的商讨过程中，如何回礼一直是个焦点问题，很难达成一致。——作者注

第 4 节　告别玛格丽特·博福特夫人

身为里士满伯爵夫人及德比伯爵夫人的玛格丽特·博福特在 1509 年 6 月 20 日于威斯敏斯特大教堂安然终老。她生前声名俱佳，而最后一次参与国事是在亨利八世选任枢密院成员时给他提了些建议。我们在前文中介绍过，玛格丽特·博福特夫人曾在剑桥大学里创办并修建了两所学院，而在其去世之前，基督学院就已完工。依照她生前的规划，圣约翰学院竣工于基督学院落成数年后。它建在弗林特郡霍利维尔的圣威尼弗里德水井的上方，拥有哥特式的小型穹顶。那穹顶实在是精工细造，美不胜收，很好地彰显了玛格丽特·博福特夫人的不凡品位。这座学院如今已是罗马教廷的朝圣地之一。剑桥大学与牛津大学至今仍保留着玛格丽特·博福特夫人的神学教授职称，而真正值得我们铭记的应是她那抱朴见素、崇高美好的品德。她平易近人，无论尊卑；她积极发展各学各科；她用深刻、谦卑的爱抚育了儿子，也就是亨利七世。在玛格丽特·博福特夫人的丧礼上，约翰·费希尔主教宣读了悼词："玛格丽特·博福特夫人是英格兰学者的母亲，对他们恩重如山。玛格丽特·博福特夫人是真诚善良之人的姐妹，对他们宽容大度。玛格丽特·博福特夫人是黎民百姓的仲裁者，替他们抚平创伤。"玛格丽特·博福特夫人毕生所愿乃是征讨强大的奥斯曼土耳其帝国，她渴望在东征中陪伴守卫那些追求真理的人，哪怕"替他们洗衣服"。她的夙愿大概是英格兰王国仅剩的一丝真正意义上的宗教改革之力。在她离开人世之后，英格兰王国的统治者们并没有效仿法兰西国王的做法，和奥斯曼土耳其帝国结为同盟，除了和来自教会中心阿索斯山的僧人们做过几次非正式交流，以及向君士坦丁堡里的犯人提供了几次帮助之外，他们不再执拗地想要把基督教扩散到奥斯曼土耳其帝国去。

第 5 节　惩戒法

在维护社会秩序这件事上，亨利八世治下的英格兰王国政府和亨利七世时代的政府一样行事果断，并努力平息了好几场叛乱。因为有亨利八世撑腰，星室法庭开始向第一代贵族出手了。据我们所知，身为白金汉公爵的爱德华·斯塔福德是王室后裔，尽管如此，他在1510年向星室法院申请重新担任内务总管的时候也没能成功。不仅如此，星室法庭还会对一部分罪大恶极的叛乱者进行巨额罚款。在有证据的情况下，假如陪审团成员对叛乱者法外开恩，那么他们自己也会被罚款。这一时期的星室法庭在审判时是异常蛮横的，于是，一部分位高权重者为了保护自己，会选择在没有犯罪的情况下自动缴纳罚金，以期在犯罪时得到宽恕。为了进一步提高人民素质，英格兰王国政府在1511年出台了一项严格的法案，以打击越来越严重的赌博风潮。该法案只允许有教养之人小赌一番，而普通民众只能在圣诞节假期，或者在领导的监控下玩一下扑克、骰子、网球，或者保龄球。这项法案在1542年修订过一次，并规定法官享有突击检查赌场，并拘禁赌场经营者的权力。时至今日，这项规定仍然行之有效。在最近一段时间里，有警察根据该项规定捣毁了位于圣詹姆斯大街上的好几个被称作"赌徒地狱"的赌场。当年的法规还不允许人们在大庭广众之下打球，因为在那时的伦敦齐普赛德街（Cheapside），总有学徒参与暴力足球游戏[1]。这一禁令无疑是惩前毖后的措施，因为大多数伦敦人都很敦厚实在。在暴力游戏被禁之后，射箭运动蔚然成风，在英格兰王国内大行其道，无论是五六十岁的老人家，还是七八岁的小孩子，无不在张弓引箭。要知道，那时弓箭

---

[1] 那时候的足球是一项非常野蛮的运动，用威廉·莎士比亚的话来说就是"低劣足球"。——作者注

的射程能达到 220 码[1]之远。在这种情况下，包括十字弩与手枪在内，各种新型武器不再受到伦敦人的追捧。毫无疑问，射箭这项运动既能促人上进，又能予人智慧与勇气，是有利于英格兰民族发展的。英格兰学者罗杰·阿斯卡姆（Roger Ascham）在几年后总结道，射箭是一项对学者颇有助益的运动。此外，他还幽默地表示："主宰知识的阿波罗创造了射箭，品行不佳的修斯发明了掷骰子。修斯天生顽劣，没有哪个神明愿意和他做朋友，就连荷马都曾打算将他从史诗中剔除。"

第 6 节　教会特权

亨利八世继位以后，关于"神职人员利益"的讨论又一次吸引了人们的目光。相较于亨利七世时代，英格兰人更加清楚地意识到了问题所在。在他们眼中，就算犯人能背诵英文版的拉丁文诗歌，的确是个博学之才，也不能就此躲过法律制裁。法网恢恢，疏而不漏，神职人员不应有特权。尽管教会的各项规定都遭受了重创，不过主教们仍旧坚持依照传统奉公守法，并勇敢地对主张行司法改革的亨利·斯坦迪什博士提起了诉讼。不过，主教们不得不面对犯下藐视王权罪的风险。对此，他们驳斥道，亨利八世曾亲口说出过"别碰我的基督"这几个字。令人遗憾的是，这几个字给他们带来的是一番斥责，因为它们并非出自亨利八世之口，而是大卫在千余年前说的话。除此之外，圣诗中所说的"受膏者"指的是虔诚的教徒，而非特指神职人员。当然，就算辩论失败了，神职人员们也并没有什么好遗憾的，因为到了这时，那部有关神职人员利益的临时法案已经到期，失去了法律效应。这一局面一直持续到亨利八世和教皇保罗三世分道扬镳之前，在那之后，议会才又一次废除了教会的上述特权。

---

[1] 弓箭射程是标准化的，法律不允许人们随意缩短射程。——作者注

第 7 节　苏格兰势力

亨利八世登上英格兰王位的时候，坐在苏格兰王位上的刚好是詹姆斯四世，也就是他的妹夫。很凑巧的是，詹姆斯四世和亨利八世一样也很看重海军建设。詹姆斯四世娶了玛格丽特·都铎，建造了能媲美英格兰王国海军最大规模战舰的"迈克尔"号。这艘战舰足有 240 英尺长，船体为橡木制造，厚度达到 10 英尺。不难看出，对"迈克尔"号而言，那时候的火炮几乎毫无威胁。不过，这艘能承载 1500 人的大型战舰却没能如小型战舰那样收获丰硕的战果，即便指挥官是拉尔戈的安德鲁·伍德与巴顿兄弟。安德鲁·伍德早先有过辉煌战绩，例如指挥"轻快帆船"号与"鲜花"号将 5 艘海盗船引诱到了爱丁堡的利斯。面对安德鲁·伍德所率领的舰队，英格兰王国知名海军将领斯蒂芬·布尔临危受命，带兵抗击。双方从福斯一路打到了泰河，最后，斯蒂芬·布尔一方战胜了安德鲁·伍德一方，苏格兰王国的舰队被赶回了位于苏格兰王国东部地区的邓迪（Dundee）。因为遭到了葡萄牙政府的不公对待，詹姆斯四世致信苏格兰王国海军将领安德鲁·巴顿誓要复仇。没过多久，安德鲁·巴顿炮轰了英格兰王国海战舰队。对于这件事，第二代诺福克公爵托马斯·霍华德在 1512 年宣称，那是因为英吉利海峡与爱尔兰海被各种各样的船挤满了，除此之外他还信誓旦旦地说，自己有的是钱，足够建造一艘战舰，并让他儿子担任指挥官。最后，英格兰王国海军大臣爱德华·霍华德成功击败了安德鲁·巴顿。第三代诺福克公爵托马斯·霍华德是爱德华·霍华德的哥哥，当时也是海军舰队里的军官，不过兄弟两人所带领的战舰在一场风暴中走散了。后来，第三代诺福克公爵托马斯·霍华德不得不独自面对安德鲁·巴顿所指挥的战舰"狮子"号。一番激战不可避免，安德鲁·巴顿竭力动员着船员，而船员们也纷纷表态，他们决不放弃，除非安德鲁·巴顿战死。同一时刻，"狮子"号的兄弟战舰已经被爱德华·霍华德拿下。那艘战舰上活下来的船员随后都被送往伦敦，并被释放，最终都回到了苏格兰王国。亨利八世在面对苏格兰王国政府抗议的时候表示"海盗理应被严惩，不过两国统治者之间的友好关系并不会因此而被打破"，实际上对于两国的民众来说，这些海盗并不是真正的天敌。自始至终，谁也说不清这场海战到底是谁的错。在弗洛登海战结束之后，落败的苏格兰王国海军不得不卖掉了主力战舰"狮子"号，而买方是法兰西王国海军。苏格兰王国海军的璀璨光辉犹如昙花一现，自此去而不返。

第8节　对法兰西的征服欲

年纪轻轻的亨利八世在1511年的时候开始计划参与欧洲大陆战争。随着法兰西人来到意大利王国，欧洲大陆战争正式打响，与此同时，思想家们追求和平时代的梦想化为了泡影，即便是最为远见卓识的伊拉斯谟也觉得看不到希望。在他看来，欧洲各国的统治者们如此热衷于暴力，只会让社会重返蒙昧时代，无论是商业贸易，还是文学艺术，抑或是宗教与人性的发展都会遭遇灭顶之灾。他感慨万千地说："希望上帝有一颗恻隐之心，能帮助人类平息这场战乱！眼下的局面实在太过疯狂！身为基督教教徒的国王之所以投身战事，主要是因为野心、仇恨、欲望和冲动在作祟。眼下，一群野心勃勃的老人不择手段、不顾劳顿、不休不止地想要扰乱包括法律、宗教、和平在内的人类世事。看看吧，在这个不讲法律只讲暴力的社会，会出现多少错误的审判。为了所谓的体面，无数人对这强盗般的恶行保持沉默！就算战争终有一日可以戛然而止，可这缺失的道德又如何能立刻失而复得！"他还愤恨地说："鹰的眼里流露出贪婪与暴戾，像钩子一样的嘴令人心悸，前胸如此强壮，下颌却充满了恶意。好好看看鹰的模样吧，谁不会认为那就是统治者的嘴脸呢？除了这面目之外，鹰的尖叫声令动物们胆寒颤抖；统治者亦复如是，一声令下，万民战栗，议会就范，贵族臣服，法官退让；王权得以凌驾于法律法规之上。权利也好，宗教也罢；正义也好，人性也罢，都已失去了意义。在众鸟之中，唯有鹰能代表统治者，智者如是说。鹰爱吃肉，从不满足，为人所恨。鹰拥有极大的破坏力，总想着祸害人世，在这方面，再没哪种动物能与之相比。"作为伊拉斯谟的好友，约翰·科利特也发表过相关言论，并当着亨利八世的面发泄了一通反战情绪。据记载，"约翰·科利特滔滔不绝地弘扬着耶稣的成功，并大声疾呼，世间之人万万不可以统治者之名发动战争"。他对人们说，心怀不轨的人受到心中仇怨与野欲的驱使而拿起刀剑；耶稣并没有让他们这样做，他们受到了恶魔的唆使，自相残杀。"以基督教的方式死在沙场上谈何容易！不因仇怨与欲望而参加战斗的人能有多少！倘若不懂得爱世人，上帝又怎会赐予人类恩典。所以，爱世人之人怎会自相残杀？"约翰·科利特的这番反战宣言传到了亨利八世的耳朵里，亨利八世认为这番话很有可能会影响英格兰人的参军热情，所以便把约翰·科利特叫到了格林尼治（Greenwich）。此次会见持续了一个半小时，亨利八世笃定自己的宣战是正义的，不过他仍旧公开称赞了约翰·科利特，说他是自己的精神医生。显然，那些想看约翰·科利特笑话的人未能如愿。亨利八世召见约翰·科利特的时候，英法首战刚刚结束。在此之前，英格兰王国议会曾竭尽全力阻止亨利八世出兵。议员们告诫亨利八世，首先，擅长弓箭的英格兰士兵在如今这个枪炮时代可以说是一无是处；其次，作为一个岛国，英格兰王国不该招惹那些大陆国家；第三，英格兰王国已经蓄积了强劲的实力，并非弱旅，对世界的探索与开拓才是扩大势力范围的最佳方式。可惜的是，塞巴斯蒂安·卡伯特这时没在国内，在英格兰王国，除了他之外，恐怕再没有人能说服亨利八世放弃大陆战争，并选择海上扩张的方式。一切劝告都如云烟般消散了。时年21岁的亨利八世固执己见，誓要挑战欧洲大陆列强。英法之间的又一场大战一触即发，并将在之后掀起接连不断的战役。我们将在下一章对战争的前因后果及过程做出阐释。

第 9 章

图尔奈战役（1511 年至 1514 年）

第 1 节　康布雷同盟

亨利八世在 1511 年发动了对法战争，以协助教皇尤里乌斯二世固守权力。我们将在这一章中详细阐述亨利八世宣战的原因、彼时社会的政治思想，以及后续事件爆发的原因。亨利八世之所以与法兰西王国为敌，主要原因是威尼斯共和国日益强大，遭到了神圣罗马帝国皇帝马克西米利安一世、阿拉贡国王斐迪南二世、路易十二、教皇尤里乌斯二世等人的嫉妒与仇恨。一部分欧洲国家在 1508 年结为了同盟，同盟以康布雷（Cambrai）这个地方为名。神圣罗马帝国皇帝马克西米利安一世之女萨沃伊公爵夫人玛格丽特和法兰西王国的代表，即枢机主教乔治·当布瓦兹在康布雷进行了秘密磋商。与此同时，威尼斯共和国已失去了勒班陀（Lepanto）、圣莫拉，以及东部的几个地方；另一些土地则被奥斯曼土耳其帝国霸占。于是，威尼斯共和国打算征伐意大利王国。教皇亚历山大六世在 1503 年被人下毒致死，趁此机会，威尼斯共和国攻占了里米尼（Rimini）与法恩扎（Faenza）。此时，教皇在沿海地区的大片封地已经落入了威尼斯共和国之手，而威尼斯共和国的国土则包括拉韦那（Ravenna）、特雷维索（Treviso）、帕多瓦（Padua）、维罗那（Verona）、克雷马（Crema），以及布雷西亚（Brescia）。上述地区虽被威尼斯共和国占领，但所受统治还算开明，并未被限制自由。所以到了紧要关头，威尼斯共和国是可以向上述地区求助借力的。阿拉贡国王斐迪南二世向威尼斯共和国借款 20 万克朗，威尼斯共和国由此得以殖民那不勒斯，以及从斐迪南二世手上拿到了特拉尼（Trani）、布林迪西（Brindisi）、加利波利（Gallipoli）、普利尼亚诺（Pulignano）、奥特兰托（Otranto）等港口，这些海港都是借款的抵押品。一方面在大陆地区开疆拓土，另一方面它还在海上运输与海上贸易方面拥有绝对的实力。尽管克里斯托弗·哥伦布、瓦斯科·达·伽马先后发现了新航线，不过威尼斯共和国依然霸占着海上通道。不仅如此，威尼斯共和国政府的工厂甚至开到了布列塔尼公国境内的顿河入海口。如我们所知，威尼斯共和国向世界出口着品质一流的麻料、烫金皮革、丝绸、玻璃等商品。除此之外，新的印刷术虽然问世才 15 年，但在威尼斯共和国内却得到了广泛应用，更被阿尔迪家族推上了新的高峰。对于西欧那些经济状况欠佳的国家而言，威尼斯共和国的辉煌光芒无比刺眼，惹人妒忌。巴亚尔勋爵皮埃尔·泰拉伊（Pierre Terrail）对此表示，所有人都觉得"上帝肯定会斥责威尼斯人的，他们一边过着舒适的生活，一边讽刺着其他基督教国家"。基于此，其他欧洲国家果断决定，对威尼斯共和国发起进攻。教皇尤里乌斯二世誓要收复里米尼、法恩扎、拉韦那；斐迪南二世誓要夺回那不勒斯及众多港口[1]；神圣罗马帝国皇帝马克西米利安一世誓要在帕多瓦、维罗那、维琴察等城镇重新建立统治。为此，马克西米利安一世还向帕多瓦、维罗那等地的贵族们寻求帮助并获得了支持。在那些贵族看来，威尼斯共和国的统治者用剥夺贵族封建特权的方式赢得了中低阶层的欢迎。为了重获特权，他

---

[1] 在收复失地之后，斐迪南二世就不用听命于威尼斯共和国，并缴纳此前约定的港口税。——作者注

们将希望寄托于神圣罗马帝国皇帝马克西米利安一世及其治下的哈布斯堡王朝。

第 2 节　无畏的威尼斯人

以威尼斯共和国为目标的大战来得异常猛烈。威尼斯人本打算等到法军过了阿达河，到达克雷马一带的阿尼亚德洛村之后再出兵对抗的，不过他们的军队却在 1509 年 5 月 14 日被法兰西人击溃。威尼斯人无力反抗，法军马不停蹄地拿下了位于威尼斯城近郊的梅斯特雷（Mestre）与富西纳（Fusina），并在横渡潟湖后炮轰了威尼斯城，足足发射了好几百枚炮弹。在一片混乱之中，威尼斯国王打算"以德报怨"，这在当时是一种常见的政治手段。他解除了一部分意大利城镇和共和国之间的附属关系，以便让这些城镇可以在战争谈判中争取到最佳条件。那些意大利城镇立马振作精神，特雷维索、帕多瓦等地最先挺身而出，联手反对神圣罗马帝国皇帝马克西米利安一世。之后没多久，这些城镇又都回到了威尼斯共和国的怀抱。马克西米利安一世打算出兵帕多瓦，听闻这个消息，帕多瓦人群起反抗，但这似乎正是马克西米利安一世想要的。马克西米利安一世以此为由对帕多瓦发起了进攻。不久之后，参与"不正义"同盟的欧洲国家纷纷原形毕露。法兰西王国占领了原本属于教皇尤里乌斯二世的博洛尼亚（Bologna），教皇尤里乌斯二世对此耿耿于怀。法兰西王国索性在比萨创设了教会议会，正式与教皇尤里乌斯二世为敌。法兰西人在战争中收获颇丰，这让向来看不惯他们的斐迪南二世十分眼红。与此同时，教皇尤里乌斯二世亲率大军夺回了雷焦、米兰多拉与帕尔马。威尼斯共和国把先前占领的拉韦那还给教皇尤里乌斯二世。不难看出，对于教皇尤里乌斯二世来说，康布雷同盟就是个工具而已，他有他的目的。为了把法兰西人从意大利王国赶出去，他在 1511 年 10 月 15 日筹建了"神圣同盟"，和威尼斯共和国、阿拉贡王国签订了条约。以内穆尔公爵加斯东·德·富瓦（Gaston de Foix）为首的法军和神圣同盟军队大战了一场，并成功占领了依附于威尼斯共和国的布雷西亚城。此后，法兰西王国的军队于 1512 年 4 月 11 日在拉韦那战胜了阿拉贡军队，不过他们的将领内穆尔公爵加斯东·德·富瓦死于此役。尽管获得了胜利，但法军损失惨重，法兰西王国也已失去了对战意大利王国的优势，若想继续对意大利王国发起进攻恐怕十分困难。

第 3 节　神圣同盟

亨利八世伺机而动，打算率领整装待发、安然无恙的英格兰王国军队攻打法兰西王国。他公开表示，自己不想与教皇尤利乌斯二世为敌，那是不道德的行为。同时他还指出，教皇尤里乌斯二世的身份是神圣不可侵犯的，不管他有多执拗，世人都应宽容以待。亨利八世自以为可以像先辈一样获得胜利，然而这一时期的法兰西王国，无论是人口还是财富都远在英格兰王国之上——超出了英格兰王国三倍。在迎娶凯瑟琳的时候，亨利八世口口声声说自己和妻子自此将接受斐迪南二世的统治。斐迪南二世绝不是良善之人，他一面对亨利八世表示了信任，一面建议亨利八世出兵前往西班牙王国边境与法兰西王国的军队一较高下。这样一来，他不仅可以躲过战斗，还能轻松获得纳瓦拉（Navarra）。至于英格兰王国国内的情况，政府计划再度进攻波尔多（Bordeaux）。不管怎么说，大部分英格兰人都不会反对攻打加仑河（Garonne）地区，即使那里属于法兰西王国。此战若能马到成功，那英格兰人就可以喝到半价的法国红酒了。在这种情况下，刚向亨利八世投诚的托马斯·沃尔西（Thomas Wolsey）立马组织一万兵马，让多塞特侯爵托马斯·格雷（Thomas Gray）率军赶赴西班牙王国的丰特拉维亚（Fuenterrabía）。这支队伍在

1512年6月7日到达了目的地。斐迪南二世先前曾对亨利八世说，在英军进攻法兰西王国的吉耶纳（Guyenne）的时候他手下的军队——以阿尔瓦公爵法德里克·阿尔瓦雷斯·德·托莱多（Fadrique Aacute lvarez de Toledo）为将领——将出面支持。不过，现在他似乎忘了自己说过这样的话，阿尔瓦公爵法德里克·阿尔瓦雷斯·德·托莱多和他的士兵们一直在纳瓦拉一带战斗。于是，英军陷入了困境，适逢每年的雨季，士兵们连可以躲雨的帐篷都没有；他们在西班牙王国并没有储备太多粮食，食物很快就吃完了，甚至有海军士兵开始觉得眩晕；有人在喝了西班牙葡萄酒后患上了热病，可是法兰西啤酒又着实难喝。英军军官没有太多战争经验，所以在战场上毫无作为，最终导致士兵们怨声载道。士兵们每天的薪水原本是6便士，现在他们要求涨到8便士，要不然就不参加战斗，毕竟6便士的报酬完全没办法让他们吃饱肚子。英军于1512年8月28日在圣塞巴斯蒂安（San Sebastian）开了个会，并在会上决定撤退，尽管他们没有得到任何相关指示。这一举动多少有些令人不解。亨利八世致信斐迪南二世，请他想办法将英军强行留在西班牙王国，即便是使用武力也可以，然而最终未能成功。英军在1512年10月7日之前就已经撤退了。英军成了全欧洲人的笑柄，没有人看得上这群逃兵。因为没有人愿意临危受命，亨利八世只好听从了议会的意见，宣布停战。亨利八世此时终于承认，英军入侵法兰西王国失败，法兰西王国在意大利王国的影响力将有所提升。没过多久，议会颁布的一项特别法案令包括亨利八世在内的所有英格兰人走出了失败的阴霾，尽管该法案在最后收效甚微。

第4节　海上大战

1513年3月1日，在爱德华·霍华德的指挥下，43艘战舰驶向了布列塔尼海岸。这一年稍晚的时候，他们还将踏上更大规模的征战之旅。因为英军的"君主"号战舰在前一年法军的炮轰下付之一炬,所以爱德华·霍华德很想带领眼下这支舰队一雪前耻。英格兰人把法军舰队赶到了布雷斯特。在布雷斯特,法军舰队积极应战,一面维持火力,一面等待支援——6 艘从地中海赶来的帆船。爱德华·霍华德也得到了消息,称法军的 6 艘帆船渐行渐近,而且已停靠在了两座军事要塞之间。因为那里海水太浅,英军战舰没有办法驶入,所以爱德华·霍华德也只能派出帆船迎战,然而英军队伍里只有 2 艘帆船,而对方是 6 艘。据议会中人透露,在法军舰队败北之际,爱德华·霍华德专门请求亨利八世到前线督战;身为指挥官,这么做难免有逃避责任之嫌。爱德华·霍华德指挥自己所在的战舰靠近一艘法军战舰,然后一个人率先冲上了法军的舰船,转头却发现没有人跟随自己。爱德华·霍华德毕竟是一位指挥官,怎么肯就这样被俘。只见他扯下身上的金链,面朝大海吹了声口哨,而后跳海自沉了。爱德华·霍华德的英勇壮举让他的父亲,也就是托马斯·霍华德得以重新被封为诺福克公爵,而他的哥哥第三代诺福克公爵托马斯·霍华德也被晋升为萨利伯爵。对于亨利八世来说这也没什么不好,因为第三代萨福克公爵托马斯·霍华德将以指挥官身份替他出征弗洛登。

第 5 节　出兵法兰西

为了和神圣罗马帝国皇帝马克西米利安一世顺利会合,亨利八世在 1513 年 7 月 26 日这一天亲率大军自加来启程前往阿雷。然而,亨利八世被骗了,由此可见,神圣罗马帝国皇帝马克西米利安一世和斐迪南二世没什么不同。身陷困境的神圣罗马帝国皇帝马克西米利安一世不仅拿了英格兰王国的钱,还蒙骗亨利八世对法兰西王国境内的泰鲁阿讷(Thérouanne)与图尔奈(Tournai)发起了进攻。马克西米利安一世很看重那两个地方,虽然亨利八世并不觉得它们很重要。泰鲁阿讷是个小镇,位于法兰西王国边境，与神圣罗马帝国的阿图瓦接壤。马克西米利安一世曾在1479年尝试攻占泰鲁阿讷，然而他拼尽全力也未能成功。后来，这座小镇成了兵家必争之地，战事频发。阿图瓦人深受其累，天天盼望着泰鲁阿讷恢复平静，甚至希望附近的军事防御设施都被摧毁。图尔奈所在之处是马克西米利安一世统治的大后方，而且一直是神圣罗马帝国内部的"异端分子"。所以马克西米利安一世总是警惕着图尔奈这个地方的动静。英军本来打算直接挺进巴黎，而巴黎和泰鲁阿讷相去甚远，后来英军直接对泰鲁阿讷发起进攻。1513年8月16日，在奥尔良的隆格维尔公爵路易一世的指挥下，一队法军尝试着支援泰鲁阿讷守军，不过最终不敌马克西米利安一世手下的大队人马。要知道，马克西米利安一世大军背后站着的可是英格兰王国军队。在赢得图尔奈之战后，亨利八世获得了"新时代战神"的美誉；而法兰西人则自我解嘲般地称这一战是"马刺战役"[1]。此役之后，法军将领雅克·德·拉·帕利，以及著名骑士皮埃尔·泰拉伊双双被收监。1513年8月22日，泰鲁阿讷失守。1513年8月28日，拥有牢固关隘与城墙的图尔奈也举起了白旗。

第6节　弗洛登战役

亨利八世在远征之前将王后凯瑟琳封为了英格兰王国的摄政王。为了确保凯瑟琳能坐稳这个位置，他还将萨福克公爵埃德蒙·德·拉·波尔处死了。亨利七世在1506年的时候向腓力一世做出过许诺，不会置萨福克公爵埃德蒙·德·拉·波尔于死地。不过，据说亨利七世在临终前叮嘱亨利八世说，

---

[1] 在此次战役中，法兰西的骑兵只能用鞋子上的马刺来阻止战马逃跑，所以法兰西人戏称此役为"马刺战役"。——作者注

这个承诺不过是为了巩固都铎王朝统治所采取的临时策略罢了。图尔奈之战结束于1513年8月16日,而在这一天,一向与法兰西王国为伍的苏格兰国王詹姆斯四世不仅输给了第三代诺福克公爵托马斯·霍华德,还赔上了性命。鉴于很多人都知道这一历史事件,因此我们只在这里阐述其中一些重要的细节。詹姆斯四世先是占领了诺勒姆城堡、沃克城堡与福特城堡,而后又攻占了弗洛登,抢占了一个易守难攻的有利阵地:切维厄特丘陵中一座山丘的山脊。山脊以东有铁尔河,以北有科尔德斯特里姆镇和特威德河。詹姆斯四世早先与挑战者第三代诺福克公爵托马斯·霍华德约定,要来一场公开公平的战斗。可是事到如今,詹姆斯四世却抢占了先机,因而被第三代诺福克公爵托马斯·霍华德视为无耻。詹姆斯四世将军营设在了铁尔河的右侧,另一边则是广阔无垠的沼泽地,同时他将炮兵安排在了营前。鉴于詹姆斯四世大军所在之处易守难攻,第三代诺福克公爵托马斯·霍华德不得不另辟蹊径,而且他的策略看起来十分机智:他带着3万人从韦特伍德大桥上走过,假装要沿着铁尔河右侧退兵至贝里克郡。然后,他又带着队伍翻过了特威泽尔桥,来到了铁尔河与特威德河的交汇处。这也就是说,他现在处于詹姆斯四世所在军营和苏格兰王国边境线之间。炮兵的指挥官是来自苏格兰王国的约翰·博思威克(John Borthwick),他向詹姆斯四世提出,不如让炮兵驻守在河边,然后在英军过河时进行炮击。可是从弗洛登到苏格兰王国军队的驻地至少有6英里远,就算他们的炮兵能超速搭好大炮,后援部队也没有办法在第一时间赶到前线支援。所以,在詹姆斯四世大军找好攻击点之前,第三代诺福克公爵托马斯·霍华德的人马一直在对岸休整。尽管苏格兰王国的军队最终得以靠近英军,不过他们的计划早就行之无效了。苏格兰士兵通常都习惯于在高山地区作战,而不擅长在低洼地带打仗,而这一战是苏格兰军队这么多年来第一次在低洼地带进行对抗。简单地说,苏格兰军队没办法扬长避短了。在低洼地带,苏格兰人的大炮似乎失去了威力,而第三代诺福克公爵托马斯·霍华德的火炮却威力十足。更令人难以置信的是,在苏格兰王国大军的主力发起进攻后，詹姆斯四世完全忘记了自己的指挥官身份，只顾着和第三代诺福克公爵托马斯·霍华德决斗。詹姆斯四世最终输给了第三代诺福克公爵托马斯·霍华德，与此同时，苏格兰军队的主力干将也纷纷倒在了他周围。战斗结束后，有人在一堆尸首中找到了战死的詹姆斯四世。人们将他的尸体涂上了铅，却没办法让他入土为安，因为他生前被开除了教籍。很遗憾，在许多年以后，希恩修道院很不地道地歪曲了这段与詹姆斯四世有关的历史，更让人心寒的是，很多苏格兰人相信了谣言，以为詹姆斯四世临阵脱逃，躲到了基督教圣地[1]。在弗洛登战役中，大概有1万人战死沙场，而且基本上涉及了当时苏格兰王国的全部贵族。无论是哪个贵族，至少都有一位至亲去而不返。为了祭奠这场悲壮的战斗，有人创作了《森林之花》这首充满了忧伤与凄楚的优美歌谣，其中有句歌词是："森林之花啊，已慢慢枯萎。"

第7节　战争后遗症

尽管法兰西王国的好伙伴苏格兰王国输掉了战争，但以路易十二为目标的反法同盟也没能发展壮大。实际上，反法同盟在这时已濒临崩溃。教皇尤里乌斯二世在1513年过世，继任者利奥十世性情敦厚，曾在佛罗伦萨求学，与托马斯·利纳克尔同属一代学者。与此同时，路易十二向神圣罗马帝国皇帝马克西米利安一世做出承诺，在获得米兰公国的统治权之后，会立刻转让与他。考虑到自己的孙子，也就是查理五世的前途，神圣罗马帝国皇帝马克西米利安一世收下了路易十二的这份心意。法兰西王国如愿得到了米兰公国[2]，而斐迪南二世也收获了纳瓦拉，以及那不勒斯境内的一座港口。显

---

[1] 即巴勒斯坦。——作者注

[2] 路易十二在女儿勒妮出嫁的时候送出了米兰公国的统治权。——作者注

然，亨利八世遭遇了背叛，马克西米利安一世与弗朗索瓦二世偷偷在努瓦永（Noyon）缔结为盟。亨利八世对此愤怒不已，决意要实施报复。他赶紧向法兰西王国示好，并打算装作无知的样子，协助路易十二夺回纳瓦拉。他甚至还筹划了一场联姻，以拉拢法兰西王国。当时，布列塔尼公国的安妮已经离世了，路易十二尚未再婚；而亨利八世的妹妹玛丽·都铎也还没有出嫁。玛丽·都铎年纪不大，相貌出众，曾经对萨福克公爵查尔斯·布兰登（Charles Brandon）情有独钟。自然，玛丽·都铎就是这场政治婚姻的女主角。亨利八世承诺，他不会干涉玛丽·都铎在此之后的婚姻，而且路易十二已至暮年，她要不了多久就可以重新做选择。事后证明，这是一场失败的婚姻，双方关系很不融洽。在路易十二驾崩之后，玛丽·都铎决定摆脱亨利八世的控制，于是迅速且秘密地嫁给了萨福克公爵查尔斯·布兰登。当然，她也为此付出了代价，因为背叛了上一场婚姻，她必须连年缴纳巨额罚金，毕竟这件事让英格兰王室怒不可遏。1515年1月1日，法兰西王国迎来了新任统治者弗朗索瓦一世——安古莱姆公爵弗朗索瓦。他既是路易十二的堂弟，也是路易十二的女婿。而再婚后的玛丽·都铎过得很好，在她的引领下，历史上著名的格雷家族得以发展壮大。

我们在上文中讲述的各个事件是关乎英格兰王国及其统治者亨利八世所处政局的决定性因素。不得不承认，英格兰王国虽是岛屿国家，但英格兰人却骁勇善战，这些精兵强将可以说是英格兰王国及其统治者的堡垒。在那个时期，英军的开销是惊人的，因为需要每天给每个弓箭手发放6～8先令的报酬。而他们已发放了12年的高薪，因为战争压根就没有停过。军队的巨额开支对社会公共秩序造成了恶劣影响。一群胆大包天的强盗在1514年洗劫了国库。政府只抓到80个劫匪，剩下的则不知所踪。同一时期，民众则承担着高额税费。所有日工都要用两三周的报酬来支付每英镑6便士的个人所得税，而且一年要缴纳两次。议会在1515年颁布的一项法案规定，政府不得在民间过度征兵，以免造成劳动力成本升高的局面。约翰·谢伦·布鲁尔曾指出，在托马斯·沃尔西出任英军指挥官期间，英格兰王国第一次遭遇了劳动力匮乏的问题。因为缺乏劳动力，很多休耕地都被改造为了牧场，城市郊区的人口也越来越少。战争期间，商人们也遭遇了重大打击，一面缴纳着难以承受的巨额税费，一面忍受着盟国纷争对商业贸易活动的影响。举例来说，在1515年，神圣罗马帝国皇帝马克西米利安一世的孙子，也就是查理五世对亨利八世出言不逊，于是亨利八世出台禁令，禁止英格兰王国向尼德兰和丹麦西兰岛出口羊毛。从英法战争的结果来看，亨利八世早先主张停战其实是明智之举。不过，这场战争同时也告诉我们，英格兰人从来没有且始终不会放弃统治法兰西王国的想法。在经历了这场战争之后，亨利八世变成了一个冷漠的人；他这时期的画像足以验证这一点，画中人浑身上下都充满了戾气。无异于亚历山大大帝，亨利八世用他的暴脾气缔造了一个和平繁荣的时代。当然，和平或许只是表象，潜在的危险堪比残酷的战争，至少对亨利八世而言是这样。无论是战争还是亨利八世本人，都为英格兰王国带来了许多苦难，人们不得不接受统治者长期的轻虑浅谋、犹豫不决、颠倒是非甚至是惨无人道。

第 10 章

停战后的英格兰（1515 年至 1518 年）

第 1 节　与尼德兰的商贸关系

英格兰王国暂时回归了和平时期。眼下最受人关注的，无疑是在战争所带来的诸多后遗症面前，政府有没有能力带领英格兰王国重返巅峰。这并不是完全没可能的事：虽然国内的商业百废待兴，不过他们用威尼斯统治权换来了商业的成功拓展，如今海外的许多地方都与英格兰王国建立了贸易往来。从伦敦与南安普敦出发，英格兰的商船来到了意大利的西西里岛，来到了希腊的克里特岛、希俄斯岛（Chios）、的黎波里（Tripoli），还来到了黎巴嫩的贝鲁特（Beirut）。英格兰商人还会花钱雇佣其他国家和地区港口的船队，比如意大利拉古萨（Ragusa）的船队、地中海的船队等。当然，他们也从中谋得了利益。亨利八世及其心腹托马斯·沃尔西可不想成为阻碍商业发展的绊脚石，他们创建了领港公会公司，以便统一管理领港费、航行调度，以及灯塔；他们建造了多佛港口，当时建造的开支不少于 65000 英镑；他们还对赫尔、南安普敦、纽卡斯尔、斯卡伯勒、加来等地的港口进行了维修。与此同时，英格兰王国境内的内陆邮政系统也有所发展。另外，在伍尔维奇（Woolwich）与德特福德（Deptford）为海军建造了船坞与货仓。为了恢复英格兰王国和尼德兰之间的商贸交流，托马斯·沃尔西于1515年在安特卫普召开了会议[1]，打算根据《小通商条约》的第5章，重启两地间的商贸往来。佛兰芒人坚持认为，上述条约不过是腓力一世的个人意志，自其去世的那一天起便失效了。英格兰人则提出，腓力一世曾经在公开场合告知其继承者，不得在其逝世后利用其他条约取代上述条约，无论法律做何规定，都不得终止条约。与会者对此争执不下，抱怨声此起彼伏。卡思伯特·滕斯托尔（Cuthbert Tunstall）主教不满地说，一些英格兰商船在遭遇暴风雨时不得不驶入尼德兰的港口避难，却总是被强行征收有违法规的港口税；另一些英格兰商船曾在尼德兰被困或被禁运，却不得不在船只被扣的情况下缴纳所谓的"抛锚费"。争执越发激烈，以至于某位地方官因吵闹不休而被安特卫普教会赶了出去，而其他与会者也都备受"恶言的伤害"。好在查理五世的议事大臣们考虑到彼时的政局，决定赶快为国家寻找一位盟友，所以双方在贸易方面的纷争最后都平息了。与《小通商条约》有关的事务因此被延迟了5年，不过它并没有被废止。相较于英格兰王国的商人所遇到的其他难题，如果上述问题都得不到解决的话，英格兰人肯定不会善罢甘休。英格兰方面最终扩展了自身的通商权利：英格兰商人被允许自由雇佣掮客与搬运工；被允许依法自由申请补助；与英格兰商人有关的案件在尼德兰的法庭得到优先审理，并在6天内得到裁决结果；英格兰商人之间的争端只能交由英格兰领事法庭进行审理，若裁决受阻，尼德兰的地方法官可以协助进行调解；英格兰商人依旧是安特卫普工厂及其设备的所有者。

---

[1] 代表英格兰参加此次会议的是卡思伯特·滕斯托尔主教、爱德华·波伊宁斯爵士，以及青年才俊托马斯·莫尔。——作者注

第2节 康沃尔的矿业

为了给英格兰王国的港口城市谋取利益，亨利八世一度焦头烂额，就在这个时候，忽然发生了一件奇怪的事。身为康沃尔郡议员的理查德·斯特罗德向议会递交了一份提案，要求禁止康沃尔的矿主们往河里倾倒矿产废料，因为这会阻塞河道。理查德·斯特罗德或许没有意识到，实际上康沃尔与德文郡的矿业从业者们并没有违反当地的法律，而且当地地方议会的主持者恰好是负责监管矿区的大臣，虽然规模不大，但地方议会所出台的法规在当地是具有法律效力的。当地地方议会在1510年颁布了一项规定：允许人们在锡矿探测区内从事开采活动，并"允许依惯例将河水引入开采区域"，妨碍开采者必须缴纳40英镑的罚款。所以，当地议会拿着这一纸法令，在国家议会上趾高气扬地反驳了理查德·斯特罗德的主张。理查德·斯特罗德拒不认罚，后来被当地议会关进了又潮又暗的地牢足足三周之久，每天只能得到一些面包和水。好在理查德·斯特罗德最后还是如愿成为了一名税官。因为英格兰王室的介入，他被释放了，不过在此之前，他还是被抓捕他的家伙讹诈了一回：他被要求支付100英镑担保金。康沃尔地方议会最终收回了对他的裁决。显然，不应该对提交议案或反对议案的议员进行惩罚。在那个时代，英格兰王国的政府部门从未出面解决过河水污染问题，以至于从1530年开始，普利茅斯（Plymouth）、法尔茅斯（Falmouth）、达特茅斯（Dartmouth）、廷茅斯（Teignmouth）、福伊（Fowey）等地区都遭受了河流淤堵带来的困境。原本可以通行800吨大型船只的河流如今竟过不了一艘100吨的船只。随后，政府出台了禁令，不允许任何人为了开采矿藏把河水引入港口。不过，很快又有人提出，这一禁令的实施尚缺少法律保障，矿区所在之处的法庭很可能会裁定这项由国家议会颁布的法规是无效的。到了亨利八世时代末期，议会权力得到了进一步加强。在下议院的介入下，大法官在1542年宣布释放普利茅斯议员乔治·费拉尔斯。乔治·费拉尔斯之前因债务纠纷而被普利茅斯政府拘捕。这次拘捕似乎合情合理，但实际上并不合法，因为普利茅斯政府跳过了所有法律程序对他直接进行拘捕。人们对此议论纷纷，直到涉事警官及人员锒铛入狱之后，风波才逐渐平息下来。下议院因此而得到了亨利八世的赞扬：很好地守护了下议院传统的普法精神。

第3节　排外的英格兰人

英格兰王国的商人急不可耐地想要把更多的布料出口至佛兰德斯，为此他们很可能会接受互惠条件。为了顾全大局，人们有时候不得不放弃公平。实际上，英格兰商人不但急切地想要扩大出口量，也同样急切地想要减少进口量。一开始，他们公开表示，外国商人总是诱导英格兰人把钱花在那些看上去高端大气上档次，实际上毫无实用价值的东西上，并以此获得了巨额利润。后来，他们又宣称，进口商品对英格兰王国的商业发展造成了恶劣影响[1]。英格兰王国从尼德兰进口的主要有：切割好的木材、成品皮革、钉子、锁、篮子、橱柜、板凳、桌子、衣柜、束腰带、马鞍、印花布，等等。英格兰商人对此抱怨道："外商把丝绸、红酒、油、铁等商品卖给了英格兰人，又从英格兰人手里买走了不知道多少的羊毛、锡制品、皮革！英格兰商人就要破产了！"这些满怀怨气的人没有意识到进口与出口是可以相互平衡的，他们把二者分开来看了，同时又有些自以为是，觉得英格兰人用必需品换来了"废品"，以及许多原本自己就可以出产的东西。在这种情况下，英格兰人对外国人的妒忌逐渐达到了顶峰，并在1517年5月1日彻底爆发。约翰·贝尔（John Bell）博士在此前几天于斯皮特尔教堂做了一场公开演讲，而该演讲充满了贸易保护主义的言论。约翰·贝尔演讲的主题是《大地赐予的一

---

[1]　英格兰商人在这个问题上意见出奇的一致，的确耐人寻味。——作者注

切》，他针对人们心中的不满和困惑发表了意见："在这片上帝所赐的土地上，英格兰人应该像鸟类一样守护家园，珍惜和维护自己的权利与利益，替国家攘外安内。"

不知从何处传出消息：据说一些反对进口的商人集结起来，将在1517年5月1日对位于伦敦市内的德意志贸易中心，即斯蒂尔亚德商站发动袭击。于是，托马斯·沃尔西只好在4月30日这天和伦敦市市长碰了个面，提醒他务必要维持好公共秩序，并要求他召开市议会，嘱咐市议员们回到各区后马上发布公告：所有家庭的户主在5月1日当天必须待在家里；自4月30日21时起，到5月1日9时止，所有人均不得外出活动，户主必须监督并负责。未曾料到，公告一出，平日里就混乱不堪的奇普区立刻爆发了一场计划之外的骚乱，"快拿上棍子"之类的喊声此起彼伏。随后，几百名暴徒来到圣保罗教区的大街上为非作歹。他们撞开了康普特监狱与新门监狱的大门，放走了好几个前不久因袭击外国人而入狱的犯人；他们不顾地方长官的训斥，对私人住宅一顿猛砸[1]，还扬言要砍掉那些外国人的脑袋。见局面失控，伦敦塔的监狱长来到了伦敦炮台上胡乱开了几枪；人们更加惶恐了，好在没人受伤。暴徒们在伦敦市里没有看到外国人的身影，于是渐渐散去。最后，迟迟不肯退散的300名暴徒被抓捕入狱。伦敦市政府把10台可移动的绞刑架搬到了户外，打算对所有暴徒公开行刑，以儆效尤。不过，最后被绞死的只有一个人，名叫林肯，是个掮客。究其原因，或许是有人在权衡利弊后行贿了，也可能是政府对那些人动了恻隐之心。不过，那个叫林肯的人，的确是唆使约翰·贝尔进行公开演讲的怂恿者。自此之后，伦敦人便将1517年5月1日称为"魔鬼五一"并牢记于心；尽管5月总能让人感到欣喜，但伦敦人从此再也不会于此时随意庆祝任何事。在这件事过去之后，有人提出，英格兰王国政府理应限制对外贸易，限制外国人。所以政府在1525年出台了

---

[1] 当天，奇普区暴徒袭击的主要目标是外籍人士的住宅。——作者注

相关法案：外国商人不得招收外籍学徒，只允许雇佣一到两名有经验的外籍工人。毫无疑问，该法案限制了伦敦斯蒂尔亚德商站德意志工厂的劳动制度。在这家工厂里，无论是管理者还是劳动者，或者说其中的外国人，无不过着半修道院式的日子：深居简出、离群索居、孑然一身。更让人感到苛刻的是，1525 年的法案还规定，所有以某种技艺在伦敦谋生的外籍人士都必须接受政府针对特殊行业从业人员的"调查与改造"。

第 4 节　人口的迁徙

调查结果显示，英格兰王国在 1377 年时拥有 250 万人，于亨利八世执政初期攀升至 350 万人。不过，很多人却觉得英格兰人越来越少了。实际上，众多大型自治城镇里人口的确在日益减少，例如诺里奇。因为这个原因，这些地方的居民都不太愿意对遭遇火灾后的残垣断壁进行重建，或者维修。政治家们似乎没有察觉到潜藏在表象背后的深层原因。在这些大型自治城镇里，行会制度无疑是一种沉重的生活压力，而居民们谁也不愿为此所迫，所以纷纷选择了逃离。在那个时候，生产商们有权根据自己的意愿规定工作方式、工作时间、学徒数量、熟练工数量以及报酬，等等。所以生产商们将目光转移到了许多新开发的地区，尤其是伯明翰（Birmingham）与曼彻斯特（Manchester），这两座城市的新开工厂数量在当时是数一数二的。当然，不管一个人的眼光有多么长远，他也不可能在短时间内掌控全局。所以，很多人在看到破败的古城后就笃定英格兰王国的其他地方定然也是颓然一片，百废待兴。

第 5 节　骤减的乡村人口

《乌托邦》里的文字是令人哀伤的，如它所写，英格兰王国的一些乡村地区不得不面对人口锐减的问题。人们首次关注到这一问题是在 1489 年。据我们所知，因法军入侵而备受打击的怀特岛（Wight）就是一个实例，如今这个小岛正在变成"动物的圣地，世间的荒岛"。考虑到这种情况，英格兰王国政府在 1489 年颁布了法令：任何人——不管何种地位与身份——在怀特岛只能拥有一个农场，且所有农场的年租金不得超过 6 镑 13 先令 4 便士。这就意味着，原本持有多个农场的农场主不得不在众多农场中选择一个，放弃其他农场及其租金。在实施了该项法令之后，怀特岛的人又逐渐多了起来。詹姆斯·安东尼·弗劳德（James Anthony Froude）对此表示，正是因为人口数量有所增加，怀特岛居民才在 1546 年有效地阻止了法兰西人的入侵。为了在怀特岛上进一步实施上述法案，亨利八世在 1515 年又颁布了一项法案：土地经营者若是破坏了农场房屋，那么必须将 50% 的土地所有权暂时返还给上一级土地所有者，直到房屋被重新建好。1535 年，政府出台了补充条款：在没有上一级地主所有者的情况下，土地所有权归国王所有。

第 6 节　地租疯涨

新一代的土地经营者们不再以传统的方式——收取地租来谋利，而是选择收取竞争性租金，这让英格兰人很不适应。休·拉蒂默（Hugh Latimer）主教曾经在一篇著名的文章中写道，这种情况对佃农们极为不利，他们的地位将越来越低。他还说："身为一名自耕农，父亲没有哪怕一片属于自己的土地；他经营的那座农场是花 3～4 英镑的年租金租来的，农场里的 6 个雇工也是他花钱雇佣的。父亲主要负责那 100 只羊，每天放牧；母亲则负责那

30 头母牛,每天挤奶。父亲是个能干的人,曾经一个人骑着马为国王寻找精良的马鞍。他后来接手的农场也是国王的财产,国王还会给他支付俸禄。我从不曾忘记,我和父亲一起去布莱克希思草原干活的时候,我牢牢地拽着马鞍不撒手。在父亲的资助下,我得以长期接受良好的教育,若非如此,我现在也不会出现在陛下眼前,为陛下传道。在姐姐妹妹们成婚的时候,父亲给她们准备的嫁妆是 5 英镑与 20 块金币。我们的左邻右舍都是贫困人家,但父亲对他们一直都很友好,还会偶尔拿些钱资助他们。他为农场做了很多事[1],而这些事,对于国王陛下、对于他自己、对于他的儿女们来说,其实并不是必须去做的,对于贫困之人来说,或许都抵不上半杯热水。"这些话和托马斯·莫尔在《乌托邦》里所写的景象不谋而合:地主们肆意剥削着佃农,禁止佃农牧羊;此外,他们还常常用欺骗、暴力等方式强迫一部分世袭小地主转卖土地。在亨利八世逝世,其子爱德华六世继位之后,这种乱象仍旧未能消除。身为护国公的萨默塞特公爵爱德华·西摩(Edward Seymour)一度尝试解决问题,但因考虑不周而宣告失败,并因此被人赶下了台。

第 7 节 苏格兰的迷途

弗洛登战役落幕了,苏格兰王国却走上了迷途。亨利八世现在有两个选择:第一,命令第三代诺福克公爵托马斯·霍华德对苏格兰王国发起进攻,然后永久统治苏格兰王国;第二,姐姐玛格丽特·都铎如今是苏格兰王国的王后,可以依照她的想法帮助年幼的继承人詹姆斯五世坐上国王的宝座。不过,他最终放弃了做选择的权利,没有对苏格兰王国下手,而是带着队伍打道回府,任由苏格兰王国自生自灭。随后,苏格兰王国议会在

---

[1] 休·拉蒂默主教的父亲每年所缴纳的地税不少于 16 英镑。——作者注

爱丁堡召开，玛格丽特·都铎被任命为摄政王，以及国王的监护人。出人意料的是，玛格丽特·都铎在1514年8月再婚了，而且对方是很不受苏格兰人待见的安格斯伯爵阿奇博尔德·道格拉斯（Archibald Douglas）——亲英派领导之一。在这种情况下，苏格兰人自然不会再相信玛格丽特·都铎。没过多久，骚乱来袭，反对玛格丽特·都铎的声音不绝于耳。反对派向弗朗索瓦一世请愿，希望他派奥尔巴尼公爵亚历山大·斯图尔特（Alexander Stewart）——詹姆斯三世的亲弟弟——出马相助。奥尔巴尼公爵亚历山大·斯图尔特一直生活在法兰西王国，当时在法兰西王国担任海军大臣一职。他于1515年5月在圣马洛（Saint Malo）海域费尽心思地甩掉了英格兰王国海军的巡洋舰，带着一众法兰西士兵来到了苏格兰王国的邓巴顿（Dumbarton）。这些法国人后来均得到了晋升，这让苏格兰人除了仇视英格兰人之外，又开始对法兰西人心存芥蒂。奥尔巴尼公爵亚历山大·斯图尔特在詹姆斯五世正式成年后被封为护国公。上任之后，他马上对斯特灵城堡发起了进攻，以抓捕玛格丽特·都铎王后所生的两位王子。英军指挥官戴克男爵托马斯·法因斯（Thomas Fiennes）常年驻守于苏格兰王国的边境地区，他向来都是英格兰王国利益的守护者。所以，他选择竭力对抗奥尔巴尼公爵亚历山大·斯图尔特。他还收容了被亚历山大·斯图尔特治罪并驱逐的那些人，并打算借安格斯伯爵阿奇博尔德·道格拉斯之力救走两位小王子。不过，营救计划失败了。戴克男爵托马斯·法因斯只好劝说玛格丽特·都铎返回英格兰王国。玛格丽特·都铎在1515年9月离开了贝里克郡。在那之后，她诞下了一位美丽的女婴。这个女婴就是后来闻名天下的伦诺克斯伯爵夫人玛格丽特·道格拉斯（Margaret Douglas），而著名的达恩利勋爵亨利·斯图尔特（Henry Stuart）则是她的儿子。玛格丽特·道格拉斯是在英格兰王国降生的，所以她被公认享有英格兰王国的王位继承权。玛格丽特·都铎在逃亡时力不从心倒下了，一群士兵只好把她抬到了莫佩斯（Morpeth）。她很快便听到了风声，称苏格兰王国护国公奥尔巴尼公爵亚历山大·斯图尔特在战斗中击败了她的丈夫安格斯伯爵阿奇博尔德·道格拉斯率领的军队，而她的丈夫被抓进了大牢。不过，没过多久安格斯伯爵阿奇博尔德·道格拉斯就越狱了，并和玛格丽特·都铎成功会和了。亨利八世开心地迎接了姐姐和姐夫，并认为他们将成为自己在对付苏格兰王国过程中的好帮手。与此同时，奥尔巴尼公爵亚历山大·斯图尔特在护国公的位置上如坐针毡，他说假如允许他辞去护国公之职，他大概会"开心地走到伦敦去"。他在1516年返回了法兰西王国，说是要处理一些私事，而且出发的时候并没有带走随他而来的法兰西部队，不过他心里没有回苏格兰王国的打算。因为有《努瓦永条约》的约束，所以玛格丽特·都铎不得不在1517年回到了苏格兰王国，并发现当初帮助她逃难的诸多苏格兰朋友都被判处死刑，而她自己也大权尽失，不能参与国事。

第8节　来自爱尔兰的麻烦

同一时期的爱尔兰虽然没有遭遇战争，不过眼前的难题却一个不少。在爱尔兰地区，受英格兰王国控制的郡县不过5个而已。在这些郡县里，法院五次三番地针对英格兰王国的地主，强迫他们卖出手中的小片土地。除此之外，很多移居爱尔兰的英格兰人在瘟疫爆发期间一命呜呼，以至于众多膝下无子的卓越领导人死不瞑目。对于英格兰人来说，眼下能做的补救工作，大概只有招募更多殖民者来爱尔兰教化当地的首领们[1]，同时让那些首领进入议会，每年给他们发放1000马克的薪水，游说他们让后代前往德罗赫达（Drogheda）或都柏林学习英文阅读、书写，以及英格兰礼仪。那个时候，亨利八世还不太重视爱尔兰，从未想过要大刀阔斧地改造这一地区。所以，

---

[1]　假如条件允许，应该从英格兰的每个教区抽调一人前往爱尔兰。——作者注

爱尔兰人越来越反感英格兰人的统治。没过多久，宗教改革随之而来，英格兰王国对爱尔兰的统治变得更加艰难了。

第 9 节　无法实现的东征计划

教皇利奥十世在 1517 年的时候提出了新的东征计划。对于他来说，这是一次理所当然的行动：从意大利的比萨，到泰拉奇纳（Terracina）海岸，奥斯曼土耳其帝国大军横冲直撞，恶贯满盈，还劫持了教皇利奥十世。像往常一样，教皇利奥十世拟订的东征计划看起来很不错，而且盟友众多："波斯的萨菲王朝、非洲努比亚王国、埃塞俄比亚王国、印度群岛祭司王约翰、格鲁吉亚的国王"。他坚信在盟友们的帮助下，不出三年，计划便能付诸实践，而他要做的只是筹措军费，大概为 1200 万达克特。军队将顺利占领锡安山（Zion）与巴勒斯坦（Palestine）一带，而后借道匈牙利与波兰挺进土耳其，与非斯（Fès）、摩洛哥一起进攻奥斯曼土耳其帝国，然后拿下菲利普波利斯（Philippopolis）与哈德良堡（Hadrianopolis）。以成功守卫希腊埃维亚岛与卡尔西登海港为前提，先后对开罗、亚历山大港、君士坦丁堡发起攻击，最终征服奥斯曼土耳其帝国。为了完善这一计划，他向英格兰王国派出了一位罗马教廷大使：枢机主教洛伦佐·坎佩焦（Lorenzo Campeggio）。洛伦佐·坎佩焦一踏入英格兰王国就遭到了质疑，有人提出他的使节身份未必会受英格兰王国法律的承认，好在英格兰王国政府还是热情地接待了他。然而，英格兰人认为东征计划存在许多问题，所以神俗两界（宗教与政府）都没有出钱出力的意思。与此同时，奥斯曼土耳其帝国正在享受扩张的快感，他们已经征服了欧洲大陆上的许多国家。尽管土耳其人逐渐放慢了扩张的步伐，不过所有的隐患只能通过许久之后的两次战役得到缓解与消除。第一次战役是 1571 年的勒班陀海战，第二次战役是 1716 年的萨沃伊（Savoy）战役，奥斯曼土耳其帝国大军在彼得瓦拉丁（Petrovaradin）输给了欧根亲王。

第 11 章

帕维亚战役（1515 年至 1527 年）

第 1 节　法兰西人在意大利

弗朗索瓦一世在 1515 年成为法兰西王国的统治者之后，马不停蹄地进攻了意大利王国。在加斯顿·德·富瓦于 1512 年战死沙场之后，威尼斯共和国占领了米兰公国，而法兰西王国对意大利王国的控制越来越力不从心。弗朗索瓦一世对此十分恼火。与此同时，威尼斯共和国为了摆脱阿拉贡王国、神圣罗马帝国，以及罗马教皇的暴政，而向法兰西王国求助。对于法兰西王国而言，这是一次在意大利王国卷土重来的好机会。法军进攻了意大利王国的塞尼山（Mont Cenis）与苏萨古城（Susa），在这两个地方驻守的是阿拉贡王国雇佣的瑞士士兵。考虑眼下的情况，弗朗索瓦一世在里昂与法兰西王国的远征军成功会合后，听从了他人的建议，选择从瓦拉伊塔（Varaita）谷地穿越阿尔卑斯山。瓦拉伊塔谷地的起点是巴斯洛内特（Barcelonnette），终点是萨卢佐（Saluzzo），起始地带的山脊上莽荒无人，只有比比皆是的零碎山石。法军一路历经艰险、死伤无数，不过最终还是克服了天险，抵达了瓦拉伊塔河与波河的交汇处，就像神兵天降一般跨入了意大利王国境内。面对突如其来的法军，大多数受雇于阿拉贡王国的瑞士雇佣军，以及教皇联军都觉得难以置信，纷纷退守米兰。被法兰西人视为天敌的锡安枢机主教马托伊斯·沙伊纳随后带了2万瑞士雇佣兵从圣哥达赶来，这一行动极大地破坏了教皇弗朗索瓦一世的东征计划。聪明绝顶的弗朗索瓦一世转而准备对阿拉贡王国和教皇联军实施贿赂。见此情形，马托伊斯·沙伊纳马上激情澎湃地对队伍进行了动员。他提到，自从勃艮第公爵"大胆的"查理在1477年被推翻以来，负责对欧洲各项事务进行仲裁的从来都是瑞士；若是瑞士不出面，那么就没有哪个欧洲国家敢贸然行事、争夺霸权；倘若瑞士站在意大利这一边，帮助意大利人对付法兰西人，那么在战争胜利之后，他们所得到的军费定能让所有瑞士士兵一辈子不愁吃、不愁穿。另外，他们还能凭借赫赫战功让世界上的其他国家望而生畏。马托伊斯·沙伊纳不停地动员着瑞士士兵们，希望他们再接再厉，奔赴位于米兰10英里开外的马里尼亚诺（Marignano）村，一举歼灭法军。夜半时分，战斗正式开始。其实早在夜幕降临之前，瑞士雇佣军就已经占据了上风，并顺利控制了法军的15门大炮。不过，弗朗索瓦一世在晚上重新制订了作战计划，将剩下的大炮安排在了最合适的地方，以便火力支援法军士兵。所以，在1515年9月14日这天夜里，尽管瑞士人来势汹汹，但法国人并没有就此认命；相反地，法军的反击让瑞士人乱了阵脚，大败而归。在这场战斗中，瑞士雇佣军不仅失去了至少1万名士兵，还失去了天下无敌的荣耀。侥幸逃过一劫的瑞士士兵忧心忡忡地返回了米兰，在拿到弗朗索瓦一世发放的战争补偿金后回国了。因为西班牙国王与教皇的将领们都不想再打下去了，所以法军不战而胜。这场战役虽然只持续了几天，却为弗朗索瓦一世赢得了米兰公国。

身为法兰西国王，弗朗索瓦一世可谓初生牛犊不怕虎，雷霆般地赢得了胜利，成为欧洲他国统治者的劲敌。亨利八世更是分外眼红，尽管他的实力与战绩也很出众，不过相较于弗朗索瓦一世还是略逊一筹，所以他很不服气。据法兰西王国驻英大使巴波姆说："亨利八世不禁红了眼，还流了泪。"亨利八世这么愤恨的原因是，他最初像马克西米利安一世一样认定弗朗索瓦一世会在意大利被打得落荒而逃。大臣们纷纷劝慰亨利八世，让他想开些，毕竟"身为盟友的弗朗索瓦一世战胜了瑞士人，而瑞士向来飞扬跋扈，还自称要监督和领导欧洲各国君主"。亨利八世不能否认的是，他的的确确需要对弗朗索瓦一世表示感谢，因为他很明白瑞士就是个恶霸。不过，他还是偷偷找来了几名行事谨慎的间谍，让他们前往瑞士，想办法为神圣罗马帝国军队与瑞士军队提供资助，好让他们继续和法兰西人对峙。在马克西米利安一世眼里，钱永远不会犯错。亨利八世给予瑞士的资助款，几乎都被他私吞了。在兵临米兰城下后，他心安理得地接过了法兰西人奉上的20万克朗。不久之后，他又收了威尼斯共和国的钱，卖掉了维罗那，并迅速从瓦尔泰利纳撤兵，退守至蒂罗尔区的特伦特。不过纸包不住火，在得知了马克西米利安一世与法兰西人的买卖后，同为英格兰王国大使的思伯特·滕斯托尔与奈特都劝亨利八世说："对于英格兰政府来说，再继续花钱绝非长远之计；不妨先向马克西米利安一世示好，然后以牙还牙、以眼还眼。"

第 2 节　托马斯·沃尔西掌权

阿拉贡国王斐迪南二世于1516年2月与世长辞。在那个时候，他的孙子查理五世正统治着西班牙王国。在成为西班牙国王之前，查理五世已坐拥了尼德兰的佛兰德斯、那不勒斯、西西里、阿图瓦及弗朗什-孔泰五地。自此，欧洲大陆的未来全数掌握在三位年轻统治者手中：16岁的查理五世、24岁的弗朗索瓦一世和25岁的亨利八世。在接下来的岁月中，亨利八世主要致力于阻止其他两位同龄人称霸欧洲。当然，亨利八世所采取的策略拥有温和的表象：先在查理五世身上一掷千金，让他带领西班牙王国完成航海大业；而后假意讨好弗朗索瓦一世，表现出一副厌恶查理五世的样子，以赢取对方信任。此后，弗朗索瓦一世心甘情愿地拿出了40万克朗资助亨利八世重新建设图尔奈,两人之间的关系由此有了很大的提升。亨利八世甚至在 1518 年做出了一个惊人的决定:将刚出生不久的法兰西王储布列塔尼公爵弗朗索瓦三世指定为未来女婿,而他的女儿玛丽公主也才刚满两岁。为了这门婚事,法兰西王国海军上将波尼维特领主纪尧姆·古菲耶(Guillaume Gouffier)受命来到英格兰王国,代表王储布列塔尼公爵弗朗索瓦三世将一枚闪亮的订婚戒指戴在了玛丽公主那柔嫩的手指上。几乎没有人想过,法兰西王国或许会因此而在将来成为英格兰王国的宗主国,大概是因为大家都觉得阿拉贡的凯瑟琳应该能为亨利八世生个男孩。这也是为什么托马斯·沃尔西可以在这个时候将英格兰王国推上巅峰,就连查理五世与弗朗索瓦一世都不能望其项背。无论是查理五世,还是尼德兰,英格兰王国始终与他们保持着稳定的商业贸易交流。不过,在和法兰西人打交道的时候,英格兰王国的贸易制度常常发生变化,很多规定说终止就终止,即便有悖于通商的初衷。在那个时期,虽然英格兰王国实力不凡,但是法兰西王国也没办法对求助视而不见。在这种情况下,英格兰王国开始寻求解决影响深远的问题的办法,比如逃出西班牙王国的掌心。不管怎么说,法兰西王国也好,西班牙王国也罢,一旦求助于英格兰王国,那么英格兰王国就会提条件。对于日后的欧洲格局来说,日益强大的英格兰王国变得越来越举足轻重。神圣罗马帝国皇帝马克西米利安一世去世于 1519 年,其继任者为西班牙国王查理五世。自此,西班牙王国、法兰西王国、英格兰王国在欧洲并驾齐驱。查理五世在成为神圣罗马帝国皇帝之后马上向英格兰王国示好。出于个人原因,托马斯·沃尔西很重视英格兰王国与其他两个强国的外交关系,因为就彼时的形势而言,一旦爆发战争且教皇之位无以为继,那么他就可以凭借查理五世或者弗朗索瓦一世的帮助成为教皇。假如天下一直太平,那么无论是查理五世还是弗朗索瓦一世或许都会给予他一定的帮助。于是,身为枢机主教的托马斯·沃尔西一如既往地在伦敦日理万机。他曾经以迅雷之势替法兰西王国解决了问题,并安然地回到英格兰王国;他做起事来尽职尽责、有胆有识,即便没有得到明确的指示,也能做出准确的行动。正因如此,有人向亨利八世举荐了他。在那之后,他成了国家贸易事务的管理者,并在战时担负起了统筹国事的重责。此时的托马斯·沃尔西可谓位高权重,掌控着国内事务与外交事务。身为国务大臣的他最常去的地方是威斯敏斯特议会大厅与星室法庭;他对案件的审理又稳、又准、又狠,让包括对手在内的所有人甘拜下风。随着时间的推移,日理万机的托马斯·沃尔西日渐疲惫,友人们纷纷劝他保重身体,过了下午6点就不要工作了,但他并没有就此松懈下来。他以强势的姿态管理着国家财政,就连挥霍无度的亨利八世都被他管得服服帖帖,所以他很不受贵族们尤其是芒乔伊男爵威廉·布朗特的欢迎,毕竟在亨利八世即位之初,贵族们十分开心地以为"财主去而不返,从此财源滚滚"。他不但要管理很多国家事务,而且还得履行身为枢机主教以及罗马教廷使节的相应职责。这两个头衔都是拜亨利八世所赐。亨利八世在1515年受邀加入反法同盟的时候时所提出的条件便是同盟国必须同意让托马斯·沃尔西担任枢机主教。教皇在1517年派出枢机主教洛伦佐·坎佩焦来到英格兰王国商谈东征事宜,当时的英格兰人强烈要求任命托马斯·沃尔西为罗马教廷使节,要不然他们就不承认洛伦佐·坎佩焦的枢机主教身份。在成为罗马教廷使节之后,托马斯·沃尔西开始执掌英格兰王国的教会。在英格兰王国,每一位主教都得听命于他,每一个提议都得经他审批。他的政敌们一致认为,亨利八世肯定是被他迷惑了,要不然怎么会这么倚重他,就连威廉·渥兰、理查·福克斯、第二代诺福克公爵托马斯·霍华德、萨福克公爵查尔斯·布兰登等议会成员都低他一等。托马斯·沃尔西对美的追求是奢侈且直接的,而且他的审美虽浮华却并不虚荣,仿佛是其卓越人格的延伸。他每周都会命人把前厅里的挂毯换一换;他偏爱独特的钟表;青睐昆廷·马西斯(Quentin Massys)的画;喜欢让随从骑着战马一路相随。威尼斯共和国驻英大使尼科洛·萨古蒂诺曾说,英格兰王室礼堂唱诗班拥有天籁之声,不过人们却表示,托马斯·沃尔西创建的唱诗班更为不凡。毫无疑问,托马斯·沃尔西是个完美主义者,无论是在哪个方面；要做到完美，就需要花很多钱，好在他不用为此担心。不过，他似乎总在为亨利八世筹钱，并做出了很多有悖常理的事：他在1517年强烈要求提高赎罪券的价格，以期让其收益更上一层楼；他在1525年宣称，国务大臣"如同《创世记》里替法老记账的约瑟夫"，向人民收税是他的职责所在，因为他要保障国王的优越生活。

在1520年春暖花开之时，为了拉近与英格兰王国之间的关系，青年才俊查理五世从西班牙王国出发，风尘仆仆地来到了英格兰王国。在教皇的法令里，亨利八世在诸位统治者中排名第九，所以在恪守礼节之人看来，查理五世的主动出访可以说是屈尊就卑。亨利八世原本之前已与弗朗索瓦一世约定好，要在1521年的夏天共商大事，没想到现在查理五世竟先行一步，想要替神圣罗马帝国消除日后英法会谈可能会带来的不利影响。在1520年5月25日这一天，查理五世来到了多佛（Dover），和亨利八世见了面；而后，他以外甥的身份随亨利八世前往坎特伯雷看望了姨母凯瑟琳。凯瑟琳看着眼前的家族领袖，听着家乡的话语，心里乐开了花。亨利八世与查理五世还私下商谈了一些事，不过没有人知道他们都说了些什么，结果又如何。但不可否认的是，查理五世此次出访英格兰王国并没有带多少随从，但这样一次轻装简行的出访却大大地影响了当时的欧洲形势。在不久之后的金缕地会谈中，尽管英法两国看上去相谈甚欢、声势浩大，但实际上仍然受到了前期英西两国会面的影响。

第3节　金缕地会谈不过是一场空谈

在查理五世启程回国之后，亨利八世在1520年5月31日坐上了驶往加来的船。与此同时，法兰西王国向托马斯·沃尔西承诺，在英法统治者会谈期间，停靠在英吉利海峡各港口的法兰西战舰绝不会做出任何行动。

会谈地点选在法兰西王国的吉讷（Guines）。那是一座被废弃的城市，不过为了迎接会谈，来自英格兰王国的建筑家们早在几周之前便开始了重建工作。他们在吉讷城堡的前方草坪上修建了一座可用于消夏的宫殿，其面积足有328平方英尺。这座宫殿的建筑风格在那个时代风行一时，例如凸窗设计等。大门两侧立有人像，其容貌偏古典，头部雕刻着橄榄叶样式的头冠。除此之外，门口还建有密道一条，可以直接由此走入吉讷城堡的密道。弗朗索瓦一世开始并不赞同英格兰王国政府的做法，觉得没必要花那么多钱来建造一个临时场地。不过后来，他在发现事已至此、无力挽回之后，便索性改变了策略，和英格兰人一起追求奢华。因为担心到时候来的人太多，弗朗索瓦一世还规定，只有受到邀请的人才能随王室队伍来到会谈地。在吉讷的英格兰人率先发出预备信号。随后，在阿德尔（Ardres）办公的法兰西王国政府给了回应。然而，金缕地会谈的气氛却忽然变得紧张起来。英格兰王国的阿伯加文尼男爵乔治·内维尔对此解释说，是因为弗朗索瓦一世身后出现的士兵太多了，足足是规定人数的两倍。当然，亨利八世是十分自信的，他认为在强大的英军面前，法军绝不敢造次，所以他大胆地带着大军继续行进。亨利八世和弗朗索瓦一世的第一次见面是在马背上，两人在打过招呼后便下了马，准备做进一步商谈。亨利八世努力地说着不太拿手的法语，并且总是提到"朋友"一词。在会谈期间，有传令官在传递消息时把亨利八世说成了法兰西国王。在听闻这件事之后，亨利八世笑着说："这真是个奇妙的错误！"在从1520年6月11日开始的一周之内，英法两国进行了一系列的竞技比赛，并在历史上留下了两件大事。第一件，一位法兰西王国的骑士死在了亨利八世的长矛之下；第二件，在某天的早餐时间，勇敢的弗朗索瓦一世带着4个侍卫冲进了英格兰人所在的宫殿，这无疑此次会谈的安全问题浮出了水面。除了这两起众所周知的事件之外，我们在历史资料中没有找到其他任何与此次会谈有关的记载。不过，不难想见，那些讨厌托马斯·沃尔西的人肯定也很紧张，譬如白金汉公爵爱德华·斯塔福德、阿伯加文尼男爵乔治·内维尔，等等。这次会谈是托马斯·沃尔西一手策划并组织的，所以他们不但反对，而且很乐意看到会谈出点儿什么乱子，这样一来，托马斯·沃尔西的地位就会被动摇了。英格兰王国政府也不认为金缕地会谈可以强化英法同盟，毕竟在会谈临近尾声的时候，亨利八世就开始筹划到格拉沃利纳去见查理五世，然后重启坎特伯雷会议。当然，弗朗索瓦一世没有听亨利八世提起过接下来英格兰王国即将参与的另一场会谈，更别提英格兰王国的计划和会谈内容了。亨利八世计划接下来颁布一份抗议书，主要针对法兰西王国政府在阿德尔重建防御工程这件事。他质问道："作为英格兰的'好朋友'，法兰西啊，难道你打算让生活在爱尔兰边境地区的英格兰人提心吊胆地过日子吗？"

虽然阿德尔在本国境内，接受自己的统治，但弗朗索瓦一世却选择了委曲求全，免得让亨利八世从一开始就将法兰西王国置于对立面。同一时期，查理五世也在竭力笼络亨利八世，而且表现得越来越明显。然而，正如我们在第一章中所提到的那样，各个西班牙城市彼时正在为自由而战。所以，查理五世根本不可能从人民或尼德兰那里得到一毛钱。他曾经做出决定，要在 1520 年于神圣罗马帝国的沃尔姆斯大教堂中召开议会，以商讨如何解决由马丁·路德带来的宗教改革问题，以及其他各种尚未得到解决的矛盾和纷争。除此之外，他还必须马上赶赴意大利，要不然法兰西王国对意大利的控制便会日渐强大起来。哪怕只能实现一部分目标，他都会选择和英格兰王国站在一起。令人震惊的是，白金汉公爵爱德华·斯塔福德在 1521 年 5 月接受了审判，并被裁定有罪。这件事成功吸引了欧洲各国的注意，与此同时，亨利八世为了和盟友搞好关系，又急匆匆地和西班牙人商谈了好几次。

第 4 节　白金汉公爵之死

　　白金汉公爵爱德华·斯塔福德与爱德华三世有血缘关系，他是格洛斯特公爵伍德斯托克的托马斯的后人，而托马斯又是爱德华三世的第五个儿子。大权在握的托马斯·沃尔西把这一关系视为羁绊。因为后台强大，所以白金汉公爵爱德华·斯塔福德生起气来后果很严重。他的妻子是诺森伯兰伯爵亨利·珀西之女伯明翰伯爵夫人埃莉诺·珀西；他的女婿是第三代诺福克公爵托马斯·霍华德；他的儿媳是斯塔福德女爵厄休拉·波尔，也就是索尔兹伯里女伯爵玛格丽特·波尔之女。他在 1509 年曾游说王室军队将领威廉·布尔默爵士与自己为伍，并因此和亨利八世结了仇。他在金缕地会谈期间的言行举止在亨利八世看来也很可疑。1521 年，他受到了指控，对方是之前被他解雇的管家克内维特，以及大法官吉尔伯特·帕克勋爵，等等。指控者们担心这件事会有变数，于是便控制了诺森伯兰伯爵亨利·珀西，同时还强行把第三代诺福克公爵托马斯·霍华德带到了爱尔兰。而后，法庭将身在桑伯里（Thornbury）的白金汉公爵爱德华·斯塔福德传唤到了伦敦。在去伦敦的途中，爱德华·斯塔福德察觉到有士兵从远处监视着自己。一到伦敦，他立刻表示要和托马斯·沃尔西见个面，但未能如愿。随后，他被关进了伦敦塔。理内法庭在 1521 年 5 月 13 日对白金汉公爵爱德华·斯塔福德进行了审问，并当庭宣读了供词，证人们都发誓所言属实。在时人眼中，他是叛国者无疑，因为他曾经盲从他人，自以为能很快登上王位，还向那些怂恿者回赠了厚礼。由此可见，当初爱德华·斯塔福德向亨利八世请兵出征威尔士边境地区，主要是想借机谋得优势；另外，他还贿赂过常伴亨利八世左右的禁卫军，其目的昭然若揭；有人指控他口无遮拦，说亨利八世没有后代是因为他之前害死了沃里克伯爵爱德华·金雀花，所以遭到了上天的惩罚；倘若亨利八世当面质问他威廉·布尔默爵士谋反的事情，他会一不做二不休，用匕首干掉亨利八世。不过，那时候的庭审不一定公平可信，毕竟被告不被允许聘请律师、不被允许征询,以及给出反证。在探寻真相的过程中,人们往往会误入迷途。没有人认为政府会大范围地、不间断地践行"真正意义上的正义"。除此之外,白金汉公爵爱德华·斯塔福德眼下最大的麻烦是,在他接受审问之前,亨利八世就已宣称检阅过全部证据,认定爱德华·斯塔福德罪名成立。据我们所知,爱德华·斯塔福德在伦敦塔里只承认了一部分指控,但在被宣判的时候,他始终没有向法官求情。于是,他在1521年5月17日因叛国罪被斩首,而他父亲白金汉公爵亨利·斯塔福德在1483年因同一罪名被推上了断头台。作为他的儿子,亨利·斯塔福德男爵被允许继承其部分土地[1],后来被爱德华六世重新授予了斯塔福德爵士头衔,这一家族头衔曾被亨利八世削去。

第5节 亨利八世的背叛

在白金汉公爵爱德华·斯塔福德接受审讯的同时,弗朗索瓦一世为了能在意大利王国站稳脚跟,准备出兵意大利王国,而查理五世则疲于应对国内各大城镇的暴动。因为在1520年和英格兰王国结为了同盟,所以查理五世决定求助于英格兰王国。两国统治者在那一年约定,如果西班牙王国与法兰西王国发生冲突,那么英格兰王国只能帮助被侵略者。基于此项规定,英格兰王国借口调查哪一方是侵略国,让托马斯·沃尔西带队借道加来赶赴尼德兰调停,且至少要在那里待上4个月。在此期间,英格兰王国一直做着出战准备,不过局面很是混乱,弗朗索瓦一世屡战屡败,法军身陷困境。托马斯·沃尔西在回国之后得到了亨利八世的重赏:圣奥尔本斯教堂。因为亨利八世觉得他巧妙地完成了调停任务,值得嘉奖。除此之外,托马斯·沃尔西还因此得到了一份更重要的礼物。教皇利奥十世在1521年年末离世,而英格兰王

---

[1] 据说,白金汉公爵爱德华·斯塔福德曾违法侵占了克内维特的地产。——作者注

国方面很快就得到了这一消息。托马斯·沃尔西此前为查理五世做过事，所以他觉得查理五世或许能助他一臂之力。查理五世早先也的确对托马斯·沃尔西做出过相关承诺，不过他最后还是食言了。登上教皇之位的是乌得勒支的阿德里安（Adrian），而查理五世是他的学生。乌得勒支的阿德里安于1522年正式成为罗马教皇，即教皇阿德里安六世。值得一提的是，在1523年选举新任教皇的时候，查理五世为托马斯·沃尔西写了封推荐信，而后又让人暗中扣留了信使，直至选举尘埃落定。

第6节　帕维亚战役

西班牙王国和法兰西王国在1521年大打出手，就激烈程度和伤亡人数而言，这场战争可谓前无古人。西班牙王国之所以要出兵，是想借此机会让法兰西王国彻底失势。亨利八世在1521年6月决定出兵支援西班牙王国，并要求弗朗索瓦一世割让勃艮第、香槟（Champagne）、多菲内（Dauphine）、朗格多克（Languedoc）、普罗旺斯（Provence）给西班牙王国，割让法兰西岛（Isle of France）、皮卡第（Picardie）、诺曼底（Normandy）、吉讷给英格兰王国。第三代诺福克公爵托马斯·霍华德曾经写了很多信给亨利八世，我们从这些信中可以看到，英格兰王国与西班牙王国在入侵法兰西王国的时候是十分残暴的。托马斯·霍华德沉稳地写道："大火毁掉了布洛涅，我深深地知道，为什么法兰西人会如此愤怒。""我们的士兵在法兰西攻城拔寨，火烧连营。杜拉伦、科比、昂克尔、布莱及其附近村落都被付之一炬，无处不是烟火弥漫。查理五世和他的政府觉得不能对埃丹手下留情，一定要在3小时之内将其烧毁。"第三代诺福克公爵托马斯·霍华德最终在1523年丢掉了乌纱帽，接替他的是萨福克公爵查尔斯·布兰登。那个时候，英军正在距离巴黎几英里远的地方与寒冷的气候搏斗，很多人失去了手指或脚趾,还有很多人一睡不醒。环境实在太恶劣,想要继续战斗下去谈何容易。在这种情况下,英军不得不宣布撤军,而这是亨利八世治下的第二次大撤退。就这样,我们在都铎王朝的漫长进程中又看到了一场武断的、笨拙的军事行动。战争并没有因英军的退场戛然而止。实际上,战争时期的大事实在不少,例如弗朗索瓦一世在帕维亚(Pavia)被查理五世大军中的将领擒获。此前,神圣罗马帝国军队围攻了马赛(Marseilles),弗朗索瓦一世出兵替马赛解了围;1524年秋,弗朗索瓦一世为了偷袭米兰——那里驻守着查理五世的26000人马,决意率军翻越塞尼山。弗朗索瓦一世如愿以偿,把西班牙人赶到了阿达(Adda)。但他没有见好就收、就此停战,而是一方面用3个月的时间经泰西诺河对帕维亚发起了进攻;另一方面调兵6000前往那不勒斯,想以此转移敌人的注意力。不过就人数而言,双方不分伯仲。弗朗索瓦一世不愿放弃攻打帕维亚,因为他一开始就立下誓言,如果不成功,那就以命相抵。于是,弗朗索瓦一世不得不一面对付从外围包抄过来的查理五世大军主力,一面和城内的米兰总督特拉诺瓦公爵唐·安东尼奥·德·莱瓦(Don Antonio de Leyva)刀剑相向。法军进退两难,此次,那些瑞士雇佣军竟还弃械逃跑了。不久之后,法兰西王国的骑兵遭遇了查理五世大军的埋伏,弗朗索瓦一世慌乱中弄丢了自己的战马,还差点儿被一个有眼无珠的西班牙步兵杀掉。法兰西王国的一国之君不得不举起白旗,其手下一万士兵溃不成军。后来,在答应诸多不平等的条件之前,弗朗索瓦一世一直被囚禁于西班牙王国。

理查德·德·拉·波尔是约克家族的领袖之一,他也在帕维亚战役中败下阵来,而他的哥哥林肯伯爵约翰·德·拉·波尔之前死于斯托克战役。这场战役还让英格兰王国又一次与苏格兰王国产生了矛盾。为了巩固法兰西王国在苏格兰王国的势力,奥尔巴尼公爵亚历山大·斯图尔特在1521年受弗朗索瓦一世之命,又一次踏上了苏格兰王国的土地。站在苏格兰王国背后的还有玛格丽特·都铎,在那个时候,她对安格斯伯爵阿奇博尔德·道格拉斯,也就是她的丈夫早已恨之入骨。她想离婚，但亨利八世坚决反对。所以，当亨利八世意欲把奥尔巴尼公爵亚历山大·斯图尔特驱逐出苏格兰王国的时候，奥尔巴尼公爵亚历山大·斯图尔特带着一支实力强劲的炮兵，以及6万的精兵强将攻打了英格兰王国。不过，苏格兰国王从来都不太相信法兰西人，所以奥尔巴尼公爵亚历山大·斯图尔特没能在这场对垒中大获全胜。苏格兰人没能成功攻破华克城堡，于是不得不撤退。这也为日后的绥靖政策奠定了基础。身为亨利八世的外甥，年纪轻轻的神圣罗马帝国皇帝查理五世备受亨利八世的优待。亨利八世曾经还打算让女儿玛丽和查理五世结婚。他想像以前一样，通过联姻来巩固英西两国的盟友关系。可是在那个时候，这么做似乎是大费周章了。在一部分人看来，他其实可以在苏格兰王国举办一场宴会，然后昭告天下詹姆斯四世已长大成人，并已有能力对苏格兰王国进行管理。一方面，亨利八世把女儿成功嫁了出去；另一方面，詹姆斯四世在1524年8月成了一国之君，并在众多贵族面前许下承诺，他会"听取自己深爱的母亲，以及苏格兰王国议会议员们的意见与建议"，好好管理苏格兰王国。苏格兰王国议会在11月颁布了相关法案，承认了詹姆斯四世的身份，这意味着法兰西人在苏格兰王国彻底失去了机会。

第7节 罗得岛被占

16世纪20年代的战争充满了火药味和血腥味，即便是看重利益和荣耀的欧洲国家也未能逃过战火的袭击。如此看来，那时候的人似乎把行军打仗看成了游戏。无论是亨利七世还是亨利八世，都是圣约翰骑士团的政治后台。从1310年开始，圣约翰骑士团就把罗得岛看作了基督教在（欧洲）东方的根据地。奥斯曼土耳其苏丹苏莱曼一世在1523年对罗得岛发动了进攻，而亨利八世等欧洲强国的统治者全都对此默不作声。

罗得岛四面受敌，而强国统治者们无一不按兵不动。作为圣约翰骑士团的成员之一，尼古拉·罗伯茨（Nicola Roberts）对这一时期发生的各种事件进行了梳理。罗得岛上只有6000守军，而奥斯曼土耳其帝国大军的士兵数量绝不少于15万。所以，驻守在罗得岛上的士兵们一直提心吊胆。著名将领菲利普·维利耶·利斯勒·亚当为了提早听见敌军的动静而选择睡在地上。土耳其人利用迫击炮攻击城池，数不清的巨大石球像炮弹一样落在地上，溅起石屑，在城墙上留下了无数缺口，不过，这些缺口很快就被加布里埃尔·马丁嫩戈——他是一位拥有非凡技巧的威尼斯建筑家——修好了。没过多久，土耳其人又动用了地雷。一座座堡垒应声倒塌，但圣约翰骑士团的战士们仍旧努力地抗击着。随后，土耳其人打出了王牌，在城墙处挖了一条横向的地道，缺口足有150步宽，能容纳30位骑兵并排通过。不久之后，罗得岛守军举起了白旗，好在之后土耳其人并没有亏待罗得岛。在查理五世的授意下，圣约翰骑士团在1525年迁往马耳他岛，用了40年时间养精蓄锐，并在马耳他的首都瓦莱塔筑起了城墙与海港。更优越的地理优势与更坚固的城防系统让他们如虎添翼，不再时刻担心遭遇外敌侵袭。直到1800年，圣约翰骑士团对马耳他岛的统治才被拿破仑·波拿巴终结。

第8节 无法承受的战争税

尽管英格兰王国的军队在对法战争中毫无收获，不过这并不代表英格兰人民可以免缴战争税。托马斯·沃尔西于1523年公开表示，所有英格兰人都必须缴纳战争税，普通人的缴纳比例为个人财产与房地产价值的26%，而神职人员则要缴纳相当于6个月薪水的税金，如此高的税率实在令人震惊。估算下来，英格兰王国政府总共将收到80万英镑的税款。不过，人民对这一举措十分不满。在下议院里，托马斯·沃尔西极力辩驳着，而下议院议长托马斯·莫尔则一直无法平息自己的怒火，甚至扬言要联合其他议员"用棍子好好教训教训"托马斯·沃尔西。托马斯·莫尔对此表示："托马斯·沃尔西主教曾口口声声说我们的议程保密性不佳，所以他要是带着随从进来，我们自然也要和其针锋相对。就算那些人有可能泄露议会即将出台的法令，我们也不会退缩。"如此一来，在托马斯·沃尔西结束议会演讲之后，会场里鸦雀无声。因为被点了名，托马斯·莫尔只好礼貌地回应道，议会下议院有自己的规矩，议事过程是不公开的。托马斯·莫尔绝不会透露议员们的看法，除非受到了委托，要不然就辜负了议员们的信任。在议程中慷慨陈词的托马斯·莫尔并未让英格兰王国政府太难堪，同时下议院也针对半数战争费用的征收方案进行了审批。英格兰王国议会最后商定，之前因与苏格兰王国发生战争，英格兰王国北部地区各大郡县已缴纳过相关的战争税了，所以此次与法兰西王国发生战争，就不用其再缴纳因此产生的战争税了。免缴清单上还有萨塞克斯郡布莱赫尔姆斯通镇的名字，它在1514年被法军放火烧毁了。纵然有的地方拿到了免缴权，不过总的来说，战争税给英格兰人造成的经济压力依然是难以言表的。不仅如此，托马斯·沃尔西还在1525年向政府建议，应当重启"友好贷款"，他的这一举动差点儿导致了国内农民起义。[1] 肯特郡居民纷纷向威廉·渥兰大主教反映，他们连1523年的税款都还没有缴清，政府要是在这个时候征收其他费用，那未免也太离谱了。对此，威廉·渥兰大主教只能劝慰道："肯特郡是国王陛下的家乡啊！"不过，肯特郡居民仍旧怨声载道，说这样的生活实在太艰难了。过了一阵子，一些有违礼制的话传播开来，譬如"那个人一天不死，我们就得一直掏钱"。除此之外，汤布里奇修道院也受到了托马斯·沃尔西的长期压迫，修道院的钱都被他用来修建位于牛津的新兴学科院了。显然，托马斯·沃尔西在英格兰王国已名誉扫地，人们急切地想要把他赶下台。据伊利主教尼古拉·韦

---

[1] 德意志于1525年爆发了大规模的农民起义。——作者注

斯特（Nikolai West）说，他所管理教区的居民早就没有现金了，居民们只好低价贱卖牲口以换取现金；在诺里奇，身无分文的人们不得不把家里装调味品的碟子熔化成银块来换取现金；许多织布厂无法继续生产，而工人们则失去了经济来源。伦敦市市长曾经当面提醒过托马斯·沃尔西，理查三世之前明令禁止征收恩税，不过托马斯·沃尔西不以为意，并辩解道："您不应该把这样的法令搬出来，它的制定者可是一位连自己亲侄子都杀的暴君。不仅如此，那个人的王位也是抢来的，所以他指定的法律法规根本无法制约一位真正合法的君主。"不过最后的结果是，枢机主教托马斯·沃尔西在这场辩论赛上败北了。后来，他又向亨利八世建议，不如将强制征收改为自愿缴纳。但是很显然，谁也不会积极主动地把钱送上门。从此之后，这笔恩税也就渐渐被人们遗忘了。托马斯·沃尔西曾经辩称征收恩税并非他的主意，但无论如何，他至少采取了默认的姿态，所以英格兰人对他痛恨至极。如果说英格兰人对征收恩税一事反应强烈，那么亨利八世在看到征收失败时的气恼恐怕更加强烈。

第9节　罗马之劫

虽然帕维亚战役已经结束，但许多欧洲国家还在意大利王国境内打来打去。1527年，那场发生于中世纪的重大事件终于登上了历史舞台。波旁公爵查理三世本是法军的一员大将，未承想却做了叛国者，臣服于神圣罗马帝国皇帝查理五世脚下，并接手了一支混合部队。他这么做或许是因为法军不但严重缺乏经费，而且内部的超支现象屡见不鲜。后来，在神圣罗马帝国的一场兵变事件中，他被迫带兵攻打了罗马，在两次突击均未得手的情况下，他带领军队退守至位于圣彼得后方的利奥城。不幸的是，在这场劫难中，他被贝内韦努托·切利尼——一位知名的雕塑家——开枪击中要害，战死沙场。显然，就算他之前已掌控全局，不过后来也都功亏一篑了。与此同时，教皇克雷芒七世及一众枢机主教皆躲进了圣安吉洛城堡，并紧紧地关上了大门，禁止人们四处逃窜。罗马城在随后的20天里乱作一团，人们惊慌失措、恐惧难当。德意志新教徒兴风作浪，意大利人犯上作乱，西班牙人趁火打劫。这些人在做出无数恶行后将责任推来推去，而罗马人只能接受不同侵略者的抢夺。所有侵略者都想要霸占罗马人的财产，但金银财宝早就落入了先到者的腰包。在罗马城遭遇劫难的时候，于1523年上位的教皇克雷芒七世始终没能挣脱查理五世军队的禁锢。直到1527年12月，教皇克雷芒七世才越狱成功，乔装打扮后逃到了奥尔维耶托（Orvieto），并在那里遭遇了新一轮的危机和束缚。我们将在下一章中详细谈到他半辈子的监狱生活之于英格兰王国的意义。

第 12 章

宗教改革（1521 年至 1530 年）

第 1 节　反教皇法令

在很长的一段时间里，宗教问题之于英格兰王国政务的影响都很微弱。不过此时此刻，宗教问题将成为英格兰王国改变国家性质的决定性因素，而社会要将因此而出现分裂、重组。英格兰人将重新激起统治者与教皇的对抗，并在斗争过程中获得永不磨灭的反抗精神。在那个时候，站在教皇特权对立面的法规极为少见，同样也微不足道。例如，1164 年出台的《克拉伦登法令》规定，英格兰人只有在得到英格兰国王批准下才能向罗马教廷申诉。爱德华一世公开表示教士是一种不合法的身份，并在 1405 年将大主教理查德·勒·斯克罗普（Richard le Scrope）处死。这两件事足以证明，教士的权利也是可以动摇的。理查二世先后下达了三条关键法令，于 1390 年颁布的《神职授职法令》规定，教皇不得私自占有英格兰王国教士的薪水；于 1391 年颁布的《土地死手律》限制了教会的土地所有权；于 1393 年颁布的《王权损害罪法则》规定，英格兰王国有权将教士驱逐出境。除此之外，于 1395 年颁布的一条法规规定，所有人的言行举止都不得有损英格兰王国统治者的管辖权。英格兰王国积极支持欧洲大陆国家中的反教皇派，并派人参加了康斯坦茨（Constance）宗教会议，而这个会议拥有废除教皇的权力。不过，在康斯坦茨宗教会议上，英格兰王国对处死约翰·胡思（John Huss）——他一直随着约翰·威克利夫（John Wycliffe）——的议案投了反对票。我们在前文中谈到过，神圣罗马帝国皇帝西吉斯蒙德[1]在出访伦敦时被伦敦人骂得狗血淋头。究其原因，他之前给过约翰·胡思一张通行证，后来却又把通行证撕了。自此之后，在英格兰王国，反对教皇的声音层出不穷。法兰西王国在1431年宣称支持巴塞尔理事会的改革主张，而英格兰王国则表示反对，而且反对理由相当充分。由此可见，在宗教的世界里，基于政治对立而做出的任何决定在根本上都是很脆弱的，一不小心就会被破坏，毕竟就算教皇的所作所为不会改变，可国家形势却瞬息万变，在这种情况下，教派组成也会出现变化。到了这个时候，国家的政府势必将求助于罗马教廷。所以，英格兰王国的统治者只能接受劝诫，做出退让，甚至求助于罗马教廷，并以我们在第6章中所提到的方式阻止宗教改革。横征暴敛、骄奢淫逸，人们对教士恨之入骨，然而当愤怒的情绪平息后，一切又回到了原来的轨迹。值得庆幸的是，国王身侧之人都目光如炬，没有去煽动国王的情绪，如此一来，那错误的信仰没了结出恶果的机会。除非拔掉那虚妄的根源，要不然就很难走出困境。

第2节　马丁·路德的信条

幸运的是，在漫长的都铎王朝执政时期里，有识之士们早已在宗教问题上达成了一致。人们不会忘记约翰·胡思的善言善行，更不会忘记他被毒害的悲惨事件。约翰·胡思的追随者们在15世纪末成立了一个名叫"团结

---

[1] 西吉斯蒙德（Sigismund），查理四世的儿子。——译者注

兄弟会"的组织，并在波西米亚修建了多达 200 座教堂。该组织的成员们在 1489 年做出决定："无论何时何地，只要教会中的改革者与医生在上帝的召唤下想要加入改革阵营，'团结兄弟会'都会与他们砥砺前行，勇创改革大业。"他们也的确迎来了改革，并在改革中实现了承诺。具有天主教倾向的准则给人们带来了希望，世界各地涌现出许多类似的组织，譬如尼德兰的"共命运兄弟会"，该组织的成员甚至包括《效法基督》一书的作者，赫赫有名的大作家托马斯·肯皮斯（Thomas Kempis）。一群拥有共同信仰的人彼此为伍，发自内心地走到一起，不依靠任何誓言与约定，不知疲倦地四处传道解惑，带领年轻人学习拉丁语与希腊语，为人们抄写或印刷各种读物。在他们眼中，深入浅出的《圣经》很适合民众阅读，既不会消耗太多精力，又不会导致学术争议，所以应该解封《圣经》，把全部章节都对外开放。不过，乞食会士[1]却不赞同这一观点，他们不满于自身的僧人身份，也不遵守任何组织制度。罗拉德派教义在英格兰王国境内的残余势力后来也发生了惊人的变化。威廉·渥兰大主教在 1511 年接见了 10 个来自腾特登的民众，他们表示，自己每天吃的是面包，喝的是红酒，没接受过洗礼，日子照样过得舒服自在，所以对那些极端的仪式，譬如涂油礼、朝圣、圣人崇拜之类，一点儿也不感兴趣。尽管身在英格兰王国的外籍教士对教会还心存信任，不过他们偶尔也会建议改进一下教会体系。在大概 1470 年的时候，戈赫的约翰公开给神学家托马斯·阿奎纳（Thomas Aquinas）扣上了"错误大王"的帽子。他敢在伊拉斯谟前面提出，修道士誓言完全体现不了宗教的崇高准则。人们之所以能忍受这些誓言，是因为有些人如果不立誓，就无法恪尽职守。另一位著名的神学家韦塞尔·甘斯福特（Wiesel Gansfort）胆子更大，他坚持认为教会贩卖赎罪券的行为毁掉了大量"卓越的文艺作品"，因为《圣经》

---

[1] 指道明会、方济会、思定会、加尔默罗会等古老修会创始时，特重清贫之德，会士均应托钵乞食，后因环境改变，此风始废。——译者注

里说"逝者将带着他们的作品"。韦塞尔·甘斯福特宣称，罗马教皇诠释下的《圣经》并非圣灵之作，修行也挽救不了任何生灵，基督更没有派使者到人间。由此可见，时人已经冲破了思想的迷雾，认识到了教会的劣根性，并做了充分准备来拥抱像伊拉斯谟之类的伟大思想家，以及这些思想家所诠释的《圣经》。需要强调的是，当英格兰等国的修道士们开始倾向于从修道院回到家庭后，这种更为开放的宗教思想便应运而生了。这种倾向让托马斯·莫尔得以开创充满尚文精神的家庭环境；让负责替政府选拔人才的约翰·科利特改变了圣保罗学校的教育方针；让伊拉斯谟、戈赫的约翰、韦塞尔·甘斯福特、马丁·路德等人的大多数教育理论得到了传播。马丁·路德年轻时生活在德国的爱尔福特（Erfurt）。他拥有一间不大的禅房，最爱读与哈拿、撒母耳母子有关的《圣经》故事。马丁·路德认为只要让自己随心所欲地阅读这样的人伦故事，这辈子也就不用再去寻找别的快乐了。他还表示，他的想法和圣德的真意或许并不相符。

正因如此，他才会在后来的思考中找到了更加清晰的思路——其他的一些教会制度，如果没有办法促成实际变化，就没有办法抚慰心灵，这样的教士赦免到底有没有根据？至为关键的一点是，教会中的迷信思想，以及教会产生的弊病，皆源自这一历史久远的宗教的一种本质——健忘。圣保罗与奥古斯丁是天主教教徒，而天主教不但解释了人们已发生或即将发生的行为，也自证了合理性。作为一种信仰，它无疑是强大的，但也是善变的，它的基础是自我否定，以及愿受基督的拯救。在上述事实中，到底有没有谬误？马丁·路德最初的想法是，对这一切的思考可以加快行动的速度，加强行动的精神性，从而让人们的道德生活变得更有意义。人们对某种行为的接受程度并非取决于行为的本质，而是取决于行为背后所隐藏的信仰的程度。所以马丁·路德认为，那些刻意追求上帝垂怜的、形式化的举动都与基督的意志背道而驰。

在这种情况下，身为教皇代理人的约翰·特策尔（John Tezel）在1517年做了件冒险的事。他在管理威滕伯格教区周边的赎罪券交易时，选择了约翰·胡思曾经使用过的方式——发动抗议。这次抗议在历史上十分著名，在约翰·特策尔看来，宗教改革过程中出现的全部文件都有违宗教的基础理论：宣称即便缺乏精神条件，人也能从灵礼中获得某些属性。上述文件虽然不曾扬言能替人洗清罪恶[1]，但是认为和教会存在外部关联的人如果肯花点儿小钱，那么即便缺乏一些其他附加条件，也能传播"战斗教会"所做的善事，还能在赎罪时少受点儿灵魂分裂的痛苦。在掌握了希腊语之后，马丁·路德更加坚持自己的看法了。实际上，他在1520年之前就已提出过更深刻的观点：所有国家的议会，以及罗马教皇在处理教义问题时都不可能完全正确。同时，他还表示自己十分欣赏神学家菲利普·梅兰希通[2]。马丁·路德不赞成罗马教廷所谓的"七大圣礼"，并认为"教皇无误论"是孤高自傲的言论。1520年，他批评了非公开形式的忏悔，以及拒绝把圣杯交给世俗之人等言行，并于10月刊发了《教会的巴比伦之囚》这一论文。在1520年12月10日这天，他来到威滕伯格的城门前，点燃了教皇的一纸谴责令。1521年4月19日，在神圣罗马帝国皇帝查理五世的授意下，他出现在了沃尔姆斯大教堂，参加了神圣罗马帝国议会，并公开表示，假如人们无法用《圣经》的观点说服他，那么他就不会改变其神学观点。他在议会上的言行获得了德意志亲王们的同意。随后，查理五世下令将马丁·路德驱逐出境，且永远不得进入神圣罗马帝国。当时，很多人都以为康斯坦茨宗教会议的历史又将重演，异端分子马丁·路德将被烧死，其骨灰将被撒入莱茵河。情况危急之下，马丁·路德拿到了安全通行权，而且没有如约翰·胡思那样被命运戏弄。几周之后，马丁·路德和他所效忠的萨克森选帝侯腓特烈三世共同谋划了一个计策：由腓特烈三世出面将马丁·路德捕获，而后将其安排进爱森那赫地区的瓦特堡收容所以躲避风头。

---

[1] 洗清罪恶是司钥权的一种体现，和赎罪券是有区别的。——作者注

[2] 菲利普·梅兰希通不赞成"僧侣神权论"与"圣餐变体论"。——作者注

第 3 节　信仰的守护者

为了反驳马丁·路德及其作品《教会的巴比伦之囚》，亨利八世在 1521 年年末也公开写了一部作品，名为《保卫七圣礼》。教皇利奥十世为此赐封亨利八世为"信仰的守护者"。在亨利八世看来，英格兰王国正在遭遇新教教条的入侵，所以才会用文字来进行辩论。在那个时候，马丁·路德的文章不仅在牛津大学，实际上在英格兰王国的各个角落都很风行，要不然牛津大学的校长威廉·渥兰大主教便不会在 1521 年对学校各处进行彻查，以杜绝马丁·路德的作品进入校园。约翰·费希尔主教也彻查了治下的教区赫里福德郡（Hereford），并在圣保罗大教堂里公开斥责马丁·路德的传道行为，此外还要求所有在周五吃荤的德意志商人事后必须忏悔。亨利八世所著的《保卫七圣礼》秉承了传统观念，与"异端领袖"马丁·路德针锋相对：要是所有的教皇，例如教皇利奥十世废除了赎罪券交易，那么他及他们是否都有罪？教会会不会觉得，因为那些努力创造奇迹的教士们对教皇的权力产生了误解，所以马丁·路德"小兄弟"的出现就是为了帮助教皇改正错误？显然，亨利八世的看法与托马斯·莫尔此后的观点不谋而合，因此我们有理由认为，亨利八世曾受到托马斯·莫尔极大的影响，并改变了自己"教皇至尊"的想法。不过，托马斯·莫尔最后还是死在了亨利八世手中，因为他极力反对亨利八世成为教会的首脑。

第 4 节　离不了的婚

对于宗教问题，时人都十分积极地参与了讨论，而亨利八世的观点俨然已成为正统学说。亨利八世早先为了维护教皇利奥十世而加入了"神圣同盟"并参与了战斗，如今他又当上了教皇克雷芒七世的守护者。然而，他的强硬与威严终将因为抵不住诱惑而逐渐消失。阿拉贡的凯瑟琳已经上了年纪，不再受到亨利八世的宠爱。可能是因为忽然记起亨利七世曾在1496年让自己背地里抵制这门婚事，所以亨利八世越来越觉得这场婚姻从始至终就是个错误。对这门婚事的首次公开质疑发生在1526年。在某次商讨玛丽公主婚约的时候，法兰西王国的塔布主教加布里埃尔·德·格拉蒙（Gabriel de Grammont）似乎不太认可玛丽公主的英格兰王位继承人身份。不过，客观地来看，亨利八世打算离婚的原因无关政治，只与情感有关。1522年，风华绝代的安妮·博林（Anne Boleyn）结束了在法兰西王国的学习，返回了英格兰王国，并进入了皇宫。从此之后，她的父亲威尔特郡伯爵托马斯·博林（Thomas Boleyn）就屡获殊荣，步步高升。他之所以能屡次被嘉奖或封赏，多半是因为亨利八世爱上了安妮·博林。我们没有必要疑惑：身在婚姻里的亨利八世会不会心怀不安或殚精竭虑？上帝是不是也认为这场婚姻不合法，所以才会让凯瑟琳的几个孩子流产或夭折，以示警告？良心不安也好，殚精竭虑也罢，即便最后都是真诚的，但它们的源起并不会被模糊。

身为枢机主教的托马斯·沃尔西是最早看出亨利八世心意并极力支持的人，那是1527年的事。不过，他后来也因为这件事而陷入困境。一开始，他向亨利八世建议，以王权废后，理由是凯瑟琳结过婚——在教会的支持下嫁给过威尔士亲王亚瑟。如此这般，就没有人敢提出异议了，毕竟凯瑟琳曾是威尔士亲王亚瑟的妻子，而亨利八世是她的小叔子，所以她和亨利八世是不能结婚的。不过，亨利八世似乎并不看好这个计划。在这种情况下，托马斯·沃尔西竟然打算和亨利八世串通一气，钻法律的空子。他以罗马教廷大使的身份对亨利八世进行了传唤，指控亨利八世与寡嫂非法同居18年，并以这项罪名处罚了亨利八世。照理说凯瑟琳会选择委曲求全，但她没有，她是个不懂得屈服的人。于是，密谋者失败了。如此一来，亨利八世就只能向教皇克雷芒七世申请离婚了，而凯瑟琳也可以向教皇提出申诉。想来想去，向教皇申请离婚是最佳方式，毕竟亨利八世从来都是教皇克雷芒七世的守护者，所以教皇应该不会拒绝他的申请。另外，无论是在英格兰王国还是在其他国家，皇室成员离婚事件并不鲜见，譬如路易十一的两个女儿都是离过婚的。身为苏格兰王后的玛格丽特·都铎，也就是亨利八世的姐姐在1526年贸然宣称，詹姆斯四世并未战死于弗洛登战役，而是一直活着，而她自己却不知情地嫁给了别人。所以，她顺利地解除了和安格斯伯爵阿奇博尔德·道格拉斯的婚姻关系。除此之外，约翰·谢伦·布鲁尔还曾指出，在英格兰王国政界位高权重的萨福克伯爵威廉·德·拉·波尔曾重婚两次、离婚三次。第一次，他娶了自己的姨母；最后一次，他娶了自己的儿媳。在亨利八世看来，既然其他皇室成员可以离婚，那么自己又何尝不可呢。

第5节 离婚案的影响

可是托马斯·沃尔西忽略了一个关键因素：在亨利八世计划向教皇克雷芒七世申请离婚之前一个月，也就是1527年2月，神圣罗马帝国皇帝查理五世已经控制了教皇克雷芒七世。另外，克雷芒七世若是做出了任何不利于凯瑟琳，即查理五世姨母的决定，那么罗马或许还会被再毁一次。无奈之下，为了拖延时间，克雷芒七世只好先后两次发布了不具备法律效力的离婚特许证。英格兰王国三度派出使团前往西班牙王国，在第三次出访期间，两国勉强签署了一份文件，我们大体上可以认为它是一份协议。这份文件给托马斯·沃尔西带来了极大打击，因为担心托马斯·沃尔西心有余而力不足，枢机主教洛伦佐·坎佩焦便计划以教皇特使身份和托马斯·沃尔西一起前往西班牙王国协商此事。万般妥协并未让教皇克雷芒七世化险为夷，也没能在英格兰王国内掀起风波。英格兰人都站到了凯瑟琳这边，并对竞争者安妮·博林厌恶至极。毫无疑问，一场有违人民意志的争斗将在英西两国之间爆发。罗马遭遇侵袭的消息已铺天盖地，亨利八世随即就向查理五世宣战了，同时还要求托马斯·沃尔西再度把英格兰王国的大部分出口商品都运送到法兰西王国境内的加来。这样一来，英格兰王国的商业贸易活动便彻底脱离了正常轨道。在那段时间里，英格兰王国内很多行业的利润都出现了严重的下滑。包括埃塞克斯、肯特、威尔特、萨福克在内的很多郡县都遭遇了布匹滞销问题。肯特郡又一次爆发了大规模暴动，暴徒们扬言要把枢机主教洛伦佐·坎佩焦抓住并绑在漏水的船里扔进海里。洛伦佐·坎佩焦随即开始镇压各地的小修道院，并要求彻查马丁·路德的作品，这让人们更讨厌他了。亨利八世也不怎么喜欢洛伦佐·坎佩焦，原因是在此之前，洛伦佐·坎佩焦没有让安妮·博林如愿获得一个小头衔，换句话说，洛伦佐·坎佩焦曾在不经意间得罪了一国之君。洛伦佐·坎佩焦恐怕没有机会做出解释了，因为亨利八世在发现安妮·博林患上汗热病之后就变得焦躁不安起来，整天在皇宫里徘徊。这时候的亨利八世早已忘了自己是一位统治者，也完全听不进他人的解释。

第 6 节　无奈的被委托人

为了讨论一项提案，洛伦佐·坎佩焦于 1528 年 10 月 17 日来到伦敦参加了一场会议。该提案的内容是：若王后凯瑟琳同意退位并搬到修道院中居住，且亨利八世的新任妻子没有诞下儿子，那么凯瑟琳之女玛丽公主将享有王位继承权。然而，这一建议被凯瑟琳坚定地拒绝了。她因此而被洛伦佐·坎佩焦要挟：在离婚案尘埃落定之前，所有事情都将被告知教皇克雷芒七世。实际上，教皇克雷芒七世之前也五次三番地告诫洛伦佐·坎佩焦，他必须把所有事情都呈报上来，毕竟意大利王国正在遭受查理五世的攻击，千钧一发之际，一失足成千古恨。同一时刻，凯瑟琳的敌人们丝毫没有放弃对她的算计。在佛兰德斯，支持凯瑟琳的人被要求在开庭前必须出境。有传闻说凯瑟琳到处蛊惑人心，无数次唆使他人谋反。敌人屡次威胁她在离婚协议书上签字,并扬言将禁止她和女儿见面。那帮人还以勤俭为借口拆掉了玛丽公主的宫殿。与此同时,安妮·博林已搬进了皇宫。洛伦佐·坎佩焦从未将教皇克雷芒七世的真实想法告知过托马斯·沃尔西。正因为真相鲜有人知,所以亨利八世才会认为是托马斯·沃尔西的失职。渐渐地,托马斯·沃尔西的地位被动摇了。在1529年5月之前,这桩离婚案一直没能推进下去,双方互不相让。不过这件事终究还是得有个结果。凯瑟琳毕竟是查理五世的姨母,所以查理五世选择力挺凯瑟琳。鉴于此,教皇克雷芒七世最终驳回的不是凯瑟琳对审判者的抗议,而是亨利八世的离婚申请。显然,教皇克雷芒七世选择了自保。赶在离婚案被撤销之前,亨利八世的支持者们不得不在伦敦开启了宗教法庭。宗教法庭在1529年6月21日正式开庭。在此期间,我们看到了一个被历史铭记的场面:贵为英格兰王后的阿拉贡的凯瑟琳跪倒在亨利八世脚下,央求高高在上的统治者可怜可怜自己这个背井离乡的女人,希望他看在旧日情分上、念及女儿、西班牙王国、西班牙王国亲族的面子,能放过自己。她在亨利八世及其出席者面前宣布,她已向教皇克雷芒七世提交了离婚申请,而这世上唯有教皇克雷芒七世才能不偏不倚地做出裁定,所以她只会对罗马教廷的询问做出答复。说完,凯瑟琳起身离开了法庭。宗教法庭阻止了她三次,但她依然没有停下脚步,最终只好宣布凯瑟琳"违抗法庭命令"。在此后的会议中,收集证据成了主要任务。作为一位三朝元老,约翰·费希尔主教年事已高,但依旧抱有一颗忠心。他在1529年6月28日公开指出,亨利八世和凯瑟琳没必要走上决裂之路,教皇克雷芒七世其实可以针对这门婚事发布一则特赦令,让它变成合法的。约翰·费希尔为此还专门写了一本书,并将其递交给了法庭。在法庭上,他慷慨陈词、毫无畏惧,在座之人无不被他的口才折服。法官毫无底气地提醒他,不必对案件下结论,那可不是他该做的事。对于法官的破绽百出,亨利八世很快就出面进行了弥补,而且其回应充满了王者威仪。他在文书里写道:"法官大人,我从未想到,罗切斯特主教约翰·费希尔会在您面前大言不惭地对我进行谴责。他的行为有悖其身份与品格，倒像是一个怨民，或者扰乱社会的暴徒所做的事。他为什么在前几个月里默不作声，却忽然在这个糟糕的时刻挺身而出、发表意见？他若忠于职守，就该到我面前来提建议，只有这样，正为离婚苦恼的一国之君，以及满腹疑虑的教皇才不会觉得难堪。有没有必要讨论一下怎样守护真理呢？若是这样的话，我们好像会被误认为在从前或未来，利用暴力镇压过王后阿拉贡的凯瑟琳的支持者们。"

离婚案在1529年7月里进展缓慢。洛伦佐·坎佩焦举棋难定，毕竟教皇克雷芒七世正在遭受查理五世的威胁，不敢批准亨利八世的申请。教皇克雷芒七世说他"已不知所措"了。离婚案的宣判日期是1529年7月23日，亨利八世在这一天亲赴现场静待结果。令他烦不胜烦的是，洛伦佐·坎佩焦当庭宣布，鉴于罗马教廷将从1529年7月末起暂停司法审理，直至1529年10月初恢复，所以在下个审判期到来之前，他不得不将本案搁置。当时正值7月，即便伦敦方面做出了判决，也需要等待罗马教廷的进一步审议和裁定。另外，在做出这一判决后，宗教法庭便将退出历史，准确地说它将在1529年10月之前被取缔。萨福克公爵查尔斯·布兰登对此十分愤懑："英格兰的枢机主教都是浑蛋！"托马斯·沃尔西克制地回复道："你不该口出此言，若不是我帮你，你恐怕早就没命了吧！"话虽如此，不过托马斯·沃尔西心知肚明，洛伦佐·坎佩焦之前话里有话，自己恐怕已走上末路。没过多久，他就陷入了困境。

第7节　托马斯·沃尔西下台了

托马斯·沃尔西被谴责这件事是出人意料的。亨利八世在英格兰王国的王座法院对他提出了指控，说他没有遵守1395年出台的法规，在未经国王许可的情况下，越权行使了使节管辖权。所以，托马斯·沃尔西犯下了藐视王权罪，被没收了所有财产。无所谓尊不尊重、体不体谅，亨利八世向来固执己见。这样的局面让我们不禁联想到日后将会发生的两起历史事件，它们有许多共通之处。首先是查理一世和他的宠臣斯特拉福德伯爵托马斯·温特沃斯（Thomas Wentworth）分道扬镳。为了不让两人共同谋划的阴谋败露，查理一世想方设法地给斯特拉福德伯爵托马斯·温特沃斯定了罪，并判处了死刑。其次是，乔治三世因为对美国怀恨在心而对弗雷德里克·诺思（Frederick North）勋爵进行了惩处。很快，托马斯·沃尔西被要求将国玺交给新的掌管人托马斯·莫尔。在英格兰王国，负责掌管国玺的人是大法官，不过此时，大法官的权力已不如从前。托马斯·沃尔西的主要工作由议会议长第三代诺福克公爵托马斯·霍华德，以及副议长萨福克公爵查尔斯·布兰登接手。曾经有好几年的时间，托马斯·沃尔西一直待在亨利八世身侧，所以他很了解亨利八世的脾气，于是，他毫不犹豫地交出了国玺，以及全部私人财产，并在一份文件上签了字：承认自己以教皇使节身份，擅自向大多数英格兰人征税，并表示甘愿接受亨利八世的惩处，哪怕是锒铛入狱。不仅如此，他还自愿向亨利八世上交了全部临时财产，以及圣俸。他不打算多费口舌去辩驳，在他看来，亨利八世要是没收了自己的财产，便会千方百计死死守住这些财产，以免再被其他人染指。所以，他就算不被指控为越权也会被定下其他诸多罪名，而且只需一项便足以让他在监狱里度过后半生。

  在把约克坊[1]及其他财产交给王室派来的官员们之后，托马斯·沃尔西坐上了驶向帕特尼的船。路上要经过伊舍，他曾经受命兵退此地，现在也将在此稍做停留。数不清的船只把航道塞得满满当当，人们都想看一看那个曾经的权贵如今有多么落魄。托马斯·沃尔西在伊舍待了好几周，日子过得十分拮据，甚至不得不向教士们借钱来支付随从的酬劳。纵然名誉扫地、身无分文，但他始终面不改色，一副毫无畏惧的模样。如我们所知，托马斯·沃

---

[1] 也就是如今的怀特霍尔宫。——作者注

尔西拥有非常强的管理能力，所以在他被赶下台之后，亨利八世总是对新一届政府的潦草管理十分不满。在这种情况下，第三代诺福克公爵托马斯·霍华德也好，萨福克公爵查尔斯·布兰登也罢，都感到十分不安；他们害怕托马斯·沃尔西东山再起，向身为政敌的他们实施报复。所以，两人想尽办法给托马斯·沃尔西设置陷阱，让他说错话或做错事。这样一来，托马斯·沃尔西每隔一段时间就会被泼上污水，或者被没收部分财产。令人震惊的是，亨利八世在圣诞节的时候给生重病的托马斯·沃尔西发了一份慰问信，然而没过多久，议会里就有人对亨利八世说，托马斯·沃尔西在伊舍修建了一间画廊，里面收藏的作品很适合用来装饰威斯敏斯特宫。最终，托马斯·沃尔西只能眼睁睁地看着画廊被搬空。还有议员急不可待地提交了一份议案，建议剥夺托马斯·沃尔西为国王效忠的权利，不过因为彼时议会尚未召开，所以提案便被搁置了。在议会看来，权宜之计是把托马斯·沃尔西流放到遥远的地方，远到再也不可能与亨利八世见面，基于此判断，议会没有通过托马斯·沃尔西希望前往温切斯特隐居的请求，并坚持要求他去到约克，理由是"托马斯·沃尔西的荣光在约克"。

斯蒂芬·加德纳（Stephen Gardiner）后来成了温切斯特的管理者，而托马斯·沃尔西则每年都可获得1000英镑的补助金。亨利八世将托马斯·沃尔西的圣俸分给了其随从，并要求日后他国给予托马斯·沃尔西的补助不能由他人代领。托马斯·沃尔西在1530年2月12日被赦免，亨利八世将价值大概6000英镑的财产还给了他。在经过准备之后，托马斯·沃尔西在1530年4月15日启程赶赴遥远的北方，途经罗伊斯顿、彼得伯勒（Peterborough）与索斯韦尔（Southwell），之后抵达约克。索斯维尔和约克毗邻，在去往及停留在索斯韦尔的时间里，托马斯·沃尔西受到了当地贵族的善待。托马斯·沃尔西曾帮助威廉·菲茨威廉对抗伦敦方面的强大势力，因此威廉·菲茨威廉便邀请托马斯·沃尔西前往其在彼得伯勒的住处，热情地招待了他。在离开索斯韦尔的时候，当地人还提出"让他牵走一两只雄鹿"，以便在路上逗着玩。鉴于人们太过热情，托马斯·沃尔西只好趁着天还没亮赶紧出发。在入住卡伍德城堡之后，他马上对公务进行了处理。他首先做的是，对当地儿童的身份进行核查，就像当年核查伍尔斯坦的老年人那样。他在后来的日子里一直对此事亲力亲为，直到实在无暇顾及了才交给他人。在他的调解下，两位当地贵族停止了争斗，握手言和，而两家人之间的仇怨也总算是解开了。不过，托马斯·沃尔西没能如愿进入约克敏斯特教堂的唱诗班，因为主教及教士们告诉他，他需要先当上大主教。托马斯·沃尔西听后平和地表示，希望就职仪式一切从简，不用按计划实施，也不用像以前一样将地毯从城门口铺到教堂门口。

托马斯·沃尔西可以说是遭遇了许多折磨，其中最令他痛心的当属被亨利八世剥夺了其所创办学院的所有权。在被判处藐视王权罪之前，托马斯·沃尔西创办了许多学院，而好几位大法官都建议亨利八世将这些学院收归己有。于是，亨利八世没收了伊普斯维奇学院，并对牛津大学的主教学院与基督教堂学院垂涎三尺。为了保住这些心血，托马斯·沃尔西不得不放低姿态，真诚地向亨利八世求情，同时也提醒学院的领导们出面申诉。就在这个时候，众人忽然发现有几位学院领导之前极力反对过离婚案。随后，第三代诺福克公爵托马斯·霍华德扬言要解散这些学院，并拆掉所有建筑。不过，这些学院领导最终还是扭转了乾坤[1]。经亨利八世批准，基督教堂学院得以保留一部分募捐所得。亨利八世向来头脑精明，他顺势提出，不如按照托马斯·沃尔西原来的宏伟计划继续建造基督教堂学院，当然，这一举动和国家福利无关。不过，身为创始人的托马斯·沃尔西没能看到基督教堂学院建成后的恢宏。托马斯·沃尔西在去世前实实在在地做了几件重要的事，为了一窥究竟，让我们将目光投向其离世前的那几周。从伊舍离开以后，托马斯·沃尔西一时

---

[1] 学院领导们曾信誓旦旦地说，想要改变政府官员们的想法，"最主要的方式"就是花钱。——作者注

脑热，写了封信给法兰西王国驻英大使让·杜·贝莱（Jean Du Bellay），希望他能在弗朗索瓦一世面前为自己说话，负责传递信件的则是深得托马斯·沃尔西信任的意大利医生阿戈斯蒂诺（Agostino）。然而，第三代诺福克公爵托马斯·霍华德找到阿戈斯蒂诺并给了他100英镑，从阿戈斯蒂诺口中问出了托马斯·沃尔西的计划。如此一来，很多人都开始怀疑托马斯·沃尔西打算发动政变以维护自身利益；甚至有传闻称，他向教皇克雷芒七世建议，假如亨利八世执意要和安妮·博林在一起的话，就除去亨利八世的教籍。在时人看来，托马斯·沃尔西不管做什么、说什么都已无济于事，因为他采取的方式太极端了：请求他国统治者出面调停无疑是重罪，这就好比贾科波·福斯卡里（Giacopo Foscari）在1456年让威尼斯被洗劫了30次，而他的父亲还是威尼斯总督。所谓外交调停，实则干涉内政。在接下来的一章中，我们将了解到，周旋的本质是野心。

第8节 托马斯·沃尔西的结局

托马斯·沃尔西被捕时，英格兰作家乔治·卡文迪什（George Cavendish）全程在场。事后，他详细地描述了这一事件。导致托马斯·沃尔西落难的是诺森伯兰伯爵亨利·珀西。亨利·珀西此时年纪不大，自幼生活在托马斯·沃尔西的家里。他曾在英格兰王国北部地区兴风作浪，托马斯·沃尔西因此而对他强加指责。从那之后，他就开始与托马斯·沃尔西为敌了。在实施抓捕的时候，诺森伯兰伯爵亨利·珀西没有向托马斯·沃尔西出示逮捕令，他说那上面有一些"不能让托马斯·沃尔西看到的内容"。翌日，由罗杰·拉塞尔斯爵士带队，托马斯·沃尔西一行踏上了前往南方的道路，而诺森伯兰伯爵亨利·珀西则留在了卡伍德城堡里，负责搜查文件与盘点财物。三天之后，托马斯·沃尔西等人来到谢菲尔德（Sheffield）

公园，只见什鲁斯伯里伯爵乔治·塔尔博特（George Talbot）已经提前在那里恭候了。他安慰托马斯·沃尔西说，亨利八世一定会认真考虑其请求，并采用个人审问的方式。接手押送的是伦敦塔监狱的副官威廉·金斯顿勋爵，在托马斯·沃尔西看来，相较于总在亨利八世面前说三道四的诺森伯兰伯爵亨利·珀西，威廉·金斯顿勋爵显然更加强势。用托马斯·沃尔西本人的话来说就是："经验使我察觉出他内心的敌意，那是一种令人难以置信的强烈感受。"虽然从金斯顿那里得知，亨利八世希望他能为自己辩护，但他依然感到绝望。他知道那只是安慰之词，只会让人盲目地生出希望。就在这个时候，痢疾这种病又找上了他，他拖着虚弱的身体苦苦支撑了3天。要赶到莱斯特大教堂还得经过哈德维克、霍尔与诺丁汉。威廉·金斯顿勋爵受命于第二天一早对他进行盘问，因为有1500英镑不知所踪，而亨利八世认为那些钱"已被挪用"。不过，威廉·金斯顿勋爵在来到托马斯·沃尔西面前后发现他非常虚弱，以至于没有办法回答任何问题。就在这天，两人为后世之人带来了一次举世闻名的交谈，内容涉及亨利八世的性情与品行。亨利八世时代的每一起历史事件都被烙上了亨利八世那强大的个性特征，而且这种特征还在日益增强。托马斯·沃尔西说道："亨利八世既有野心，胆子又大，宁愿赌上大半个英格兰的前途，也要维护自身利益。我对天发誓，在枢密院里，我无数次向他下跪，一小时也好，两小时也罢，只想改变他的想法，让他放弃一些私利，却总是一败涂地。"令人感伤的是，他在临终遗言里幽怨地告诫亨利八世"应该提防新崛起的路德邪教"，假如路德教派日渐壮大，那么英格兰王国将重蹈波西米亚在胡斯战争中的覆辙。无异于日后出任枢机主教一职的黎塞留，托马斯·沃尔西在身处高位时从未重视过神学问题，却在行将就木之时看破了尘世。不过，令人唏嘘的是，他不是因找到信仰而挣脱了世俗的束缚，而是因精神疲惫而选择了放下。假如他接受了这样的宗教观，并且不这么早去世的话，那么当他"如效忠于君主一般效忠于上帝"的时候，英格兰人就只能追悔莫及了。1530

年11月29日8时，托马斯·沃尔西病逝。曾经的预言似乎应验，他在这个时候走完了一生。

第9节 藐视王权的教士们

王座法院1529年对托马斯·沃尔西发起了指控，罪名为藐视王权。没到一周的时间，英格兰王国就召开了举世闻名的"宗教改革议会"。虽然是亨利八世执政时期的议会，但这届议会明显不同于以往，它在1529年至1536年期间连续召开了八次会议。议员基本上都是亨利八世的拥趸，都对亨利八世唯命是从，并准备联合起来与那些反对国王离婚的教士针锋相对。按照计划，下议院提交了请愿书，率先对教士会议提起控诉：他们常常不经国王或民事机关允许，擅自颁布于王权不利的法令，以及私自在民间征税，剥削民众。议员们对此表现得愤愤不平、义形于色，被传唤者需要走很久才能走到大主教法庭；教士们经常以举行圣礼活动为借口胡乱收费；无论是原告还是被告都得缴税；庭审时总会抛出具有诱导性的问题，以致有人被误判为异端分子；还有教士随意将神职授予儿童。请愿书由亨利八世转交给了威廉·渥兰大主教，并要求他做出处理。除此之外，亨利八世还要求议会出台相关法案，以安慰那些委屈的投诉者。威廉·渥兰大主教召集各主教商议此事，并以集体的名义做了答复：教会在制定法律时严格遵循了《圣经》与天主教的真理，所以统治者理应"在制定法律时向教会法律看齐"，除此之外，别无他法。威廉·渥兰大主教还说："我们在为上帝服务的时候或许没有办法顾及您的想法，尽管如此，我们仍然很乐意听到您的意见与建议。只要上帝不反对，我们一定会认真地倾听与践行。"言下之意是，虽然政府有权监督教会事务，不过在宗教领域内，教会享有绝对立法权。毫无疑问，这么想的人肯定不了解英格兰王国宪法案例。威廉·渥兰大主教最后回复道，假如有心生悔悟之人为了保住声誉而选择花钱赎罪，那么可以考虑适当减刑；路德主义在英格兰王国日渐盛行，政府不能手软，在指控路德教派成员的时候，就算证人有污点也可以出庭指证，只要证词没问题就行；考虑到大主教之管辖权是历经了几百年的传统权力，所以就算部分大主教因没有住在本教区内而遇到了管理问题，也要确保其管辖权不被动摇；拿着俸禄的年轻神职人员在任职期间可以把俸禄用在学习上。从这份回复来看，神职人员的思维颇为狭隘，无法理解政治家的眼光。除此之外，教会遭遇的管理问题也体现了威廉·渥兰大主教的主观狭隘性，例如，有的地方会因为一张被刚过世之人用过的被单吵来吵去；有的地方会按照自己的想法征收什一税[1]；有的地方在处理犯下重罪的教士时只要求他们拿钱赎罪。

　　威廉·渥兰大主教很恼火，因为神职人员常常被当街辱骂，有时候甚至会被打倒在地，摔进废水沟。所以，眼下最紧迫的任务是搞清楚国家法律与教会法律哪个更加权威。没过多久便有人提出了一个解决方案，而神职人员也因此被剥夺了特殊权力。提出方案的人是托马斯·克伦威尔（Thomas Cromwell），他之前跟随托马斯·沃尔西做事，在托马斯·沃尔西被赶下台后，他被亨利八世任命为首席国务大臣。他曾经在议会上勇敢地替亨利八世说话，所以人们都对他十分认可。亨利八世宣称，所有承认托马斯·沃尔西神职管辖权的神职人员都犯下了藐视王权罪。所以，那些神职人员失去了人身自由，同时还失去了财产。他们或许是有理由的，对托马斯·沃尔西管辖权的默认不过是从众行为罢了，或者说是按照亨利八世的要求去做的。可是令人不解的是，他们平日里在精神世界里呼风唤雨，到头来却忘记了团结的力量，假如他们能达成一致，做出合理的解释，或许还能改变局面。面对亨利八世这毫无顾忌的指控，他们乱了阵脚，很快便做出了妥协，答应缴纳 119000 英镑的罚款以洗清罪名。不仅如此，他们不得不承认国家统治者对教会的统治。

[1] 欧洲基督教会向居民征收的宗教捐税。——译者注

这就意味着，教会失去了绝对立法权，即便是制定教规也必须经由国王审批。教士会议在 1531 年 1 月 21 日召开，针对补助金问题，与会者进行了投票。1 月 22 日，教士会议不怎么情愿地承认了亨利八世的新身份："英格兰教会独一无二的守护者、最高统治者，以及受基督律法认可的教会管理者。"但是，直到 1532 年 5 月 13 日，教士会议才基于当下及未来的利益勉强答应，不会在国王不允许的情况下出台新的教规；既定教规中所有"不符合上帝律法"的部分都交由国王及其神职团队进行审核及废除。此时，因为克雷芒七世并没有公开反对亨利八世与安妮·博林的婚事，所以亨利八世也没有限制他的地位和权力。

第 10 节　神职人员的反抗

教士会议的决定令神职人员们颇为不满，在他们看来，受罚的应该是那些以实际行动认可神职管辖权的主教与高级神职人员。另外，很多神职人员联合起来对限制教会自由与教皇权力的举措进行了抗议。罗马教廷不得不做出退让，而对于亨利八世来说，这无异于一场叛乱。于是，神职团队行动起来了。亨利八世在 1531 年 5 月 31 日这天得到消息，称罗马教廷准备重启宗教法庭，并在考虑要不要传唤亨利八世。在 1529 年至 1530 年期间，也就是在宗教会议闭幕之前，英格兰王国议会接连出台了诸多法案，以削减遗产税及重启停尸房。事实上，出台这些法案的目的是堵住神职人员的嘴巴，他们总是以有人去世为由无休无止地向政府索要补助金。不仅如此，英格兰王国议会还制定了一项法案来限制神职人员与兼职人员、临时人员等做交易，无论是商业贸易方面的，还是农耕生产方面的。据我们所知，因为这项规定对很多贫困潦倒的在职教士打击太大，所以最后出台的法案并没有那么严格。

以上是对 1529 年宗教改革议会之举措及行动的概述。自此至 1536 年，宗教改革议会得以连年召开，每次都会按照国王的指示批准、中止、废除一部分规定。总地说来，宗教改革议会是值得我们感谢一番的，毕竟它清除了政府与教会所制定的规范里的有害成分，并让有益成分"跟随英格兰的发展壮大而得到不断累积和增强"。

第13章

托马斯·莫尔与约翰·费希尔的时代
（1531 年至 1535 年）

第 1 节　又一纸离婚申请

当时间来到 1531 年的时候，亨利八世好像对那段令他烦心的婚姻不怎么在意了。集万千宠爱于一身的安妮·博林变得越来越傲慢，很多人离她而去，即便是那些在她的帮助下升官发财的家伙也都躲了起来。甚至，就连她的父亲威尔特郡伯爵托马斯·博林，以及舅舅第三代诺福克公爵托马斯·霍华德都觉得，他们一旦答应了这门婚事，就必然会遭到民众的唾骂。亨利八世派到罗马监视教皇的特使表面上对教皇克雷芒七世毫不客气，但私下里却偷偷劝慰克雷芒七世说不必慌乱。他们还说，离婚案肯定是要在罗马开庭的，在审判期间，阿拉贡的凯瑟琳或许会占有优势，只要教皇克雷芒七世不妥协，亨利八世最后只能选择退让。实际上，亨利八世有时候也会与凯瑟琳见个面，而且他还曾让凯瑟琳帮忙整理下衣柜里的衣服。另外，我们不清楚，在经过长时间的相处后，亨利八世还会不会继续容忍安妮·博林那各种各样的责怪。举例来说，安妮·博林常说亨利八世是个胆小鬼，连离婚都得看人脸色，还说亨利八世在面对婚姻纠纷时不够坚定，等等。

同一时期，威廉·渥兰大主教行将就木，他对自己曾经的妥协感到后悔至极，换句话说，他不会再帮助亨利八世了。安妮·博林看上去已下定决心要排除万难。她得到了彭布罗克侯爵夫人的封号，也得到了一些可以世袭的财产[1]。如果不出意外的话，她马上就要被亨利八世抛弃了。她跟着亨利八世来到加来与弗朗索瓦一世见面。不过，这次会晤令安妮·博林很难受，除了没有本国女眷陪同之外，法兰西王国的女性与会者也都不愿和她打招呼。看来英格兰王国与法兰西王国的会晤还是像从前一样不怎么友好。要不是托马斯·克伦威尔与托马斯·克兰麦（Thomas Cranmer）出手相助，安妮·博林恐怕要临阵脱逃了。托马斯·克伦威尔自 1530 年开始就从未离开过亨利八世身边，而托马斯·克兰麦在 1533 年取代威廉·渥兰成为新任坎特伯雷大主教。托马斯·克兰麦之前还在安妮·博林的父亲，也就是威尔特郡伯爵托马斯·博林家里做过家庭教师，他还是安妮·博林的胞弟，即罗奇福德子爵乔治·博林的私人神父，后来又成了亨利八世的私人神父。在亨利八世的安排下，他一度出国任职，并和一位德意志姑娘结了婚。因为那个姑娘是德意志宗教改革家安德里亚斯·奥西安德（Andreas Osiander）的侄女，所以他不得不面临被举报的危险。在 1530 年的时候，他计划利用国内外大学人士的言论劝服教皇克雷芒七世批准国王离婚。亨利八世对这个计划很是满意。后来，他顺利地得到了牛津大学诸位院长、博士、学监的力挺，并收获了普通百姓——他们不被允许参与这起离婚案的审议过程——的支持。他自己同时还是剑桥大学的老师，所以轻松地得到了剑桥大学的支持。不过，尽管他认识一些德意志新教徒，但在游说这个群体时，他还是遇到了麻烦。因为弗朗索瓦一世的介入，法兰西王国政府不得不同意英格兰国王离婚。或许是考虑到各方面所提交的意见书都是无法取消的，所以有人

---

[1]　安妮·博林获得了一定的财产，而且不管她的后人是不是婚生子，都享有财产继承权。——作者注

偷走了储藏于巴黎大学里的记录簿。德意志的学术组织受控于弗朗索瓦一世,因而毫无自由可言;那些学术领域的权威要么收了钱,要么遭了罪。所以,在德意志的学术领域内,没有人反对亨利八世和凯瑟琳离婚。

第 2 节　邓斯特布尔法庭及民众对阿拉贡的凯瑟琳的同情

一开始,托马斯·克兰麦能不能顺利晋升还是个未知数,因为谁也不知道教皇克雷芒七世是同意还是反对。更何况,他之前没有遵照规定缴纳不低于 1 万达克特的年费,所以教皇克雷芒七世也有可能因此而不给托马斯·克兰麦晋升机会。英格兰王国议会于 1532 年出台了一项法案,表示英格兰王国日后不再向罗马教廷缴纳年费,不过附加条款里又说,该规定将在 1533 年复活节那天正式生效,若提前必由亨利八世发布王召。所以,情况或许是这样的:假如托马斯·克兰麦晋升无阻,那么亨利八世就不会轻易启动这一法案,以免给自己招来麻烦。因为不了解新任坎特伯雷大主教托马斯·克兰麦的性情,教皇克雷芒七世不得不接受了这个游戏规则。向来以精明著称的厄斯塔斯·沙皮(Eustace Chapuy)是神圣罗马帝国驻英大使,他之前劝说过查理五世,不过查理五世在这件事上目光短浅。查理五世坚信亨利八世不会再花费大量时间在离婚案上,他把彭布罗克女侯爵的头衔给了安妮·博林,无疑是想甩开她。之后,教皇克雷芒七世发布了好几个通谕,而且同意托马斯·克兰麦每年只缴纳一半费用。在得知通谕即将发布后,英格兰王国政府为了弥补双方关系当即出台了一连串必要举措。显然,亨利八世没有办法和安妮·博林在光天化日之下走进婚姻的殿堂,要不然托马斯·克兰麦会被立马打回原形,亨利八世也会被开除教籍。办法只有一个:秘密结婚。亨利八世和安妮·博林偷偷地结了婚,谁也不知道是哪位神父主持的婚礼,只知道那是 1533 年 1 月 25 日前后的事。几周之后，这场不可告人的婚事在全国上下无人不知。面对人们的议论，英格兰王国议会立刻颁布了一条法令，规定所有人都不得将这件事上告罗马教廷。在某些人的游说下，教士会议最终公开表示亨利八世与凯瑟琳的婚姻是无效的。离婚案于 1533 年 5 月 10 日在邓斯特布尔正式开庭，刚上任不久的托马斯·克兰麦大主教传唤了凯瑟琳。然而，凯瑟琳迟迟没有到庭，托马斯·克兰麦当即宣布她藐视法庭，并解除了她与亨利八世的婚姻。短短几天之后，托马斯·克兰麦又一次出现在法庭上，宣布亨利八世和安妮·博林已是合法夫妻。然而，当安妮·博林来到伦敦塔前的时候，没有人愿意取下帽子欢呼"王后万岁"；当她第一次接受洗礼的时候，教堂里的人纷纷起身离开。与此形成鲜明对比的是，被赶出皇宫的凯瑟琳在从安特希尔出发前往巴克登的途中收获了万众祝福，人们高喊着"上帝保佑她吧"，"她是英格兰独一无二的王后"。和母亲凯瑟琳一样，玛丽一世也受到了人民的支持，并在很多年以后登上了王位。她的统治带着女性特有的温和，让英格兰人至今难忘。安妮·博林则恰恰相反，她强烈要求亨利八世对那些不忠不义之人进行惩罚，不过亨利八世并没有这么做。由此可见，亨利八世已经不像以前那么重视她了。在结婚 3 个月之后，亨利八世便对安妮·博林说，希望她"如前任王后那样宽容"，对自己那骄奢淫逸的生活睁一只眼闭一只眼。他们的孩子诞生于 1533 年 9 月 11 日。在此之前，许多巫师或占卜家都说那是个男孩，不过实际上是个女孩。虽然有些失望，不过亨利八世依然很重视这个孩子，甚至无情地把玛丽一世叫到了哈特菲尔德，让她照顾新生的伊丽莎白一世。安妮·博林性情乖张刻薄，她要求玛丽一世像仆人一样伺候伊丽莎白一世，甚至还有恃无恐地禁止玛丽一世称自己为公主，若不照做就得挨罚。

第3节　与教会的争斗

　　教皇克雷芒七世也好，神圣罗马帝国皇帝查理五世也罢，都不得不面临严峻的考验与危险的局面。查理五世在回复支不支持教皇克雷芒七世开除亨利八世教籍这个问题的时候说，这件事尚未确定，他无法给出答案，不过教皇克雷芒七世并不是不能再找个听话的教子。教皇克雷芒七世在1533年7月11日公开表示，托马斯·克兰麦大主教在邓斯特布尔做出的决议不具有任何效力，亨利八世必须在1533年9月结束之前和安妮·博林分道扬镳，否则便会被教会除名。这一举动恐怕不是临时起意，要知道英格兰人早已忍无可忍，急切地盼望着欧洲最权威的统治者，也就是神圣罗马帝国皇帝查理五世能够给英格兰王国重新物色一位国王，譬如詹姆斯四世，又譬如爱德华四世的弟弟克拉伦斯公爵乔治·金雀花。亨利八世在被教会除名之前上诉至大学总理事会，然而这么做不仅不符合教会法规，同时还让法兰西国王弗朗索瓦一世十分气愤。查理五世之前针对这起离婚案曾不断地上诉，所以弗朗索瓦一世实在不想再反反复复地对大学总理事会提要求了，那样很可能会惹恼教皇克雷芒七世。为了自保，亨利八世于1533年9月向枢密院征询了两个问题：其一，教皇与大学总理事会，谁的权力更大；其二，依照上帝律法，一国之君是不是比主教权力更大。在全部的高级教士当中，唯有托马斯·克兰麦迅速且坚定地回答了他的问题。在大家看来，托马斯·克兰麦给出的答案大体上是合理且充分的。其实在此之前，英格兰王国政府就曾要求圣保罗大教堂中的传教士，以及四大托钵修会的会长务必遵循这一教义。亨利八世认为这个时候是个好机会，于是急不可待地想要促成"北欧同盟"——在政治上和法兰西王国及神圣罗马帝国相互独立的组织。

　　这个时候，来自德意志吕贝克（Lübeck）的海军上校马库斯·迈耶（Marcus Meyer）对亨利八世进行了劝阻。他之前被判定犯下海盗罪，原因是他在英格兰王国的港口侵犯了尼德兰船只。他恭敬地对亨利八世说，丹麦国王腓特烈一世在不久前去世了，希望亨利八世能帮助他登上丹麦王位；一旦成功，他将以汉萨同盟领袖的身份让丹麦与吕贝克联合起来，成立一个所向披靡的同盟。这个疯狂的计划终究还是一场徒劳，不过对于亨利八世而言，在这段最为焦虑、最为难熬的日子里，这的确给予他自己很多力量。恢复理智的亨利八世公开表示，给教皇克雷芒七世 9 周时间，他必须收回 1533 年 7 月所做出的判决，并昭告天下亨利八世的第一段婚姻无效，且第二段婚姻有效，要不然英格兰王国将不再听命于罗马教廷。然而，英格兰人是不是支持亨利八世的想法还不一定。在上述声明发出几周后，一位名为休·拉蒂默的勇敢神父就跑到亨利八世面前对他说，教皇的权力是神圣不可侵犯的。对于高高在上的君主来说，他的话显然是一种藐视，但是对于此时的英格兰人而言，这番话无疑说出了他们的心声。

第 4 节　肯特修女、"彼特便士" 及主教选举许可令

这一时期，迷信思想充斥着整个英格兰王国，而亨利八世对此感到非常忧虑。一个名为伊丽莎白·巴顿的女孩开始策划一出阴谋，伊丽莎白·巴顿（Elizabeth Barton）这个出身农民家庭的女孩忽然成为众人眼中的"先知"。人们常常在各种暴乱现场看到这个女孩，她在一片混乱与恐怖之中语出惊人，对于那些平常人不可能探知到的消息，她似乎总能未卜先知。在这种情况下，所有人都觉得她拥有上帝或撒旦赐予的超自然之力；同时，大家又认为，她说的话很多时候都涉及圣德，所以那种神秘的力量理应来自上帝。伊丽莎白·巴顿生活在奥尔丁顿教区，所以该教区的神父圣伯纳德（St. Bernard）向威廉·渥兰大主教提议，不如和伊丽莎白·巴顿见个面，然后委任她为主教，负责管理某个教区。在此之前，德意志的修女希尔德加德·冯·宾根（Hildegard von Bingen）曾立下诸多伟业，这对威廉·渥兰

大主教触动很大，所以现在他的想法与圣伯纳德不谋而合。在他看来，伊丽莎白·巴顿的话就是上帝的意志。所以，他专门派出了爱德华·博金等几位修道士前去照顾"病倒"的伊丽莎白·巴顿。神父与修道士悉心照料着伊丽莎白·巴顿，所以她"神奇地"好了起来，不再总是恍恍惚惚。在那之后，修道士们每隔一个晚上就会聚集在修道院里向她咨询各种与教会有关的问题，并将其当作通灵者。在此过程中，伊丽莎白·巴顿不止一次抨击过干涉教会权力的人和事。当被问及那起离婚案的时候，她"以上帝之名，持上帝之权"警告亨利八世，如果他坚持与凯瑟琳离婚，那么"他便德不配位，必有灾殃"。除此之外，她还警告了教皇克雷芒七世，若是与亨利八世同流合污，那么后果自负。伊丽莎白·巴顿虽然说了这番大逆不道的话，但在短时期内还不会有事。她加入了坎特伯雷圣墓隐修会，有了肯特修女这一身份，所以人们开始称呼她为"伊丽莎白修女"。与此同时，亨利八世与安妮·博林结束了加来之行，并在回国路上召见了伊丽莎白·巴顿。其间，伊丽莎白·巴顿预感到凶兆，并对亨利八世说，魔鬼就要来了。无论是很久之后赫赫有名的启蒙思想家伏尔泰，还是那个时候的一众政治家，都不相信伊丽莎白·巴顿"通灵后的言论"。这时，在手下一个间谍的唆使下，托马斯·克伦威尔是这一阴谋的关键棋子。在托马斯·克伦威尔的授意下，托马斯·克兰麦去见了伊丽莎白·巴顿并对她进行了试探。托马斯·克兰麦假装像威廉·渥兰大主教那般相信她能通灵，并因此探听到了很多消息。托马斯·克兰麦从伊丽莎白·巴顿手中抢走了她与共谋者的书信，并发现托马斯·莫尔也和伊丽莎白·巴顿有联系。

在此之前，因为不赞同英格兰王国议会出台的诸多反教皇法案，托马斯·莫尔在1532年5月16日上交了国玺，然后和约翰·费希尔主教、玛丽公主的知己埃克塞特侯爵夫人格特鲁德·布朗特、坎特伯雷大主教雷金纳德·波尔之母索尔兹伯里女伯爵玛格丽特·波尔，以及其他很多知名人士一起退出政坛。不过，从书信来看，凯瑟琳母女并未涉及其中。此时正是千钧一发之际，亨利八世和查理五世都在厉兵秣马，假如两国真打了起来，那么英格兰王国的外贸活动必定会深受影响。与此同时，英格兰王国政府还制定了一系列新规，以治理路德教派，查封外文图书，在社会上掀起了轩然大波。

人们从来没有这样同情过玛丽一世。身为肯特修女的伊丽莎白·巴顿宣扬着她的"神灵学说"，而那些无比虔诚的修道士倘若在这个至关重要的时刻因为受到此般刺激而在海外到处散播"上帝抛弃了亨利八世"这类消息，那么情况可能会变得很不妙。更何况，如我们所知，那些无异于伊丽莎白·巴顿的、野心勃勃的政治家早已在德意志发动了恐怖的农民起义。在这种情况下，伊丽莎白·巴顿不得不在圣保罗大教堂宣布，自己的学说并非实事求是。后来，她和她的同僚都被关进了伦敦塔，准备在1534年1月接受英格兰王国议会的拷问。议会出台了《剥夺公权法案》，判定伊丽莎白·巴顿及其同僚有罪，并在1534年4月21日处死了他们。托马斯·莫尔和大主教约翰·费希尔也被牵扯其中，不过议会最终认定托马斯·莫尔无罪，因为证据不足。不过约翰·费希尔被认定为叛国行为的支持者，犯下了渎职叛国罪，而后被关进伦敦塔。对此，约翰·费希尔只是辩称，他的确以为伊丽莎白·巴顿可以通灵，不过从未参与过那预言的谋划及传播。还有一些人也多多少少地参与这件事，他们此时进退维谷。他们很清楚，自己很有可能会被三番五次地审问，于是不敢再抱有二心，所以英格兰王国政府便暂且放过了他们。趁此机会，议会废止了"彼得便士"[1]，并表示政府将不再向罗马教廷缴纳各种费用。当然，议会同时也解释说，假如教皇克雷芒七世不再反对亨利八世离婚，那么缴费仍可恢复。议会还制定了相关法律，对各教区主教的委任制度做了调整。新的制度在此后沿袭了许久并成了传统：假如主教一职出现空缺，那么将由国王颁布有关座堂神职选举的许可令，由座堂参议牧师依照参选人的品德高下，选出合适之人来担任主教。不过，除了许可令之外，参

---

[1]　"彼得便士"即英格兰住户向罗马教廷每年要缴纳1便士税。——原注

议牧师们还将收到另一份文书，并被要求在上面写下最终人选，而该人员倘若不愿出任主教，就会被认定为藐视王权。基于此，新的神职人员任命制度被流传下来。不过，在爱德华六世时代，这种制度一度被弃用。在那段时间里，国王一人即享有主教的任免权。对于爱尔兰教会来说，情况也差不多。在 1869 年政教分离之前，爱尔兰教会一直执行着这样的制度。英格兰王国议会在 1534 年认定伊丽莎白一世有权继承王位，理由是她的母亲安妮·博林是亨利八世唯一的法定配偶。除此之外，议会还同意了亨利八世组织枢密委员会的请求，而亨利八世起用了托马斯·克兰麦、第三代诺福克公爵托马斯·霍华德、萨福克公爵查尔斯·布兰登，以及来自沃尔登的奥德利男爵托马斯·奥德利——大法官托马斯·莫尔的继任者。枢密委员会做出规定：所有英格兰人都必须进行宣誓，接受、遵守并维护《英格兰王位继承法》，无论它会带来何种影响。为了杜绝近亲结婚，议会基于《利未记》[1]中的规定拟定了一项法案。从威廉·布莱克斯通（William Blackstone）口中我们得知，该法案规定，夫妻双方的亲缘关系不得在叔侄、舅甥之内。另外，议会还公开表示，虽然英格兰王国不再从属于罗马教廷，但英格兰王国议会依然会践行基督教，准确地说是天主教的教义和信念，依然会遵从上帝的所有旨意以获得救赎。

第 5 节　北方叛乱与爱尔兰的壮大

自 1534 年年中开始，英格兰人对亨利八世越来越不满，谋反的迹象也越来越明显。1534 年 7 月 9 日，贵族法庭对来自英格兰王国北部地区的戴克男爵托马斯·法因斯进行了提审，理由是他涉嫌和苏格兰人一道策划谋反。

---

[1]　《圣经》旧约中的一卷书，记载了利未族祭祀团需要遵从的所有规定。——译者注

不过，当地贵族大多都投了反对票，所以戴克男爵托马斯·法因斯没有获罪。这一结果不仅出人意料，而且还鼓舞了蠢蠢欲动的叛逆者们，他们发现即便谋反不成功，也可以逃脱惩罚。于是，1534年9月，一众贵族联合神圣罗马帝国驻英大使尤斯塔斯·沙皮企图在佛兰德斯发动叛乱。达西·德·达西男爵托马斯·达西（Thomas Darcy）表示会出兵8000助阵，而坚守在英格兰王国中部特伦特河以北地区的最后3位皇室贵族，也就是戴克男爵托马斯·法因斯、德比伯爵爱德华·斯坦利、诺森伯兰伯爵亨利·珀西也承诺会参与其中。包括桑兹男爵威廉·桑兹（William Sands），以及亨利八世御用医生威廉·巴茨（William Bartz）在内的诸多精明之人则看到，查理五世此时可以不费吹灰之力就拿下英格兰王国，因为英格兰王国的海军早已不堪一击。英格兰皇宫里的侍臣们不仅鄙夷安妮·博林，而且开始明目张胆地求见玛丽公主。对于威廉·金斯顿勋爵而言，假如安妮·博林把玛丽公主押入伦敦塔的话，那么他将有机会接手玛丽公主所负责的所有事务；不过，假如亨利八世被推翻，那么他不仅会被打入大牢，还有可能死无葬身之地。基尔代尔伯爵托马斯·菲茨杰拉德早些时候被其父基尔代尔伯爵杰拉尔德·菲茨杰拉德叫回了英格兰王国，而后以爱尔兰代表的身份参加了英格兰王国议会。他在1534年6月11日听说其父基尔代尔伯爵杰拉尔德·菲茨杰拉德被关进了监狱，当即便掉转枪头向叛军投诚，并求助于查理五世。他说："查理五世和教皇克雷芒七世是一个阵营的，肯定不会对亨利八世及其追随者手软。亨利八世和他那些盲从者定会自食其果。"身为都柏林的总督，约翰·怀特（John Wyatt）没有成功守护都柏林，那里的军需物资悉数被彼时权势过人的菲茨杰拉德父子收入囊中。都柏林大主教约翰·阿伦奔赴英格兰王国求助，却在半路被截，并在克朗塔夫一带殒命。直至1534年10月，都柏林城堡还没脱困。为了分散都柏林城堡周边的火力，奥蒙德伯爵托马斯·博林带领大军进攻了叛军在基尔代尔的根据地，从而解除了都柏林的危机。过了很久，英格兰王国派出了几队人马予以支援。基尔代尔伯爵托马斯·菲茨杰拉德大军驻守在坚固的梅努斯城堡中，在遭遇英军的连番攻击后，梅努斯城堡的城墙大多都垮塌了。爱尔兰人将这次叛乱叫作"梅努斯的赦免"。基尔代尔伯爵托马斯·菲茨杰拉德不得不踏上了逃亡之路，不过胆大包天的他并没有离开爱尔兰，他认为查理五世大军迟早会拍马赶到。然而事与愿违，最终，在无人相助的情况下，他在1535年8月找到了新任爱尔兰代表格雷恩子爵伦纳德·格雷（Leonard Gray）[1]。格雷恩子爵伦纳德·格雷安慰了他一番，让他缴械投降，还表示可以保他性命。可是，格雷恩子爵伦纳德·格雷并没有兑现承诺。基尔代尔伯爵托马斯·菲茨杰拉德被关押了近一年时间，最后和他的五位叔父一起被判处了死刑。此后，菲茨杰拉德家族就只剩下一位男性成员了，而那个年轻人不得不在朋友们的庇护下东躲西藏。

第6节　两大主教之死

1534年过去了一半，亨利八世似乎并不怎么在意那些想要推翻自己的阴谋诡计。在他看来，《英格兰王位继承法》的功用不过是震慑那些心地善良的人，仅此而已。对他而言，意志坚定、忠实可靠的人是最好应对的。英格兰王国议会如今又出台了《至尊法案》，规定英格兰人必须发誓接受亨利八世在英格兰王国教会中的至高地位。这一法案显然是为了检验人民忠诚度而出台的。不过，达西·德·达西男爵托马斯·达西也好，诺森伯兰伯爵亨利·珀西也罢，这帮贵族不管地位高低，皆无意叫停他们的阴谋。虽然该法案无法有效制约那帮贵族，但一定可以约束托马斯·莫尔、约翰·费希尔，以及卡特尔修道院里的修道士们，毕竟他们必须做到心口一致、言出即行。加尔都西会的成员们一直以品德高尚著称。如我们所知，身为长老的约翰·霍顿（John

---

[1] 他和基尔代尔伯爵托马斯·菲茨杰拉德是亲戚。——作者注

Horton）[1]总是劝告忏悔者，在宣读誓言的时候需要给自己留点儿余地，不要轻易接受国王在教会里的领袖身份。毫无疑问，他自己更是不会对此发誓。实际上，他和两位长老因为不愿发誓而被起诉了，并在1535年5月15日遭受了酷刑，罪名是叛国。他们的头被绞刑绳吊起，他们的身体被肢解刑具折磨着，他们不停地向上帝致谢，表示甘愿为真理献出生命。此后，又有部分加尔都西会成员被折磨，或者被关进了新门监狱。新门监狱受命对加尔都西会成员进行了虐待，把他们饿得两眼昏花。仅仅一个晚上，多达九成的加尔都西会成员死于狱中。

托马斯·莫尔在此之前已接受了审问，并在1535年4月13日依照规定参加了宣誓大会。他必须从切尔西离开，乘船远行。在走出家门后，他关上了花园里的门，这是为了不让孩子们如平日般跟随自己到码头。他在几分钟之后悄悄对女婿威廉·罗珀说："感谢上帝，我们拿下了这场战斗。"他一点儿也不害怕，因为他早就准备坦然面对一切可能。在被要求宣读誓言，并接受《英格兰王位继承法》的时候，托马斯·莫尔机巧地回复说，既然议会已明确了英格兰王位继承人的责任与义务，那么他自当发誓对议会指定的继承人尽忠，不过他并不认为亨利八世与凯瑟琳的婚姻是无效的[2]。他因此而成了伦敦塔监狱里的囚徒。在此之前，约翰·费希尔主教也因伊丽莎白·巴顿事件被押入了伦敦塔。就在这个时候，政府高官们忽然发现，托马斯·莫尔的罪名还构不成死刑，因为依照《英格兰王位继承法》的规定，他只是不愿宣读誓言而已，不属于叛国罪。于是，众人一致认为，理应依照议会在1531年通过的相关决议，以及在1534年颁布的相关法案，以"国王权力高于教会权力"为前提，对托马斯·莫尔重新定罪。在这种情况下，托马斯·克

---

[1]　都铎王朝时代的一位天主教神父，是第一个因违反《至尊法案》而被处死的神职人员。——译者注

[2]　《英格兰王位继承法》的序言提到，亨利八世的第一段婚姻是无效的。——作者注

伦威尔出现在了伦敦塔，再度命令托马斯·莫尔宣读誓言，并又一次遭到拒绝。于是，托马斯·莫尔是生是死，只能交由法律定夺了。约翰·费希尔主教虽然身在牢狱，却被新任教皇保罗三世赐封为枢机主教。亨利八世对此甚为不满。在伦敦塔里，约翰·费希尔主教和托马斯·莫尔一样意志坚定且语出惊人。在被审问了几天后，他被判处死刑，并在 1535 年 6 月 22 日执行。对托马斯·莫尔的审讯是从 1535 年 5 月 6 日这天开始的。他的罪名是：劝阻亨利八世迎娶安妮·博林；不接受国王在教会中的至高地位；在收押期间和约翰·费希尔通信且意欲叛国。针对第一个罪名，他回复道，枢密院委员劝告一国之君算不上叛国；针对第二个罪名，他选择了沉默，毕竟这件事是怎么都说不清楚的；至于第三个罪名，因为他二人之间的书信都已付之一炬，证据不足，所以他辩解道，书信的内容和受控的罪名毫不相干。当时的首席检察官是里奇男爵理查德·里奇，他笃定地表示，托马斯·莫尔之前在监狱里对他明确说过，议会是没有权力指定教会领导人的。对此，托马斯·莫尔也坚定地说："我从未这样讲过。我虽然对国王不够坦诚，但也不会对一个爱嚼舌根的无耻之徒说那么多。"在宣判之后，托马斯·莫尔还曾遭遇过引诱，但他依然没有妥协，并最终在 1535 年 7 月 6 日这天被处死。那一天，他戴着枷锁、拴着脚镣，在刽子手手起刀落之前，从不曾表现出丝毫慌乱与沉重，这无疑是令人敬佩的。事实上，他之所以要表现得如此轻松，主要是为了安慰知己好友威廉·金斯顿勋爵。人们倘若知道这一切，恐怕会更加钦佩他。我们在英格兰的杂志《观众》中看到过一篇与托马斯·莫尔有关的文章，其描述很是贴切。那篇文章的作者尽管不是杂志创办者约瑟夫·艾迪生（Joseph Addison），不过文字风格却和约瑟夫·艾迪生一样简单柔和。作者写道："至死之时，托马斯·莫尔依旧不失纯真的风度。他的死与他的人生无异，平平常常，不窘迫也不做作。在他看来，头虽然离开了身体，但思想却依然如初。他相信死神不会带走灵魂，所以面对死亡，他并没有忧心忡忡。"在其死后，他的头颅被悬挂在伦敦桥上，直到被其女儿玛格丽特·罗珀偷偷取走。时光走过了无数年，后世之人在玛格丽特·罗珀的棺椁里又一次看到了他的头颅——安静地躺在玛格丽特·罗珀心脏旁边。

第 7 节　瞻前顾后的托马斯·莫尔

在我们的生活中，优柔寡断的人并不少见。在经过一番自我斗争后，他们会马上选择好阵营，并默默允许其他人和他们做出一样的选择。不过，他们的道德与精神总是受控于天生的、顽固的保守思想，所以经常退缩不前。不过，对于他们来说，如果是已经成熟的看法，则不会那么轻易地被改变。托马斯·莫尔就是这些人中的一员。所以，在死亡面前，他的想法和其年少时的资助者托马斯·莫顿主教的思想十分接近。但不同于年轻时候的好朋友伊拉斯谟，他在生前表示，上帝之神迹隐藏在圣像画与圣人遗骨中；倘若有好些地方都宣称拥有圣人遗骨，那么或许是同一圣人遗体的不同部分，也或许是两位同名同姓的圣人，又或许是某些遗骨主人的身份是不正确的。在托马斯·莫尔看来，人们似乎都觉得，那些历史悠久、美轮美奂的圣像里一定饱含上帝的祝福。不过，他似乎忘记了洛伦佐·瓦拉曾对此做出过反驳，还提出要在阿布加尔五世位于埃泽萨的圣殿里挂上上帝画像，以便让圣像的使用变得更加合理。他在反驳教会的时候常常说到教会长存于世的特性。他提出，一旦上帝崇拜被玷污，那么人们便会对上帝的圣言产生误解，而教会从前的一言一行就都成了污言劣行；假如有人能证明，在教会建立最初的 400 年里，教父也做出过与迷信有关的举动，那么迷信这件事就具有合理性。

有人对托马斯·莫尔发起了指控，理由是这位大法官在对路德教派中人进行审判时表现得异常残暴。不可否认，托马斯·莫尔向来对马丁·路德所提出的那些过于激进的教条主义十分反感，甚至不肯接受伊拉斯谟、约翰·科利特等人所提出的、具有参考价值且相对温和的改革方式。面对这一指控——

对新教徒动用私刑，托马斯·莫尔辩解说他不过是对新教徒"拷问"过一两次罢了，要说是动用私刑，实在有些勉强。第一次，他命人适度鞭打了一个满口脏话的少年；第二次，他命人狠狠地鞭笞了一个狂热的异端分子，目的是"治疗"疯病。对于第二次用刑，需要说明的是，在那个时代，重笞的确是用来"医治"狂人的方法之一，而且很多地方的人们至今仍保留着这样的思想。令人惋惜的是，托马斯·莫尔之前的确利用手中的司法权帮助过许多主教，也确实滥用权力，没有依照法律释放无罪之人。除此之外，因为控诉神职人员影响了社会风气，殉教者托马斯·比尔尼（Thomas Bilney）被扣上了异端分子的帽子。在詹姆斯·贝纳姆（James Benham）眼中，"犹太人也好，撒拉森人也罢，若是以上帝为信仰，依循上帝定下的法则，那就是心怀善意的天主教教徒"。于是，托马斯·莫尔命人去到伦敦塔，再次提审了詹姆斯·贝纳姆。不过，托马斯·莫尔肯定也对上述两人的死亡心有余悸。据我们所知，他一度千方百计地想要把所有被他私自提过的异教徒救出监狱。他对待受害人的方式和托马斯·沃尔西如此不同，这让我们的心里多少生出了些悲愤之意。

如前文所述，在1511年的时候，有10名腾特登人因拒不承认罗马教廷的主要教条，而被威廉·渥兰主教传唤至法庭，不过他们最后并未被判处死刑。1527年，牛津爆发了令人震惊的迫害事件[1]，然而最后也没有人因此而死，原因是被告改了供词，并在圣保罗大教堂里请求上帝"宽恕"。虽然托马斯·莫尔没有托马斯·沃尔西那么宽容善良，不过就人品而言，他至少比其继任者沃尔登的奥德利男爵托马斯·奥德利，以及托马斯·克兰麦主教要好得多。与托马斯·莫尔不同，沃尔登的奥德利男爵托马斯·奥德利就连严刑逼供这种事都能亲力亲为，而托马斯·克兰麦则胆大包天又轻率武断，曾在1533年散布消息说，一个名叫约翰·弗里斯的教徒想像德意志改革家约

---

[1] 关于这一事件的详情，请参阅安东尼·达拉博的自传。——作者注

翰内斯·厄科兰帕迪乌斯（Johannes Oecolampadius）那样做一场圣餐仪式，结果却被判处了火刑。我们在对托马斯·莫尔所做出的某些事情进行批判的时候，需要清楚地看到，我们所依照的标准恰恰也出自托马斯·莫尔之手。他可以说是第一个让人类发掘出生命之价值的人，在他看来，除了谋杀，没有什么罪名应该被判死刑，而法律既可以认定小偷死不足惜，也可以任由抢劫犯与通奸犯逍遥法外。除此之外，他还是首位公开抵制无限期削减贫困者报酬的人。总有人用各种方法贿赂、奉承法官，托马斯·莫尔对此不断发声。他公开表示，生活在"乌托邦"的人们拥有宗教信仰的自由。因为无神论者没有能力管理好社会，所以他们始终被政府部门排斥在外，当然，他们也没有因此而受罚。总之，历史学家起码会这样想问题：第一，在对托马斯·莫尔等人进行批判的时候，需要对其生活、个性、思想与行为等各方面都做出考量；第二，要想明白，当一个伟大之人决意要为崇高的事业付出一切乃至生命的时候，倘若没有人认同他的言行，那么他定然不会想当然地认为法庭会对自己网开一面。

第 14 章

解散修道院，以及"祈恩巡礼"
（1535 年至 1538 年）

第 1 节　《解职诏书》的诞生

人们没过多久便发现，判处托马斯·莫尔与约翰·费希尔死刑是个不合理也不明智的行为，要知道，他们站在亨利八世及其利益与道德的对立面。在被开除教籍之后，亨利八世期盼和其他国家的新教教徒搞好关系。为了对付弗朗索瓦一世，他在 1535 年委派赫里福德主教爱德华·福克斯（Edward Fox）前往德意志境内的一众新教邦国，以努力团结德意志天主教教徒。尽管英格兰王国努力劝说，但德意志王国依旧不为所动。正值文艺复兴时期，德意志人对各种思想言论都极为重视，而托马斯·莫尔又是著名且优秀的学者，所以，对于德意志人来说，一边害死托马斯·莫尔，另一边和教皇争斗的、披着新教徒外衣的亨利八世是完全不值得信任的。不仅如此，在他们看来，正是因为不同意亨利八世娶安妮·博林为妻，托马斯·莫尔与约翰·费希尔才得以寻找到真正的福音。不妨来看看其他国家统治者的反应：神圣罗马帝国皇帝查理五世悲怆地公布了托马斯·莫尔被处死的消息，并对尚不知情的驻英大使厄斯塔斯·沙皮给予了慰问；弗朗索瓦一世拍案而起，提出以后若是遇到类似的案件，应该判处流刑，而不是死刑。对此，亨利八世表示了强烈谴责，他认为弗朗索瓦一世不应该干涉他国内政。毫无疑问，身为枢机主教的约翰·费希尔被处死，这件事令罗马教廷和英格兰王国的关系雪上加霜，再无议和可能。在这种情况下，罗马教廷马上拟定了《解职诏书》，不过无论是查理五世还是弗朗索瓦一世都不同意罗马教廷对其进行颁布，因为根据这份诏书规定，英格兰王国政府官员不得听命于国王，英格兰人不得视亨利八世为教会管理者，违反规定之人会被开除教籍。不仅如此，诏书还提到，英格兰王国的神职人员必须将手中的土地所有权全数放弃，而英格兰王国的贵族理应与欧洲他国统治者一道反对亨利八世。查理五世大概已经下定决心遵从教皇保罗三世的想法来行动。不久之前，他击败了为人熟知的海盗巴巴罗萨·海雷丁（Barbarossa Hayreddin），拿下了突尼斯，并释放了被关押在那里的2万名天主教教徒。对于查理五世来说，此时正是气势最盛之时。在巴巴罗萨·海雷丁惨败并失去突尼斯之后，弗朗索瓦一世就像少了左膀右臂，再也不敢在意大利王国兴风作浪。不过，此时此刻，这两位统治者或许会携起手来与英格兰王国为敌。

第 2 节　安妮·博林之死

英格兰王国前任王后，阿拉贡的凯瑟琳于1536年1月在金博尔顿（Kimbolton）撒手人寰。困顿难熬的亨利八世因此看到了一丝希望。他早就看不惯凯瑟琳了，甚至在1535年11月的时候就对枢密院说过，一定要利用下届议会把凯瑟琳母女赶走。神圣罗马帝国驻英大使厄斯塔斯·沙皮从埃克塞特侯爵夫人格特鲁德·考特尼那里知道了凯瑟琳离世的消息，并马上告诉了查理五世。这时候最高兴的无疑是安妮·博林了，短短几天之后，她就开始感觉到这件事之于自身地位的重要性。之前，亨利八世抛弃了凯瑟琳，选择了安妮·博林；此时，安妮·博林的敌手早已排起了长队。没过多久，她再度遭受打击：没能为亨利八世生个儿子。她心知肚明，亨利八世或许正在考虑要不要和简·西摩（Jane Seymour）结婚。随着凯瑟琳的离世，亨利八世与查理五世之间的芥蒂自然也就消失了。亨利八世甚至觉得自己能与查理五世乃至教皇保罗三世冰释前嫌。为了表示好意，他对托马斯·克兰麦责难了一番，说托马斯·克兰麦不应该在光天化日之下声讨神圣罗马帝国大军篡权这件事；除此之外，他还对查理五世表示，愿意与其一道对付奥斯曼土耳其帝国[1]。然而，无异于其他怯懦之人，亨利八世劣性不改，他竟然要求查理五世承认不同意亨利八世和安妮·博林结婚是自己的错误。事到如今，托马斯·克伦威尔才发现，之前不该要挟和逼迫罗马教廷，实在是太冒失了。1536年4月中旬，托马斯·克伦威尔如梦初醒：安妮·博林的出现令英格兰王国和教皇克雷芒七世产生了不可调和的矛盾，而她信仰新教这件事令天主教教徒对她深恶痛绝。所以，想要稳住天主教教徒，就不得不放弃安妮·博林。厄斯塔斯·沙皮曾提到，托马斯·克伦威尔说他自己早就"开始有意针对安妮·博林王后"了。后来，托马斯·克伦威尔对安妮·博林提起了控诉，这无疑验证了厄斯塔斯·沙皮的说辞。在托马斯·克伦威尔的鼓动下，亨利八世于1536年4月24日在一份委任状上签了字：授权时任大法官的萨福克公爵查尔斯·布兰登、四位法官与几位贵族调查叛国者，并表示他们中任意一人即可全面调查并审问"任何有可能犯下叛国罪的人"。后来，这些人陆续审问了一众嫌疑人，并表示委任状的颁布和安妮·博林无关。不过，威尔特伯爵托马斯·博林与第三代诺福克公爵托马斯·霍华德的名字在委任状上赫然在列，前者是安妮·博林的父亲，后者是安妮·博林的舅舅。审讯人员到位之后，接下来就该控诉方出场，并拿出证据了。托马斯·克伦威尔在1536年4月30日这天得

---

[1] 事实上，弗朗索瓦一世正在和奥斯曼土耳其帝国政府进行通商谈判。——作者注

到消息，说安妮·博林在前一天和来自博林家族的乐师马克·斯米顿相谈甚欢，而且说的事情足以证明两人有私情。很快，马克·斯米顿锒铛入狱，并对自己与王后的情人关系供认不讳[1]。不仅如此，马克·斯米顿还供出了其他几个和安妮·博林有染的青年官员：弗朗西斯·韦斯顿、亨利·诺雷斯、威廉·布里尔顿。后来，安妮·博林的弟弟罗奇福德子爵乔治·博林也被牵扯其中。就这样，安妮·博林的罪名尘埃落定：和上述5名男子婚外偷情，并参与策划针对亨利八世的暗杀行动。我们不打算在这里详细讲述整个审讯过程，不过需要说明的是，安妮·博林在被控与他人偷情的那段时期中，健康状况堪忧，完全没有寻欢作乐的可能。至于参与策划暗杀行动一事也是子虚乌有，要不是亨利八世的庇佑，大概安妮·博林早就被那些想要为凯瑟琳复仇的人逼上绝路了。庭审法官中不仅审判了安妮·博林的父亲，还有她的舅舅，这似乎也在昭示着安妮·博林罪不可恕。不过持反对意见的人则提出，威尔特伯爵托马斯·博林当时找了个理由离开了，而第三代诺福克公爵托马斯·霍华德实际上早就看不惯安妮·博林了。需要强调的是，马克·斯米顿等几名被告临死之前的供词也起了很大作用，不过那些都不是确凿无疑的证据。5名被控通奸的男子在临死前异口同声地说他们死不足惜，不过自始至终，他们都拒绝承认所谓的通奸罪名，哪怕备受折磨甚至赴死。马克·斯米顿面对审讯时的反应和意大利的塞巴斯蒂亚诺·德·蒙特乔库里惊人地相似。塞巴斯蒂亚诺·德·蒙特乔库里在这一年也遭受了严刑拷问，但他只是承认自己曾经给身为法兰西王储的亨利二世下过毒，可是亨利二世压根就没中毒。马克·斯米顿是不是也没有躲过被拷问的命运呢？如我们所知，5名男子被送上了断头台或绞首架，不过未有人被判处十恶不赦的叛国罪。在我们看来，他们在最后时刻原本可以自辩一番，或许能争取个缓期执行，然而他们都没有这样做。这让我们联想到某位生活

---

[1] 谁也不知道马克·斯米顿在受审时受到了什么样的引导，或者威胁。——作者注

在那个时代的旅行家对英格兰人做出的评价：相较于死亡，英格兰人更怕肌体之痛。

安妮·博林的最终判决被安排在 1536 年 5 月 15 日这一天，而出庭的陪审团成员基本上都是亨利八世的拥趸。5 月 17 日，在伦敦兰贝斯区，托马斯·克兰麦开庭宣布：亨利八世和安妮·博林的婚姻无效，从一开始就不被承认。不言自喻，亨利八世早就厚颜无耻地忏悔过了。然而，好像所有人都忘了一点，假如安妮·博林的婚姻无效，那么她的通奸叛国罪理应也是无效的。5 月 19 日，一个来自法兰西王国加来的刽子手手起刀落，安妮·博林瞬间殒命，而亨利八世也挣脱了束缚，因为他早就厌倦了安妮·博林。在安妮·博林受审的这段日子里，亨利八世开心得不得了，这多少都有些令人匪夷所思。他如此张狂的原因，大概是那时候有很多他国统治者在推波助澜，为他物色新王后的人选。不过，他觉得这件事还是要"自力更生"。于是，他在 5 月 20 日，也就是安妮·博林殒命的次日，就和简·西摩结了婚。亨利八世并不顾民意，依旧不肯赋予玛丽公主合法继承王位的权利。在所有的孩子里，他偏爱的是里士满和萨默塞特公爵亨利·菲茨罗伊，而他们的母亲是亨利八世年轻时的情人伊丽莎白·布朗特。那一年，里士满和萨默塞特公爵亨利·菲茨罗伊已是 17 岁的年纪，而议会也同意了亨利八世确立遗嘱并指定王储的请求。亨利八世打算借此机会给予里士满和萨默塞特公爵亨利·菲茨罗伊合法身份[1]，然后再将其指定为王位继承人。为此，罗马教廷与新教界的权威们可谓绞尽脑汁，甚至提出让里士满和萨默塞特公爵亨利·菲茨罗伊和玛丽公主结婚，虽然他们俩是同父异母的姐弟，不过这样一来，亨利·菲茨罗伊未来就可以顺理成章地登上王位了。这一建议的贡献者是信仰新教的威廉·廷代尔（William Tyndale）。教皇保罗三世一开始也觉得这么做没什么不妥，

---

[1] 里士满和萨默塞特公爵亨利·菲茨罗伊是博福特家族的后裔，亨利八世利用这一点将其身份合法化了，使其拥有了王位继承权。——作者注

不过后来其枢密院提出，教皇无权批准同父异母的姐弟的婚姻。于是，这一计划无疾而终。出人意料的是，亨利·菲茨罗伊在1536年英年早逝，这意味着一切事情都得从长计议了。

第3节 亨利八世的新教倾向

尽管安妮·博林付出了生命的代价，然而罗马教廷不但没有因此而原谅亨利八世，反倒对亨利八世越来越不满。究其原因，不胜枚举，例如亨利八世公开表明，将在北欧地区组织一个反教皇同盟；又例如，基于路德教派立场制定的《奥格斯堡信条》颁布于1530年，而亨利八世在1535年主动提出要加入并签署条约；另外，他还要求主教们修编《圣经》，力保准确无误。见主教们对此一筹莫展，他便请来了迈尔斯·科弗代尔（Myles Coverdale）对《圣经》的各章各节进行了重新收集与编辑。据说，在修编《圣经》的过程中，威廉·廷代尔也帮了不少忙。《圣经》的新译本问世之后，在亨利八世的命令下，主教们在圣保罗大教堂的经书架上放了6本，并在英格兰王国境内各大教堂的唱诗区都放置1册。不过，最能凸显亨利八世个人宗教倾向的是出台于1536年的法规《维护基督教安定条款》，因为它是亨利八世自己琢磨并拟定的。该条款大体上沿袭了罗马教廷的各项规定，不过在与释罪相关的章节中，他引入部分新教观点，严肃驳斥罗马教皇的腐败行为，譬如涤罪、兜售赎罪券等。最为关键的是，在教皇保罗三世制定出《解职诏书》后，亨利八世对修道院进行了大力整顿。尽管很多学者都表示，教皇保罗三世的确制定过《解职诏书》，不过应该没有正式颁布过。当然，亨利八世应该知道诏书的存在。据称，彼时并没有任何诏书副本流入英格兰王国，直到后来吉尔伯特·伯内特主教首次把《解职诏书》印刷了出来，而吉尔伯特·伯内特手上的诏书是他从10本罗马诏书集里发现的，而不是历史文献资料。不过，也有人认为，无论是殉教的历史学家霍尔，还是约翰·福克斯都没说过《解职诏书》的颁布情况，而且罗马教廷中人在多年以后谈到这件事的时候，也只是说它好像公开过。

第4节 修道院的真相

在现实的压迫下，英格兰王国境内的许多修道院已经背弃了存在的初衷。总的来说，想要止住眼下的颓势，就必须主动地对体制进行检查和控制。新的体制不但要维护教皇的权益，还要破除既有的限制，并与时俱进地改造修道院。可是，英格兰王国境内的重要修道院大多受管理于熙笃会修道士，或者著名的托钵修会。大多数修道院的管理者都是外国人，而这帮外国人在管理英格兰王国修道院时可以说是壁垒重重。在这种情况下，各种制度逐渐变得宽松，人们不再被迫干活、学习，以及执行任务；为了减轻僧人的压力，很多大型修道院开始花钱请佣仆；很多修道士开始厌烦被禁令困扰的生活；身处封建社会上层的修道院院长总是和手下人发生冲突。为了把修道院院长赶下台，人们常常揭竿而起，发起武装叛乱。据我们所知，不够强势的威廉·渥兰主教一度想重塑修道院的秩序；托马斯·沃尔西也查封了几个情况令人担忧的修道院，并把节约下来的钱捐给教堂。在至高无上的王权之下，一大批修道院风雨飘摇。1535年的夏天，托马斯·莫尔去世，没过多久，亨利八世将教会事务全权交给了托马斯·克伦威尔。托马斯·克伦威尔很快下令彻查英格兰王国境内的所有大学、修道院，以及其他类型的修道组织。不过，就托马斯·克伦威尔所建立的调查委员会及其成员来看，他当时并不打算效仿大利戴蒂尼会，不顾性命地进行宗教改革，也不打算以意大利方济各修道士团为榜样，尽管后者于1528年曾竭力帮助亨利八世离婚。调查委员会的成员主要有托马斯·利（Thomas Lee）、理查德·莱顿（Richard

Leyton)、约翰·阿普莱斯（John Aples）等人。他们以前皆是穷人家的孩子，如今都在教会里担任律师，对牧师们不光彩的一面可谓了如指掌。不久之后，理查德·莱顿找到托马斯·克伦威尔，得意地说自己发现了牧师群体中行为不端者的罪证。调查时限只有4个月，调查员们需要在调查结束前将证据确凿的报告递交至议会。这意味着，如若没有十足的把握，调查员们是不会浪费时间问来问去的。按照议会的要求，他们需要调查1000多所修道院，时间紧迫，任务繁重，基本上是没有办法完成的。尤其是他们还得依照要求，两人先后对同一所修道院进行巡视，并向每所修道院提出至少80个问题。最后所呈现出来的报告不过是各种证据的简单集合，以及对各所修道院的简要评价。我们可以看到，那些不利于修道院的评价大多都涉及院长或高层人士，但是，无论是院长还是高层基本上都是国王直接委派的，选人的标准可以说并没有考虑修道院的未来与准则。

第5节　对学校的调查

　　调查员在牛津大学展开了调查并进行了改革，而且并未借此机会中饱私囊。假如所有的调查都是这样的，那么事情应该可以一直向好的方向发展。他们在牛津大学的莫德林学院、新兴学科院，以及万灵学院中组织了各种以古典学为主题的讲座。为了让讲座顺利进行，他们付出了不少努力，甚至要求所有住校生每人每天最少要参加一场讲座，要不然就不能再住校。他们做出规定，禁止身为僧人的学生到酒馆里娱乐，违反规定者会被逐出校门，遣返回原来的修道院。他们要求大家针对邓斯·司各脱（Duns Scotus）的著作各抒己见，而该校的一位编年史学者指出："就算是一个做了30年研究工作的聪明人，也未必能真的理解邓斯·司各脱的文字。他是一位思想深邃至极的大作家，而我们却在肤浅至极地'讨论'他的作品。"理查德·莱顿在对牛津大学新兴学科院进行第二次调查时说过这样的话："我们看到，新兴学科院里有一个像扇子一样的大院子，院子里有许多邓斯·司各脱栽种的花草树木。清风徐徐，满院落叶。威廉·格伦费尔先生是从白金汉郡来的，他轻轻拾起落叶，一片又一片；他偶尔会修剪一下院里的草木，让小鹿得以在这片小树林里撒欢儿，然后带着自己的猎犬，到树林里去寻找狩猎的快感。"因为教会的情况一年不如一年，所以很多神职人员不得不当起了医生。调查委员会对此做出了规定，牛津大学里的所有人在行医前必须经过医学素养培训和医学院的考核。

第 6 节 解散修道院

在离开牛津大学之后，理查德·莱顿一边沿途调查，一边向肯特郡行进，并在 1535 年 10 月 22 日发现了兰登（Langdon）修道院院长的劣迹。翌日，他马不停蹄地赶赴坎特伯雷与大主教托马斯·克兰麦见了一面，并打算在入夜前赶到肯特郡调查及巡视法弗舍姆（Faversham）修道院。他在下个月之前都将奔波在调查的路上，因为在调查完法弗舍姆修道院之后，他还得赶到坎特伯雷大教堂去听托马斯·克兰麦的反教皇演讲；然后，他需要对牛津大学基督学院所提供的贵重物品清单进行核对。在理查德·莱顿看来，法弗舍姆修道院的院长因为年纪太大而无法经常对辖区进行巡视。这位院长就职于 1498 年，曾有人在 1499 年 3 月劝他退休，但他平和地说自己"还没到那么老，身体还算健康，记忆力还没衰退，有足够的能力对辖区内的修道院及其他机构进行管理"。

约翰·阿普莱斯在 1535 年 11 月 5 日致信托马斯·克伦威尔，反映圣埃德蒙兹伯里（St. Edmundsbury）修道院院长"爱玩骰子与扑克，并为此不惜花重金打造了许多娱乐场所。此外，他还常常出没于各个豪华庄园。圣埃德蒙兹伯里修道院里的文物及复制品比比皆是，譬如真十字架的碎片[1]、圣劳伦斯落难时用的火炭，等等"。与此同时，理查德·莱顿与托马斯·利一起来到了北方，并对那里的修道院进行了调查。他们在奇克桑德修道院调查发现，有两位修女曾遭受过不公平的待遇；在莱斯特（Leicester）的圣玛丽学院与圣玛丽医院里，修女们对高层言听计从，财务库房里储存有 300 英镑所谓的备用金。他们还提道："莱斯特修道院的修道士们狼狈为奸，不接受任何控诉。"理查德·莱顿在其他地方听闻了一些与上述两所修道院中的高层无甚关系的事情，但他决定把这些事情作为证据，用来反映这些修道院高层人士的问题。托马斯·利与理查德·莱顿在约克郡调查到诸多令人震惊的恶劣行径，不过我们不太确定这些事情具体发生在哪里。他们来到圣玛丽修道院，计划挖掘更多证据来指证这间修道院，以及院长。在他们眼中，方廷斯（Fountains）修道院的院长就是"十足的傻帽"，品行恶劣，行为不端，曾经从教堂司事那里偷了钥匙，盗走了修道院中的许多藏品，其中包括一个镶满宝石的十字架，并把这些藏品都卖给了某个伦敦珠宝商。调查员对这个人进行了免职处理，不过他们心里还是有些担忧，因为他们不想看到坎伯兰伯爵亨利·克利福德成为方廷斯修道院的新任院长。于是，理查德·莱顿在方廷斯修道院的众多修道士里挑选出了新任院长。修道士马默杜克·布拉德利就这样成了院长，按照要求，他需要为此缴纳 400 英镑的费用，并在收到第一年的薪水后再缴纳 1000 英镑。

因为调查员们写下的信件大多都已遗失，所以除了上述内容之外，我们再无所知。在方廷斯修道院接受调查及巡视的时候，英格兰王国议会已提上日程，所以调查员们已经在筹备调查报告了。据我们所知，这份被时人称为《黑皮书》的报告一经公布，便在议员中间掀起了轩然大波。与会者无不疾呼："把那些人打倒！"与之形成鲜明对比的是，约翰·塞尔登（John Selden）建

---

[1] 摆上真十字架碎片只是为了让祈祷者对着它画十字。——作者注

议亨利八世向下议院施压，假如他们反对《解散修道院法案》，那么议员们就会掉脑袋。所以，这场纷争艰难地持续了很长一段时间。不管历史上是不是真的出现过这本《黑皮书》，至少今天的我们没有看到过。不过，我们的确看到了上述报告的手稿，而且还是三份。它们的名字是《发现报告》。它们涵盖了《黑皮书》里的部分内容，并对那些修道院的供词进行了分析。在一定程度上，譬如对于方廷斯修道院的情况，《发现报告》中所提供的讯息毫不逊于调查员们的书信。《发现报告》中提到，方廷斯修道院早已沦为恶徒们的根据地，完全不同于理查德·莱顿的表述。我们不清楚这些详尽细致的供词之前有没有被记录下来，也不清楚它们与调查员所得到的口供有没有差别，倘若它们曾被人记录下来，那么我们理应能够在历史资料中看到它们的身影，可事实上我们什么也没找到。吉尔伯特·伯内特主教对此的看法是，《黑皮书》的手稿早在玛丽一世时代即被销毁。然而，亨利八世若是真的在"祈恩巡礼"期间得见过《黑皮书》的话，那么他为什么不在解散修道院的时候将这些证据公之于众，以证明自己那么做是有理由的，而不是逞一时之快？另外值得一提的是，有权威证据显示，玛丽一世并没有销毁任何有辱天主教声誉的文件。

《修道院解散法案》的出台意味着一批修道院将被解散，不过"提名"的依据并非是那些修道院所作所为的恶劣程度，而是沿袭了托马斯·沃尔西活着时候的标准，提名的是收入靠后的修道院。该法案提道："在从调查员及可靠证人那里得知修道院的恶劣行径后，英格兰国王亨利八世将所知告知了议会。"鉴于此，该法案做出规定：解散所有年收入少于 300 英镑的修道院，此前收入悉数收归亨利八世所有。在人们看来，这些收益原本应该是修道院创始人的。不过，依照英格兰国王制诰的相关规定，亨利八世享有没收修道院收入的权力，无论金额多寡。所以我们看到，在最初的 376 所被查封财产的修道院里，有 37 所于 1536 年 8 月东山再起，直到此后一场更凶猛的解散风暴袭来。在开始着手解散修道院的时候，一个新的委员会横空出世，委员们有的是生活在被提名修道院一带的乡绅。这个委员会的职责是最终确定修道院的去留。然而，委员们所提供的报告都是有利于修道院的，这让亨利八世很生气，他怀疑并指责委员们腐败受贿，并立即对这批报告进行了撤销。除此之外，亨利八世还出台了另一项规定，旨在约束那些被保留的修道院，软禁及冷落那些修道士，以至于一些无法接受这一规定的修道士选择了屈服。

这就是历史上著名的修道院解散事件。在英格兰王国，修道院不仅没能成为教育中心或学习中心，还遭遇了大批量的解散。至于被解散的修道院的各种财物，全都被官员们卖给了亨利八世特许的购买者。我们找不到任何线索来获悉修道士们最终的结局。因为早期教会中的作者们常常口诛笔伐神职人员的恶劣行径，同时神职人员们也鲜少在辖区内组织起有效的调查，所以人们会觉得那些修道院的信条似乎和大学或学院没什么两样。可是，就像人们所知道的那样，历史资料里不会有"公正性无从考证"，以及因为性质恶劣而不能公之于世的内容。因为证据不足，历史学家们只能做出选择，要么认为修道院没错，要么对他们的行为嗤之以鼻。当然，他们的言论都带有偏见和不确定性，并没有多大说服力，这也是令我们忧虑的一个问题。

第 7 节　劳斯叛乱

时间来到了 1536 年，在北方发动叛乱的英格兰王国议会上议院议员大势已去。在此之前，他们笃定神圣罗马帝国的皇帝查理五世会拔刀相助。然而此时的查理五世根本无意出兵英格兰王国或爱尔兰，原因是法兰西王国正和米兰公国打得不可开交。从 8 月开始，法兰西王国和米兰公国之间就爆发了战争。在成功征伐意大利王国之后，弗朗索瓦一世进一步控制了都灵地区。查理五世曾率军挺进普罗旺斯，不过途中遭遇了饥荒和瘟疫，导致 3 万兵卒未战先死。如此一来，那帮在英格兰王国北方蠢蠢欲动的议员只好克制住怒火，伺机而动。就在他们的谋反计划即将戛然而止的时候，北方各个郡县的下议院议员又发动了叛乱，究其原因，有一部分和上议院议员们无异，另一部分则事关自身利益。相同的是，他们也不赞同亨利八世任用普通人为官；提拔托马斯·克兰麦等教会里的异端分子；对修道院进行约束，以及新鲜出炉的《用益权法》。在他们看来，该法案的施行将导致土地所有者没有办法以直接收取相关费用的方式来养家糊口。改革本就应该视土地问题为根本，若非如此，一切改革措施就都失去了实际意义。所以，在人民的声讨中，中产阶级也开始反对圈地制度与饲羊制度，理由是传统农民因不了解这些制度而不予配合，而他们也始终没能找到解决办法。

在林肯郡的东面有一片沼泽地带，那里坐落着一座城市，名为劳斯（Louth）。现在的劳斯早已被废弃。它周围的村落没有任何地理优势，很容易遭遇来自海上风暴的侵袭。因为土质问题，树木在那里很难生长。所以那里并不适合户外活动。在劳斯，富豪不多，不过收入尚可的土地所有者还是不少。很自然地，他们培养起了独立的精神，但因此也在劳斯种下了叛乱的种子。莱伯恩位于劳斯附近，那里的一所女修道院就要被解散了。此时的负责人是调查员托马斯·赫尼奇（Thomas Heneage），以及林肯大教堂的教长。托马斯·赫尼奇在1536年10月2日这天来到了莱伯恩。随后，那里马上爆发了暴动。托马斯·赫尼奇不得不躲在林肯大教堂里，后来，有人把他带回了莱伯恩，并要求他立下誓言，永不背弃人民。在此期间，人们销毁了印有托马斯·克伦威尔委任状的所有书籍，并给托马斯·克伦威尔的追随者们戴上了脚镣。霍恩卡斯尔（Horncastle）紧跟着也爆发了暴乱，暴徒中不乏上层人士，就连巴林斯修道院的院长也参与其中，他一度手拿教规，身着教服出现在人群中。其间，为后世之人所熟知的标语"耶稣五伤"第一次出现在民众眼前。暴徒们挟持了林肯大教堂教长，并最终杀害了他。同日，林肯也爆发了动乱，暴徒们洗劫了约翰·朗兰主教的住所。如果有贵族借此契机对叛军做出领导，或者出手相助的话，那么亨利八世很可能会丢了王位，甚至丢了性命。不过，之前几度谋反的赫西男爵约翰·赫西这一次却选择待在斯利福德（Sleaford）袖手旁观，没有帮助任何一方。在动乱爆发之后，王室先遣部队于一周之内赶到了斯利福德，而主力部队在萨福克公爵查尔斯·布兰登的指挥下于两天之后也来到了斯利福德。不过，他们尚未出手，暴乱就平息了。尽管情况危急，但亨利八世还是没有因此而失去王室威仪。究其缘由，大概是因为从前一直听信贵族的他，现在终于懂得了任用贤能、察纳雅言。暴徒们写信要求亨利八世罢免那些出身卑微的官员及议员，不过亨利八世反驳道，地方草寇与暴民无权约束地方长官与贵族。他当即下令将暴徒赶出英格兰王国，同时要求那百余名暴徒头领自首。暴徒头领们在听到这一命令后，纷纷视死如归般地跑到萨福克公爵查尔斯·布兰登那里自首。不过，他们最后并没有受到惩罚，原因是他们没有选择抵抗下去。就这样，"祈恩巡礼"这出历史大戏的第一场终于落下帷幕。

第8节　约克暴动

然而，更严重的挑战在1536年10月8日这天来临，一场计划得更为缜密的叛乱在约克郡爆发了。彼时，约克郡四处可见一份声称要为上帝真理而战的文书，署名是罗伯特·阿斯克（Robert Aske），一位大名鼎鼎的年轻律师。此前，他对林肯郡所爆发的动乱一直十分关注。在返回约克郡之后，他否认自己是文书作者的事情，尽管如此，人们还是将其推举为了领导人。从很早之前开始，约克郡的地方长官——身为贵族的达西·德·达西男爵托马斯·达西就参与了谋反的策划，而且对叛乱者们所设定的行动目标很是认同。叛乱者们于10月14日在约克郡郊外18英里处，准确地说在威顿原野上集结完毕。然而与此同时，达西·德·达西男爵托马斯·达西却像斯利福德的赫西男爵约翰·赫西一样选择了袖手旁观，和几个外籍人士一道躲在庞蒂弗拉克特（Pontefract）城堡里闭门不出。叛军中的士兵皆是挑选过的，而且全副武装，斗志昂扬。因为没有能够在赫尔招募到更多兵马，叛军只好分作两队，一队对赫尔进行围攻，另一队挺进约克，而约克人热情地迎接了他们[1]。而后，他们冲向了庞蒂弗拉克特城堡。与此同时，什鲁斯伯里伯爵乔治·塔尔博特（George Talbot）的军队也步步逼近庞蒂弗拉克特城堡了。他们原本是去搭救达西·德·达西男爵托马斯·达西的，然而未等到达目的地，达西·德·达西男爵托马斯·达西就在经过一番思想斗争后加入了叛军。没过多久，赫尔失守。最后，除了位于斯基普顿（Skipton）的一座小型堡垒之外，约克郡的其他防御工事全都被摧毁了。以休·拉蒂默主教、约拉姆利勋爵约翰为指挥官的叛军部队自达勒姆赶到约克，同时，诺森伯兰伯爵亨利·珀西的两个儿子表示要带兵攻打南方。当初和休·拉蒂默主教一起躲在庞蒂弗拉克特城堡里的约克大主教爱德华·李不得不选择退让。

罗伯特·阿斯克带领3万叛军挥师南下，对唐卡斯特（Doncaster）发起进攻。在这支大军中，至少有1/3的士兵拥有完整的装备。然而，老谋深算又固执己见的亨利八世不择手段地破坏了那些离经叛道者的阴谋，并对休·拉蒂默等人说，听命于罗伯特·阿斯克这个芝麻官实在是有辱身份。此外，亨利八世还在北方广撒文书，解释了托马斯·克伦威尔教区记事簿上所写的一个计划，称该计划并未打算征税，刚颁布的教会措施也并未想过要为难宗教界人士。所以，聪明绝顶的罗伯特·阿斯克一到顿河河边就开始与第三代诺福克公爵托马斯·霍华德、什鲁斯伯里伯爵乔治·塔尔博特、拉特兰伯爵托马斯·曼纳斯（Thomas Manners）、亨廷顿伯爵乔治·黑斯廷斯（George Hastings）、约翰·奥尔布莱顿·塔尔博特（John Albrighton Talbot）勋爵划清界限，毕竟这些人在北方影响巨大。毋庸置疑，他们当时已决定听命于亨利八世。他们豢养的炮兵牢牢守卫着唐卡斯特大桥，叛军对此一筹莫

---

[1] 在约克郡的修道院被解散之后，之前离开的约克人陆续回归。——作者注

展。叛军打算硬攻,却没想到遇上暴雨,河水猛涨,渡河无望。这让我们联想到了白金汉公爵亨利·斯塔福德在1483年发起叛乱时遇到塞文河泛滥。顿河河水狂涛怒吼,看上去像是要给"祈恩巡礼"一记暴击。无奈之下,罗伯特·阿斯克只好选择与政府军议和,不过他要求政府赦免所有叛乱者,而且《停战和约》必须经亨利八世审定。《停战和约》规定:恢复教皇权力,惩罚所有企图推翻教皇之人[1];削减重赋;颁布相关法案以废除圈地制度;等等。事情到了这个地步,亨利八世深知自己已掌握了主动权。他心知肚明,罗伯特·阿斯克与达西·德·达西男爵托马斯·达西并不想公开谋反。于是,他把罗伯特·阿斯克的信使囚禁了一晚,并表示议会只能在叛乱彻底平息之后召开。除此之外,他极力反对在事情处理好之前让任何人得到不受限的豁免权。他笃定叛军首领们肯定会意识到,无论如何都是不可能建立起英格兰王国北方议会的;查理五世不但没有办法帮助他们作战,更没有办法帮助他们拿下整个北方。

亨利八世遂命令第三代诺福克公爵托马斯·霍华德赶赴顿河流域收复失地,并要求他无论如何要坚守到底。不过,因为叛军的势力逐渐壮大,以及遭遇了坏天气,王室军队没能守住城池。亨利八世不得不听从他人建议,准备以柔克刚。1536年12月2日,有人宣称无条件赦免令已通过了亨利八世的审批,议会也将在约克郡召开,另外,与圈地制度有关的问题亦将提上调查日程。一收到风声,罗伯特·阿斯克即刻摘下了叛军标识——"圣五伤"徽章,并公开表示,自此之后,他只会佩戴国王赐予的徽章。亨利八世还算守信,兑现了被列入和约的承诺。在此之前,老奸巨猾的第三代诺福克公爵托马斯·霍华德一度想要在议和后毁约,导致亨利八世遭到叛军的拦截及辱

---

[1] 在所有参与者当中,罗伯特·阿斯克专门提及了托马斯·克伦威尔、理查德·莱顿、托马斯·利等许多主张改革的主教,并提出应该让这些人死于"火刑,或者同级别的其他酷刑"。——作者注

骂。而今，亨利八世亲自出面向叛军首领们做出承诺，该协议一定是有效的，并警告他们说，以武力谋反绝对是不合理的行为。作为叛军的首领之一，罗伯特·阿斯克就站在亨利八世面前。亨利八世对他说，他已经把罗伯特·阿斯克当作一位忠臣，并请罗伯特·阿斯克把叛乱过程陈述一遍。罗伯特·阿斯克礼貌地回应道，约克人若是动怒，后果恐怕会十分严重，另外，他们不确定亨利八世颁布赦免令是不是骗局一场。实际上，弗朗西斯·比戈德爵士于1537年在约克发起过一场小规模叛乱，而尼科尔·马斯格雷夫也在坎伯兰做过类似的事情，不过叛军首领们在后来否认了上述两次行动。有人提出这些叛乱的始作俑者是修道士们，所以亨利八世做出了明确且严酷的选择：处死所有被囚的叛乱者。在这种情况下，大概有74人被推上了卡莱尔城墙并被处以绞刑。在林肯郡，斯利福德的赫西男爵约翰·赫西等19人被判处死刑。令人唏嘘的是，罗伯特·阿斯克及其同党最终还是没能保住性命。有人拿着不切实际的证据指控他们背叛国家和政府，并提出他们没有资格拥有豁免权。玛格丽特·切恩[1]因为与人秘密谋划刺杀第三代诺福克公爵托马斯·霍华德而被烧死在史密斯菲尔德（Smithfield）。方廷斯修道院的院长与杰维斯修道院的院长都被送上绞首架。出人意料的是，身为亨利八世的传令官，来自兰开斯特的托马斯·米尔纳，之前在庞蒂弗拉克特城堡与罗伯特·阿斯克针锋相对时表现得十分英勇，后来却跪倒在一个叛乱者跟前，目的是阻止其入境。因为做出了与身份不符的行为，他也被判刑了。在英格兰王国北部地区，很多修道院的院长都被以叛国罪论处，不过修道院本身并未被解散或查封。当然，这些人犯下重罪，所以亨利八世无论何时都有足够的理由对这些修道院进行查封或解散。

从兰开斯特家族传出一个奇闻：惠利修道院的院长是中了罗伯特·阿斯克所设下的圈套，才不得不加入叛乱者队伍的，准确地说是罗伯特·阿斯克

---

[1] 约翰·布尔默爵士之妻。——作者注

之前不知用了什么方法，让惠利修道院的灯塔亮了起来，佯装是院长在发送叛乱信号。如果传言属实，惠利修道院和它的院长也无法逃脱惩罚。随后，杰维斯修道院、布里德灵顿修道院、弗内斯修道院相继被解散。不久之后，基于旧法令的相关规定，彻特西修道院、艾克堡修道院、刘易斯修道院、莱斯特修道院也遭遇了被解散的命运。值得一提的是，在被解散的修道院中，甚至还有坎特伯雷的圣奥古斯丁修道院，那可是英格兰王国基督教的发源地。好在后世之人重建了这所修道院，所以我们才能在今天看到这所为人传道、授业、解惑的教会大学。

第 9 节　《主教之书》

眼下，能对英格兰王国宗教改革中教义发展做出说明的事件大致有二。第一，亨利八世坚决不同意派英方代表出席曼图亚会议[1]。不仅如此，他还一度不让德意志新教徒与会，因为在他看来，罗马教皇无权召集召开此类会议，这是各地诸侯的专属权力。第二，图书《基督教教徒组织》在 1537 年正式出版。它又被称为《主教之书》，撰稿人主要有托马斯·克兰麦、理查德·福克斯主教等。它的每个章节都与基督教信仰有关，尽管在描述教义时十分隐晦，却拥有强大的感染力，极大地影响了时人的思想与生活。这是一本站在罗马教廷对立面的著作，所主张的教义主要是：有信仰的地方就有教会，每个教会的规则都是平等的。与之形成鲜明对比的是，教会中那些恶意满满的激进者看不到那永垂不朽的教会精神。在这本书中，人们可以看到很多神职人员所创作的作品，以及他们遵守社会公约的故事，但鲜少会看到与神职人

---

[1] 马丁·路德在 1535 年听从了教皇保罗三世的建议，以英格兰代表的身份参加了曼图亚会议。——作者注

员权利有关的内容。令人不解的是，这本书一直在强调，应该禁止占卜术、手相术与巫术，因为它们的存在是对上帝的亵渎。不过，议会在 1541 年出台了一项法案，解除了针对这些法术的禁令。该法案宣称，有人发现一种以超自然方式在修道院废墟里寻找宝藏的办法。

第 10 节　爱德华·都铎降临人间，以及约翰·兰伯特案

在万众瞩目之下，未来的爱德华六世，即威尔士亲王在 1537 年 10 月 20 日呱呱坠地。英格兰王国政府马上出台各种律令，以保护这个天命不凡的婴孩。随后，作为王后简·西摩的哥哥，萨默塞特公爵爱德华·西摩（Edward Seymour）被授予赫特福德伯爵头衔，威廉·菲茨威廉被授予南安普敦伯爵头衔，贝德福德伯爵威廉·拉塞尔也被授予拉塞尔侯爵头衔。或许是天意，爱德华六世集都铎家族万千希望于一身，但简·西摩虽然在刚刚生下儿子的那段日子里身体并无大碍，然而不久之后她就得了风寒，发病 4 日后就一命呜呼了。德才兼备、善良宽容的简·西摩被记入了史册，而亨利八世为此心碎不已。在他的命令下，为王后送行的队伍多达 1200 人。自此到 1539 年，亨利八世一直没有再婚。玛丽公主可谓苦尽甘来，亨利八世终于接纳她了。尽管她的继承人身份仍未得到亨利八世的认可，不过所有人都知道，她是拥有继承资格的。同一时期，英格兰王国的海军终于走出低谷，东山再起，并开始驻守海岸线以打击海盗。亨利八世在一开始很重视海上霸主之位，不过我们却听说了一些令人震惊的事情，例如西班牙舰队与法兰西舰队曾在英格兰王国的港口内对战；又例如英格兰王国的船只在近岸地带被海盗洗劫。不过，眼下的英格兰王国的海军可以在芒茨湾以设备先进的小型舰队轻松战胜任何一支入侵的法兰西舰队。另外，这些小型舰队还可以灵活地抓捕到落单的海盗，切实地守护着英格兰王国境内的各个港口。英格兰王国海军的所有

经费均来自那些被解散的修道院。在 1538 年与 1539 年这两年间，为了给海军提供足够的资金，英格兰王国政府陆续关停了许多修道院[1]。其中，最具说服力的事件莫过于坎特伯雷大教堂中的圣托马斯纪念堂被毁，奇珍异宝装满了 26 车。现在，英格兰王国政府在尚未正式颁布的《解职法案》里加了一段话，内容是圣托马斯·贝克特的遗体被人重新挖了出来并最终接受审判和定罪，罪名是背叛国王亨利二世及国家，与敌人同流合污（巧合的是，教皇福尔摩苏斯的遗体也被政治对手兼继任者重新挖了出来，还被绑在椅子上接受审判）。基于此种传统观念，在修道士亨利·福里斯特——他坚持认为托马斯·贝克特与约翰·费希尔皆是殉教者——即将被执行火刑的时候，有人在木堆中放置了刻有威尔士圣人德尔福·加达恩形象的木雕，据说这个木雕能够拯救堕入地狱的灵魂。法院机构曾举办一场展览，而展品中的博克斯利修道院基督像是侧着头哭泣的造型。由此可见，英格兰王国的宗教改革已卓有成效。休·拉蒂默主教无疑对此抱有同感。他在为亨利·福里斯特举行的葬礼上做了一番演讲，表示自己坚定地认为爱德华六世的降临是上天对新教之胜果的庇佑，应该让上帝"真的成为英格兰的上帝"。当然，我们也能看到许多阻碍事情顺利发展的因素，可惜目光短浅的伍斯特主教休·拉蒂默没有觉察到。那个时候，亨利八世正与各方商议再婚事宜，而对象是葡萄牙公主玛丽亚·曼努埃拉（Maria Manuela），也就是查理五世的侄女。女方提出，亨利八世在再婚之前必须得到教皇保罗三世的豁免才行。对于亨利八世来说，解决这个难题的办法之一是游说查理五世与自己为伍，和教皇保罗三世撕破脸，可是在脱离教会之后，英格兰王国若是不能成为正统，那么之前就是在白费功夫。再洗礼派自 1535 年开始疯狂宣扬一夫多妻制，并在德意志的明斯特发起血腥暴力的违法行动，震惊德意志上上下下。随后，亨利八世收到了一封来自德意志黑森的信件，写信者是一名反对再洗礼派的德

---

[1] 此外，英格兰还新开了 6 个教区。——作者注

意志伯爵，而亨利八世在看完信后也开始反对再洗礼派。在此之前，因为亵渎圣人、藐视圣事等事件在英格兰王国层出不穷，所以亨利八世备受指摘。现在，他十分渴望告诉所有人，自己的信念坚若磐石。不久之后，时机悄然而至。新教徒威廉·廷代尔的友人约翰·兰伯特（John Lambert）因拒绝承认圣餐变体论而被大主教托马斯·克兰麦当庭斥责，而后又被告御状。亨利八世来到白厅，在了解整个过程后，对被告约翰·兰伯特很是不满，甚至嘲笑他竟然有两个姓名。亨利八世要求约翰·兰伯特用"是"或"不是"来回答问题，例如"圣餐中是不是有基督'真在'"，并引用基督谏言"这是我的身体"来进行人身攻击。约翰·兰伯特最终被处死，对此，亨利八世表示："身为国家之统治者，绝不能保护异端分子。"毫无疑问，这一事件并非一场意外，或者一件奇案，只是某个既定方针的体现罢了。我们将在下一章中谈及这个方针的推行情况，以及它受阻并落败的过程。

第 15 章
平叛四方（1538 年至 1539 年）

第 1 节　埃克塞特侯爵亨利·考特尼、波尔家族、《六条信纲法案》

强势的联合是大家愿意看到的，所以想推翻亨利八世的人无论怎么做都不会成功。就像我们所见到的那样，约克郡贵族们的谋反计划，以及"祈恩巡礼"过程中的两次叛乱都以失败告终。就在这个时候，"祈恩巡礼"期间又出现第四个事件。这件事在统筹上更加没有力量，所以推动者最后也不得不面对更加严重的后果。

1538 年，埃克塞特侯爵亨利·考特尼（Henry Courtney）成为约克家族的先锋代表，而他是约克的凯瑟琳——爱德华四世的女儿——的儿子。如我们所知，索尔兹伯里女伯爵玛格丽特·波尔是克拉伦斯公爵乔治·金雀花的女儿，同时也是沃里克伯爵爱德华·金雀花的姐姐，而沃里克伯爵爱德华·金雀花当初和珀金·沃贝克一起被判处死刑了。索尔兹伯里女伯爵玛格丽特·波尔身体不太好，但膝下有四子，他们分别是蒙塔古男爵亨利·波尔、阿瑟·波尔、雷金纳德·波尔与杰弗里·波尔。埃克塞特侯爵亨利·考特尼在他人的恩惠下参加了"祈恩巡礼",并支持解散修道院,不过这并不代表他对托马斯·克伦威尔毫无怨言,同时他还十分厌恶传教的新制度。从那个时候开始,他便遭到很多人的控诉,理由是他的行为妨碍了辖区内的司法公正。据其亲友说,他此时正在康沃尔召集人手,打算争取英格兰王位继承人的身份。康沃尔境内的小村庄圣凯福恩爆发叛乱,据一个当地画家说,埃克塞特侯爵亨利·考特尼很早就下达命令,要求制作"圣五伤"旗。我们通过深入调查发现,康沃尔人好像心有执念,他们一直记得布莱克希思战役的惨痛教训,而且从未放弃过推翻都铎王朝。波尔家族加入了叛乱队伍,但这件事却被软弱的杰弗里·波尔泄露了。为了保护自己,杰弗里·波尔供出了他的哥哥蒙塔古男爵亨利·波尔、埃克塞特侯爵亨利·珀西,以及埃克塞特侯爵夫人格鲁特德·考特尼,说他们始终和枢机主教雷金纳德·波尔保持着通信。眼下的形势对都铎王朝来说可谓危机四伏,而且还有其他证据显示,教皇保罗三世正意欲撺掇西班牙王国征伐爱尔兰,并命令雷金纳德·波尔想办法讨好附近的爱尔兰领主,以便控制整个局面。最令人头疼的是,安特卫普已集结起200艘查理五世的舰船,但没人知道查理五世到底想干吗。考虑到这些因素,亨利八世选择了强势对抗并采取相应的措施。他审问了埃克塞特侯爵亨利·考特尼与蒙塔古男爵亨利·波尔,但表面上只是裁定他们犯了谋反罪,而不是叛国罪[1]。另外,他还没收了埃克塞特侯爵夫人格鲁特德·考特尼与索尔兹伯里女伯爵玛格丽特·波尔的所有财产,剥夺她们的公民权,把她们关进伦敦塔。随后,他找到各位法官询问议会能不能直接没收财产和剥夺公民权而不做任何解释;得到的答案是,这么做对于议会而言风险极大,毕竟议会是正义的化身,不应该带头扰乱纲常,不过如今木已成舟,只能说这个决定是有效力的。或许人们会觉得,亨利八世在被教皇保罗三世责难过之后,可能会站到新教这一边,可事情并没有朝这个方向发展,因为亨利八

---

[1] 对于两人的谋反,亨利八世主张保密。——作者注

世看起来更想证明自己对天主教的忠心：相较于那些叛乱者，自己更虔诚。在亨利八世看来，教皇保罗三世的抨击算不得重大危机，没什么好怕的。如我们所知，他向来对那些宗教界的粗俗鄙陋之人深恶痛绝。

为了让那些人醒悟，他特意发表了一篇诚意满满的励志训言，告诉他们生而为人，最起码要做到外表的得休，拿出恭敬的姿态。他在之后赦免了一批在之前亵渎宗教的人，而后他开始考虑未来要怎么避免这样的情况。直到现在，我们在英格兰的律法体系里依然可以看到一部分针对骚乱事件的惩处条款，例如，导致教会活动中止或对牧师出言不逊者必须到教堂里去高声诵读《圣经》。那些疯狂的新教徒在不满意教会仪式的时候常会辱骂主持活动的神职人员，甚至大骂他们"一无是处"。据我们所知，捣乱者中有的是"不认同圣餐或圣礼的普通歌手"，有的是蔑视神职的在教堂里演奏乐器的乐师；有时候他们甚至会在牧师情绪激昂的时候，以十分不敬乃至令人厌恶的方式在底下胡乱模仿。为了杜绝这样的事情，英格兰王国政府专门组织起一个委员会，其成员有托马斯·克伦威尔、两名大主教，以及6位来自不同宗教派系的主教。然而，委员们因为意见不合而没能在第一时间向议会递交报告，从而让第三代诺福克公爵托马斯·霍华德得以顺利进入上议院。议员们在讨论了有争议的焦点问题后，制定了相关法规。最后，议会强势出台了史上有名的《六条信纲法案》，而该法案的制定者是社会权威人士。在议员们看来，该法案一定能够有效杜绝亵渎神明的各种劣行。该法案的首项条款又一次肯定了迥异于新教教条的圣餐变体论，并规定所有人必须遵从圣餐变体论，违规者无论事后是否悔过都将以火刑论处。后续的5项条款明确表示，圣餐的形式是唯一的，人们必须信守自身所立下的忠贞誓约，并确保自身品质不出现问题，严格遵照自身的忏悔词行事；无论违反哪项条例，违规者都会背负重罪之名并以死刑论处；牧师批准的婚姻不再有效，这类婚姻里的丈夫必须在某个时候休妻；不愿参加圣餐礼，或者不愿忏悔的人将被判重罪。要将《六条信纲法案》贯彻到底，英格兰王国政府就不得不展开残酷的惩治行动，甚至会出现流血事件，就像阿尔瓦时代或托马斯·德·托尔克马达[1]时代那样。法案正式出台后的最初几日，是很有可能爆发流血事件的。罗马天主教会在伦敦的默瑟大厅内组织了一个委员会，公开谴责不少于500位被视为异端的伦敦市民。然而，亨利八世并没有进行大规模处决，而是让那些被告互相做担保，并释放了他们。《六条信纲法案》前后实施了8年时间，尽管如此，因为亨利八世的优柔寡断与托马斯·克伦威尔的极力反对，它实际上很少被执行，只有在亨利八世点头的时候才会偶尔生效。在亨利八世统治末期，英格兰王国爆发过四次短暂的处决事件，而有的处决事件可谓惨无人道。在这四次事件中，一共有27人被处死。实事求是地看，《六条信纲法案》所导致的后果是很令人心痛的。但是，历史学家们不应简单地认为，"一天天把人推进火坑"的一众人里也包括史蒂芬·加德纳（Stephen Gardner）。因为《六条信纲法案》的实施，托马斯·克兰麦不得不让妻子离开英格兰王国，而休·拉蒂默与尼古拉·沙克斯顿（Nicola Shakston）也因此丢掉主教的职务。同一时期，英格兰王国议会还出台了另一项法案，旨在把修道院的土地所有权转让给英格兰国王及英格兰国王承认的土地所有人。亨利·哈勒姆曾指出，这一政策帮助贵族们完成了财富积累，并让拉塞尔家族得以在数年间逐渐崛起，并成为制衡英格兰王国专制统治的最强势力。该法案进一步推动解散修道院一事，而历史学家们似乎很乐意看到这个结果。可惜这场历史大戏是充满恶意的表演落下的帷幕。格拉斯顿堡修道院的院长以为风波总会过去，便把修道院里的金碗银碟都藏起来，然而却因此而被判处绞刑。他被带到格拉斯顿堡的托尔山山顶，他的尸首被高高挂起，生活在萨默塞特郡平原上的人们全都能看见。

[1] 西班牙宗教裁判所的第一位大法官。——作者注

第 2 节 威尔士的法律体系

对于亨利八世来说，这辈子最伟大的功绩就是征服了威尔士，将其并入了英格兰王国的政治体系。相较于我们在前文中所说的那些悲惨事件，这个政治过程似乎没那么恐怖。正如爱尔兰政治家埃德蒙·伯克所说，对于一片混乱的威尔士来讲，被并入英格兰王国的政治体系是影响深远的，这就好比"地平线上第一次出现了双子座，如此静谧，却预示着风暴的来临"。彼时的既有法律禁止威尔士人在英格兰王国与威尔士交界处的城镇及周边购置地产与房产，以及到英格兰王国境内城镇居住或做学徒。法律还规定，威尔士不得生产和引进盔甲；除特殊情况外，不得举行任何形式的集会。威尔士诗人格林·柯提对此十分不满，就因为他的妻子是英格兰人，家里的东西都被没收了。他还声称，倘若他的妻子来自威尔士，而他自己来自英格兰的话，他会选择放弃英格兰国籍，加入威尔士国籍。不同于亨利七世，亨利八世在统治时期行将结束前的日子里一直在考虑如何处理威尔士问题。他出台了很多法规，甚至要求威尔士只能采用英格兰王国法律。在他看来，必须对暴力统治威尔士的诸侯进行约束，在两地交界处建立起和谐的司法体系；以一年两次的频率，在威尔士的所有郡县内召开司法会议；威尔士公民享有无异于英格兰王国公民的权利；威尔士的每个郡县乃至每座城镇都必须派出代表参加英格兰王国的议会。考虑到威尔士军事实力对于英格兰王国而言仍是有威胁的，所以亨利八世下达了禁令：威尔士人不得在晚上乘船渡过塞文河。在很长一段时间里，柴郡在英格兰王国一直是相对独立的自治区，它常常对周边郡县进行抢夺；什罗浦郡与赫里福德郡的行为和柴郡不约而同，总是凭借地理优势——位于英格兰王国与威尔士交界处——做着强盗之事。负责镇守边境的将领罗兰·李是个骁勇之士，他成功地平息了这三个郡的骚乱，为英格兰王国的法规又增添了几分威慑力。

第3节　与克利夫斯为伍，
以及托马斯·克伦威尔的下台

亨利八世打算对葡萄牙公主玛丽亚·曼努埃尔给予帮助却遭到拒绝，与此同时，英格兰王国议会也不顾托马斯·克伦威尔的极力反对，强势出台了《六条信纲法案》。在这种情况下，为了支持英格兰王国新教的发展，托马斯·克伦威尔想出一个大胆的计划：寻找一个能说服亨利八世站队新教的女人嫁给亨利八世。最佳人选莫过于克利夫斯的安妮（Anne of Cleves），也就是于利希－克利夫斯－贝格公爵威廉的姐姐。作为于利希、贝格，以及汉诺威部分地区的领主，于利希－克利夫斯－贝格公爵威廉和萨克森邦国君主及新教邦国的黑森伯爵来往甚密，并和科隆大主教维德的赫尔曼（Hermann）也是朋友。1543年，维德的赫尔曼因为表现出支持新教的倾向而被免去科隆大主教的职务。综合所有因素，于利希－克利夫斯－贝格公爵威廉成为对抗查理五世的"施马尔卡尔登同盟"[1]的中流砥柱。另外，他还宣称自己控制了尼德兰的海尔德兰（Gelderland）。如果海尔德兰真的成为于利希－克利夫斯－贝格公爵威廉的领地，那么这个地方就会成为那些意欲从尼德兰或德意志王国攻打查理五世之人的通道之一。如此一来，法兰西王国就会和英格兰王国一起对付查理五世。鉴于此，托马斯·克伦威尔计划竭力推动此事，以期打击那些推崇《六条信纲法案》的人，让他们知道查理五世是没有机会征讨英格兰王国的。1539年12月27日，克利夫斯的安妮来到了英格兰王国的迪尔（Deere）。亨利八世于12月31日在罗切斯特和她见面，但是对她大失所望，因为她看上去并不像小汉斯·霍尔拜因笔下画卷里那么漂亮。克利夫斯的安妮缺少才情，只会讲母语；因

---

[1] 该同盟成立于1531年，并在1536年7月10日吸纳了新成员。在此之后的10年里，该同盟逐渐崛起，不断有新成员加入；偶尔会参战，且成员们必须支援同盟军。——作者注

为得过天花，所以脸上有许多斑纹。在见到她之后，亨利八世震惊得不知道该说什么或做什么才好，甚至没想起把兜里的礼物拿出来送给对方。那时候的英格兰人很重视女子的样貌，这或许会让外国人觉得不解或好笑。无异于亨利七世，亨利八世和所有英格兰人一样看重外表。就算带有强烈的目的性，但他依然不愿接受一个看不顺眼的女子，而且他自己本就不认同这场婚姻。要不签署一份婚前协议？也不行，因为克利夫斯的安妮并不是个墨守成规之人，而且一旦于利希－克利夫斯－贝格公爵威廉加入了查理五世与弗朗索瓦一世的阵营，亨利八世的日子就不好过了。眼下的局面是令人窒息的，查理五世已到法兰西王国进行访问，在被问及西班牙王国宗教裁判所将会对被囚的英格兰人做何处理这一问题时，他拒绝回答。无奈之下，亨利八世在1540年1月6日这天和克利夫斯的安妮结婚了。不光亨利八世心不甘情不愿，民众对这门婚事也很不看好，因为它有可能影响到英格兰王国和尼德兰的贸易往来。从1月开始，直到4月，英格兰王国的新教派和天主教派大闹了一场。其间，托马斯·克伦威尔混得风生水起。他在4月17日被授予埃塞克斯伯爵头衔，紧接着又获得嘉德骑士团骑士的身份，并如愿将一些政敌赶出议会，甚至让他们锒铛入狱，尤其是让他如坐针毡的史蒂芬·加德纳已被押入伦敦塔。除此之外，他还免除了一些牧师的职务。前任英格兰王后阿拉贡的凯瑟琳的亲属也被剥夺公职，而后他们便宣称再也不会听命于托马斯·克伦威尔。如此这般，托马斯·克伦威尔针对《六条信纲法案》抵制行动终于有了成效，很多人的豁免权被废除。可是，他的大计划却功亏一篑了，弗朗索瓦一世并没有听从他的建议加入德意志新教同盟。该同盟的成员们有些不知所措，不得不选择暂时与查理五世为伍。托马斯·克伦威尔的政敌们终于找到机会。他们在这些年里一直谨慎地收集着托马斯·克伦威尔的罪证。现在，他们准备一招制敌。在1540年6月10日所召开的议会上，亨利八世下令逮捕托马斯·克伦威尔，其他议员们怒斥他是卖国贼，并纷纷冲上去拉扯他胸前的嘉德骑士绶带。

托马斯·克伦威尔被革职，并被控诉犯下 8 种重罪，其中有一项罪名是剥夺英格兰王国贵族的权利，以及为发动叛乱而在各地组织异端党派。还有人提到，托马斯·克伦威尔曾经发誓说，倘若哪天国家及君主不同意他的想法，他就会对国家及君主武力相向并血战到底。他如果不那么着急，那么一两年之后的英格兰王国应该会是另一番景象，就算亨利八世想要扭转乾坤恐怕也心有余而力不足。在此之后，事情进展得很快。如前文所述，亨利八世在 6 月 10 日批捕托马斯·克伦威尔，而且这一决议得到了其他议员们的支持与欢迎。为了将《六条信纲法案》推行下去，以第三代诺福克公爵托马斯·霍华德为核心的新一届政府在 7 月 1 日出台了一项法案。7 月 7 日，教士议会开始商讨并裁决亨利八世与克利夫斯的安妮的婚姻问题。用亨利八世的话来说，那是一场"因外力而被迫接受的婚姻"。最后，这场婚事被裁定无效。议会在 7 月 12 日通过相关法案，进一步确认婚姻的无效性。不过，克利夫斯的安妮并没有因此而离开英格兰王国，她每年都可以拿到 3000 英镑的补助金，并得到一个奇怪的头衔："国王挚爱的姐妹"。托马斯·克伦威尔在 7 月 28 日被送上断头台。7 月 30 日，因为之前反对史蒂芬·加德纳和《六条信纲法案》，罗伯特·巴恩斯、托马斯·杰勒德、威廉·杰尔姆都葬身火海。同时同地，因为拒绝承认《至尊法案》，之前被免除公职的牧师们也被执行绞刑。议会在 1539 年就明确表示，亨利八世享有法律规定的强制执行权。由此可见，英格兰王国基本上已跟随奥斯曼土耳其帝国的步伐走上专制主义的道路。在处决了那么多人之后，议会又开始为教会争取权力，并采取与之前如出一辙的手段。议会规定，由大主教、主教和神学博士组成的委员会可以遵照国王意志——也就是在得到国王同意后——独立裁决发生在英格兰王国国内及欧洲大陆范围内的、与英格兰王国教会宗教体系有关的各种问题。为了推行这个政策，议会还制定了各种惩罚措施。

第 4 节　苏格兰宗教改革

　　1540 年 4 月，身为苏格兰国王的詹姆斯五世结束法兰西王国之行，启程回国。他决定在斯卡伯勒（Scarborough）逗留一段时间，并冒着风险和约克郡代表团见面。这个代表团站在亨利八世的对立面，并希望詹姆斯五世能给他们提供一些帮助。詹姆斯五世当场答应下来。他早在 1524 年的时候就开始想要与法兰西王国结盟。当然，虽然他想要迎娶法兰西王国的吉斯的玛丽，但当事双方经过很多次谈判都没有达成一致意见，无论是苏格兰王国，还是法兰西王国，都不想主动做出让步。苏格兰王国的政界人士认为，这场联姻会为大家带来一段和平时期，亨利八世也提出建议，詹姆斯五世可以和吉斯的玛丽订立一份严谨的婚前协议。1528 年，詹姆斯五世的母亲玛格丽特·都铎和安格斯伯爵阿奇博尔德·道格拉斯的离婚申请终于被批准。她随后便嫁给现任丈夫梅休因勋爵亨利·斯图尔特。玛格丽特·都铎此前始终没有放弃"求助于所有可能提供帮助的人"。在向亨利八世求助失败之后，她只好向法兰西王国请求帮助。如此一来，苏格兰王国国内便形成两大立场完全不同的政治派系。一派以安格斯伯爵阿奇博尔德·道格拉斯、伦诺克斯伯爵马修·斯图尔特、默里勋爵、格伦凯恩伯爵威廉·坎宁安、皮腾德里奇的乔治·道格拉斯为核心，倾向于与英格兰王国为伍；另一派则以梅休因勋爵亨利·斯图尔特、阿伦伯爵詹姆斯·汉密尔顿、詹姆斯五世、戴维·比顿（David Biton）和新任圣安德鲁斯大主教约翰·汉密尔顿为首，主张与法兰西王国交好。英格兰王国在 1528 年展开宗教改革，而苏格兰王国的反宗教改革人士则借此机会和英格兰王国的政敌们达成统一战线，并以处决的方式宣扬着他们狂热的宗教思想。同年，支持宗教改革的苏格兰殉教者帕特里克·汉密尔顿（Patrick Hamilton）死于火刑。苏格兰教士约翰·诺克斯（John Knox）对此发表意见称："帕特里克·汉密尔顿的死因不过是他不愿承认诸如朝圣、炼狱、向圣人祈祷之类的微不足道的事。"此后，为了不让自己因为用英语诵读《圣经》而被判刑，许多苏格兰王国的乡绅及文职人员不得不背井离乡，穿过边境来到英格兰王国求助于戴克男爵托马斯·法因斯。后来，有消息说詹姆斯五世曾信誓旦旦地说，自己即将受封约克公爵，不过赐封者是神圣罗马帝国的皇帝查理五世，而非其舅舅亨利八世。亨利八世和查理五世曾在约克会面，然而当时的查理五世少不更事，竟听从教会派的建议，或者说接受教会派的贿赂，盲目地推掉和亨利八世女儿玛丽公主的婚事。他因此失去一个千载难逢的好机会，要知道，若是能让亨利八世成为自己的岳父，那么他治下的西班牙王国一定会发生翻天覆地的变化。他定然也不会知道，当他的孙子腓力三世继承统治大权之后，西班牙王国又会变成什么样子。天主教派想尽办法阻挠两国谈判，并建议詹姆斯五世和瓦卢瓦的马德莱娜（Madeleine de Valois），即弗朗索瓦一世的女儿结婚。出人意料的是，因为气候忽然变得恶劣，马德莱娜在嫁给詹姆斯五世后，没出几个月便患上重病并离开人世了。早些时候，在詹姆斯五世在把马德莱娜接回苏格兰王国的路上和斯卡伯勒代表团碰面了。该代表团向他讲述了他们在英格兰王国"遭到劫掠和刺杀"的事情，并称他们十分希望詹姆斯五世能"对局势运筹帷幄"。在来到莱斯之后，詹姆斯五世依然视英格兰王国为敌，并对安格斯伯爵阿奇博尔德·道格拉斯麾下的一些亲信下了狠手。身为安格斯伯爵阿奇博尔德·道格拉斯的妹妹，才貌双全的格拉姆斯夫人珍尼特·道格拉斯被判处火刑，罪名是叛国。无独有偶，身在英格兰王国的玛格丽特·切恩也被活活烧死。在瓦卢瓦的马德莱娜病逝之后，亨利八世又一次向詹姆斯五世提出联姻，不过詹姆斯五世却已做出了选择：和法兰西王国联姻，迎娶吉斯的玛丽，而她是隆格维尔公爵，也就是奥尔良的路易二世的遗孀[1]。亨利八世因此决定要教训一下这个不听话的外甥，于是，他先后制订了两个重磅计划来打击詹姆斯五世。最初，亨利八世打算趁着詹姆斯五世在英格兰王国

---

[1] 詹姆斯五世在1538年6月迎娶了吉斯的玛丽。——作者注

与苏格兰王国交界处狩猎之时把他掳走。我们在今天依然可以从一份文件中看到，英格兰王国议会对此提出了异议："很难实施，关键是詹姆斯五世或许会负隅顽抗，并因此而丧命。若是这样，英格兰就得背负污名。"这一计划是罗伯特·沃顿（Robert Worton）提出的，他是驻守英格兰王国边境的军事统领。议员们表示，尽管罗伯特·沃顿有能力做到万无一失，不过他们还是觉得，不应该允许他这么干，也不应该允许他四处宣扬。第二个计划的风险其实更大。亨利八世要求约克大主教爱德华·李整理出有史以来苏格兰王国为英格兰王国所做的一切尽忠之事。毫无疑问，他计划重启由来已久却被爱德华二世忍痛放弃的斗争。不仅如此，他还默许议员们在递交报告时称詹姆斯五世为"王位觊觎者"。

第 5 节　索尔韦沼泽战役、詹姆斯五世之死、与苏格兰结盟，以及新的尝试

综上所述，英格兰王国与苏格兰王国之间的战争似乎已不可避免了，同时也意味着，双方都将为此而付出沉痛的代价。好在无论是英格兰王国，还是苏格兰王国，都还不是实力强劲的国家，所以无法有效地组织起战斗。尽管两国都有些急不可耐，但都因为战备紧缺而不敢轻易宣战。第三代诺福克公爵托马斯·霍华德一度领兵 3 万从贝里克启程赶赴洛锡安（Lothian），可没过多久便遭遇了粮草不足的问题。面对忍饥挨饿的士兵，他只好就地解散队伍。听说这件事之后，出于报复，詹姆斯五世强制命令苏格兰军队越过地处边境地带的埃斯克，向坎伯兰郡发起进攻，然而军中将领们却对他说，他们的职责是守护苏格兰王国，所以不接受继续前进的命令。因为被拒绝，詹姆斯五世恼怒不已，甚至大骂那些将领是叛徒，并表示要把其中一百多人赶出苏格兰王国。同时，他开始着手招募志愿军，并要求应征者赶赴苏格兰

王国的洛赫梅本（Lochmaben）集结成军，临危受命。一万多名青年应征入伍，然而当他们进入英格兰王国境内后却陡然发现，军队指挥官并非詹姆斯五世，而是他手下不得志的大臣奥利弗·辛克莱。士兵们对此怨声载道，乱作一团。与此同时，驻守在边境地区的几百名英格兰骑兵对他们发动了突然袭击。志愿军迅速后撤，企图退回苏格兰王国境内，因为他们当中有人以为英格兰王国的骑兵统帅是第三代诺福克公爵托马斯·霍华德。然而，苏格兰人在撤退过程中辨错了方向，当他们最终来到索尔韦湾（Solway）的时候，海水早已开始涨潮。一部分士兵在强行横渡索尔韦湾时丧生，另一部分则在英格兰王国境内被俘。与此同时，詹姆斯五世正在卡拉弗罗克城堡中等候消息。他在失望之中决定撤回福克兰（Falkland），然而他每后退一步就会听到一个坏消息，这让他身心俱疲，日益虚弱。就在前不久，他两个初生的儿子先后离他而去。如今，身怀第三胎的王后吉斯的玛丽则被软禁在爱丁堡。1542年12月7日，世间又迎来了一位玛丽公主，而这位玛丽公主将在日后以"苏格兰女王"之名为大众所熟知。詹姆斯五世看上去不太走运，他甚至叹息说："由女人开启的王朝必然该由女人来终结。"言下之意乃是，斯图亚特王朝的发端是因为罗伯特·布鲁斯之女继承王位。短短一周之后，詹姆斯五世便撒手人寰了。身为汉密尔顿（Hamillton）家族的领袖，阿兰伯爵詹姆斯·汉密尔顿（James Hamilton）接管了苏格兰王国政府。因为其父汉密尔顿勋爵詹姆斯·汉密尔顿娶了詹姆斯三世的妹妹，也就是阿伦伯爵夫人玛丽·斯图尔特，所以从亲缘关系上来看，阿兰伯爵詹姆斯·汉密尔顿和苏格兰女王玛丽的关系是最近的。在成为摄政王之后，阿兰伯爵詹姆斯·汉密尔顿马上将国内一众亲法派头领打入大牢，并写信请求亨利八世给苏格兰女王玛丽留一条生路，因为苏格兰王国刚刚经历了一场不逊于弗洛登战役的灾难[1]，而苏格兰人只能把所有希望都寄托在玛丽身上。亨利八世在回信中表示，愿意让

---

[1] 指的是索尔韦沼泽战役。——作者注

爱德华·都铎与还是婴儿的苏格兰女王玛丽联姻，并会尽力说服在索尔韦沼泽战役中被俘的苏格兰士兵；希望马上把玛丽接到英格兰王国，并会让她在英格兰王国接受教育；允许英格兰王国派兵驻守苏格兰的爱丁堡、斯特灵、登巴顿；希望苏格兰方面交出枢机主教戴维·比顿，他是英格兰王国的敌人，应该待在英格兰王国的大牢里。苏格兰王国政府没有反对联姻一事，不过他们所提出的条件却有些可笑：如果未来出现两国君主为同一人的情况，那么必须让阿兰伯爵詹姆斯·汉密尔顿所在家族的一位成员担任苏格兰王国的摄政王。另外，苏格兰王国方面开诚布公地说，没有哪个苏格兰人会接受亨利八世开出的其余几个条件。在排除了所有不确定性之后，两国政府与1543年7月1日在格林尼治签订协议，规定两国在统治者在世时及逝世后的一年内缔结为盟，和平共处；苏格兰女王玛丽在10岁之前可以与母亲吉斯的玛丽生活在一起；在出现两国君主为同一人的情况下，苏格兰王国享有绝对自由权；若苏格兰女王玛丽日后丧偶且膝下无子，那么苏格兰王国的统治权将会被和平地交付与她。这份协议看上去很美好，可实际上在拟定之前，两国的友好关系就被枢机主教戴维·比顿恶意破坏了。戴维·比顿来到苏格兰王国的林利斯戈（Linlithgow）带走了苏格兰女王玛丽。而后，他把苏格兰女王玛丽安置在斯特灵城堡，将她交给了自己的追随者。与此同时，一场连阿兰伯爵詹姆斯·汉密尔顿都无法抵挡的独立运动猛然爆发。随后，阿兰伯爵詹姆斯·汉密尔顿加入天主教教会，废除《格林尼治条约》，撤销刚刚发出不久的允许诵读《圣经》的命令，并公开表示要按照教会法律对异端分子进行处决。1546年，戴维·比顿忽然死于圣安德鲁斯（St. Andrews）[1]，此事似乎是有利于两国关系的，然而深究起来却绝非如此。在戴维·比顿被谋杀之后，约翰·诺克斯等一众苏格兰亲英派中的激进分子攻占了圣安德鲁斯，

---

[1] 详细过程请参见约翰·希尔·巴顿的《苏格兰史》，亨利八世是这起谋杀的策划者之一。——作者注

不久之后，他们遭到一支法兰西王国军队的袭击，被抓捕并押送到了法兰西王国。所以，圣安德鲁斯成了无人镇守之地。次年，诺森伯兰公爵约翰·达德利与萨默塞特公爵爱德华·西摩率军拿下苏格兰王国的莱斯与爱丁堡。他们不仅让这两个地方在大火中付之一炬，还顺道摧毁了鲜少被占领的法夫郡（Fife）。英军在苏格兰王国境内横冲直撞，扫荡了243座村庄及192座城镇。苏格兰人民对英格兰王国的仇恨与日俱增，他们无论如何也不会接受自己的国家与英格兰王国为伍。

第6节　格雷恩子爵伦纳德·格雷与爱尔兰

基尔代尔伯爵托马斯·菲茨杰拉德死于1537年，在此之后，爱尔兰国内乱作一团。而后，英方命令先前负责抓捕基尔代尔伯爵托马斯·菲茨杰拉德的格雷恩子爵伦纳德·格雷[1]赶赴爱尔兰西部镇压反英势力。格雷恩子爵伦纳德·格雷受命率军前往香农河一带，攻占了那里的所有城堡，并拿下了位于利默里克（Limerick）地区的"布琳桥"。那是一座用大理石建造的坚若磐石的堡垒，甚至能抵御疯狂的炮火而且不留痕迹，所以要收复被格雷恩子爵伦纳德·格雷攻占的城堡，对手唯一能做的只有搭建云梯并翻过两座老旧的拱门。此时，格雷恩子爵伦纳德·格雷的队伍遭遇军费不足的问题，而这定然会让他们的努力很快付诸东流。爱尔兰政府此时想用自己的方式提供帮助，但那么做基本上不可能成功。格雷恩子爵伦纳德·格雷对此十分失望。从那之后他便有意和爱尔兰议会针锋相对，而且态度越来越傲慢，双方矛盾日益激化。另外，他还百般为难手下的几名优秀将领，将领们若是不听从他的命令，他就会破口大骂，这便导致军队上下都对他

---

[1]　其实两人有姻亲关系。——作者注

心怀怨恨。与此同时，爱尔兰议会打算颁布一项法案以解散爱尔兰的修道院。无异于苏格兰王国，爱尔兰也越来越仇恨英格兰王国，同时越来越亲近罗马天主教会。在这种情况下，爱尔兰人开始急切地想要推翻托马斯·克伦威尔。作为第三代诺福克公爵托马斯·霍华德的密友，格雷恩子爵伦纳德·格雷宣称自己打算借鉴亨利八世在英格兰王国国内所采取的政策，全然不顾爱尔兰人的大力反对。他转而对那些反宗教改革的主教给予支持，并将给菲兹杰拉德家族扣上诸多重罪之名，尽管菲兹杰拉德家族确实意欲谋反。他所供奉的一名主教是由罗马教皇任命的，而此前亨利八世曾下达了明确的法令，禁止此人担任主教一职。在这段时间里，查理五世的征服计划仍旧威胁着爱尔兰。格雷恩子爵伦纳德·格雷巡视了爱尔兰境内所有发生叛乱的地方，并告知亨利八世他受到了当地人的欢迎，不过他没过多久便发现自己被人利用了。那些想要接近他的人其实都盼望着查理五世赶紧出兵。所以，他只好于1539年10月在阿尔斯特边境地带将爱尔兰叛军及其首领好好收拾了一顿。随后，他和那些曾经辱骂过他，但心怀赤城的众将士和好如初，其中就包括威尔特郡伯爵托马斯·博林。然后，他向亨利八世请了几周假。亨利八世同意了他的请求，不过临时接手爱尔兰事务的威廉·布里尔顿却在不久后上报了几起新叛乱，并称这些叛乱之所以会爆发，全是因为格雷恩子爵伦纳德·格雷所采取的措施是不正确的。为了搞清楚格雷恩子爵伦纳德·格雷到底有没有过失，亨利八世命人赶到伦敦塔向爱尔兰议会的主要成员收集证据。爱尔兰议会成员们表示，格雷恩子爵伦纳德·格雷之前对枢机主教雷金纳德·波尔恶意诋毁甚至百般虐待；曾在军中受贿且任由忠良之人被攻击；不经审问便擅自释放叛国者。除此之外，格雷恩子爵伦纳德·格雷还被指控在爱尔兰西部某地藏储了英格兰王国军队的部分武器，并为入侵者提供详细位置以供他们使用。这项罪名显然令人匪夷所思。为了自保，格雷恩子爵伦纳德·格雷承认了确实做过的恶行，最终在1540年6月28日被处死。此后，安东尼·圣莱杰（Anthony

St. Leger）接手了解散爱尔兰修道院这一任务，并十分精明地没有独吞各个修道院里的藏品，从而帮助英格兰王国政府有效地解决了爱尔兰叛乱[1]所引发的一系列问题。

第7节　凯瑟琳·霍华德与索尔兹伯里女伯爵玛格丽特·波尔之死

亨利八世在和克利夫斯的安妮离婚之后，没过几天就和凯瑟琳·霍华德（Catherine Howard）结婚了，而凯瑟琳·霍华德也是第三代诺福克公爵托马斯·霍华德的外甥女。彼时的凯瑟琳·霍华德只有19岁，而且貌美如花，与众不同，深得亨利八世欢心。亨利八世打算尽快替她举办一场具有特殊意义的感恩仪式。不过，年轻的凯瑟琳·霍华德其实在结婚之前就已不是处女，所以为了保护自身名誉，这位新任英格兰王后只好花钱堵住了情人们的嘴，并与他们断了联系。然而没过多久，她那不光彩的过去便被人挖了出来。托马斯·克兰麦受人之托，把她的秘密告诉了亨利八世，以便让亨利八世知道自己被骗了。凯瑟琳·霍华德若不想被处死，只能谎称自己在嫁给亨利八世之前"有过婚约"。出人意料的是，有心悔过的凯瑟琳·霍华德开诚布公地认罪，并拒绝发布声明为自己辩解。于是，她因犯下叛国罪而被英格兰王国议会剥夺王后权力，并于1542年2月12日被送上断头台。此前一直竭力诋毁安妮·博林的罗奇福德子爵夫人简·博林也卷入了此事。1541年5月27日，金雀花家族仅存的后人，也就是垂垂老矣的索尔兹伯里女伯爵玛格丽特·波尔也受到指控，罪名是她一直在和她的儿子枢机主教雷金纳德·波尔通信，

---

[1] 这个时候，英格兰政府尚未裁定格雷恩子爵伦纳德·格雷与此事有关。——作者注

而且书信内容涉嫌叛国。索尔兹伯里女伯爵玛格丽特·波尔在登上绞刑台之后高呼冤枉，并坚决不愿跪在地上受刑，而是让刽子手随便怎样处置自己的头颅。她的这些行为在人们看来极具反叛色彩。此外，亨利八世还做了一件为人所称道的事情：长期在英格兰王国南部为非作歹的戴克男爵托马斯·法因斯及他的3个同党未经许可擅自闯入猎场捕鹿，并导致看守者意外身亡，最后被亨利八世处死。法律是严厉的，因违法乱纪而致人死亡，即便不是主观故意也无异于谋杀，当然，审判终究是公正的，只有做出实际致命举动的罪犯才会被处死。

第 16 章

亨利八世的离开与一个时代的结束（1541年）

第 1 节　查理五世战败

弗朗索瓦一世在其统治后期一直和奥斯曼土耳其帝国站在一起。他用政策彰显野心，却给欧洲带来了前所未有的危机、痛苦与灾难。在帕维亚败下阵来的他，一面举着白旗，一面把手上的戒指交给了随从，让其赶赴奥斯曼土耳其帝国向苏丹苏莱曼一世求助。在被释放之后，他总是野心勃勃地以盟友身份怂恿苏丹苏莱曼一世向奥地利大公国和匈牙利发起进攻，还极力建议苏莱曼一世把手里的海盗船安置在神圣罗马帝国的海岸线附近。至于他自己，就像一个冥顽不化的孩子一样又一次攻打了米兰公国。与此形成鲜明对比的是，神圣罗马帝国皇帝查理五世虽然不得不应对法兰西王国，以及一众德意志新教邦国的骚扰，不过他从来没改变过自己征服的目标——奥斯曼土耳其帝国。查理五世在1535年尝试占领阿尔及尔（Algiers）并攻打突尼斯。阿尔及尔其实是海盗的地盘，地理位置至关重要，而且和查理五世治下的西班牙王国相距不远。为了完成这一征服大业，他在1541年10月派出大批舰船与陆军，目标直指与西班牙王国隔海相望的阿尔及尔。不过，眼下的一切状况似乎都表明他们应该早点儿出发。士兵们还在往岸上运送物资的时候，暴风雨不期而至了。最后，队伍只剩下半数舰船及士兵。听闻这个消息的弗朗索瓦一世很是欢喜，他准备马上对查理五世大军发起攻击：一支队伍沿君士坦丁堡至威尼斯一线进军；另一支队伍沿丹麦、瑞典、德意志新教同盟一线前往，最后形成夹击之势。不过，出于各种原因，这个计划遭到很多人的反对。要知道苏莱曼一世在1540年7月就已战胜奥地利大公国与匈牙利的联合军队，并成功征服匈牙利。假如弗朗索瓦一世大功告成，那么苏莱曼一世也会备受鼓舞。弗朗索瓦一世一心想要帮助盟友奥斯曼土耳其帝国收复海外失地，所以才会在法兰西王国大开杀戒，处死很多穆斯林和新教教徒。但弗朗索瓦一世的军事计划失败了，1543年的夏天，查理五世治下的意大利沿海地区遭到了奥斯曼土耳其帝国舰队的侵袭，同一时刻，法军借道海尔德兰与克利夫斯，对查理五世的领地发起了进攻。

第2节　与西班牙的联合

　　此时的亨利八世对法兰西王国的作为很不满意，一方面是因为英法两国之间的货币贸易量呈下滑的势头，另一方面是因为法兰西王国选择支持苏格兰王国，而苏格兰王国又与英格兰王国交恶。所以，他最后还是选择遵循欧洲政治惯例做出行动。他的观点和查理五世一致：必须想尽一切办法让弗朗索瓦一世和奥斯曼土耳其帝国决裂，并要求他将投入奥斯曼土耳其帝国战争中的全部物资归还法兰西王国议会及查理五世。亨利八世和查理五世达成了一致意见，最初的时候，双方把矛头对准了苏格兰王国亲法派所签订的《格林尼治条约》，并成功阻止了苏格兰王国和法兰西王国一同策划的阴谋。一场战争势在必行。在英格兰王国总督史蒂芬·加德纳加入之后，查理五世大军进攻了德意志的迪伦，当地居民惨遭屠杀，于利希－克利夫斯－贝格公爵威廉不得不举手投降。法军在 1543 年年初占领朗德勒西，并在那里修筑了军事堡垒。自此，朗德勒西成为法军的据点。身为盟友的英格兰王国之前派出了万人大军协助查理五世大军攻占朗德勒西。查理五世是个聪明人，他不仅对英军表示了钦佩，还宣称法军将和英军共赴荣辱，并称赞英军就是他的保护伞。与此同时，驻守在地中海沿岸的法兰西王国舰队和阿尔及尔海盗巴巴罗萨·海雷丁一道进攻了尼斯，而尼斯是萨沃伊公爵查理三世从弗朗索瓦一世手中得到的最后一块领地。巴巴罗萨·海雷丁的出手给了弗朗索瓦一世致命一击，因为德意志王国的各个邦国都不想看到查理五世在施派尔会议上以神圣罗马帝国的名义宣布出兵法兰西王国和奥斯曼土耳其帝国，毕竟这两个基督教国家皆是他的眼中钉。查理五世在会议上说，那时候法兰西王国与奥斯曼土耳其帝国的联合舰队就停靠在普罗旺斯的一个港口内。通过投票，施派尔会议同意他组建一支 24000 人左右的军队，以及向民众征收人头税。考虑到战争可以动摇法兰西王国和苏格兰王国的关系，所以亨利八世也支持宣战。此时，他手上的兵力已增加到 3 万人了，除此之外，他还可以向德意志王国借用 25000 名士兵。因为拥有强大的军事实力，所以亨利八世答应自北向南进攻巴黎，而查理五世则派兵沿马恩河河谷向巴黎挺进。不过这一计划最终搁浅了，不得不说法兰西王国实在是幸运。尽管亨利八世经历过无数次战争，可是他并未能总结出太多作战经验。他放弃了对布洛涅——这座法兰西城市在 1543 年 9 月 14 日之前始终没有放弃抵抗——的进攻。布洛涅顽强地抵抗着，没有让亨利八世得逞，这意味着亨利八世大军没有办法和查理五世大军在那里会师了。查理五世忽然发现，仅凭其一国之力是不可能战胜法兰西王国的。于是，他命令军队撤出了苏瓦松（Soissons），并不顾盟约禁止同盟国擅自与对手议和的规定，和法兰西王国订立了《克雷皮条约》。该条约规定，弗朗索瓦一世必须和奥斯曼土耳其帝国解除盟友关系；协助匈牙利独立于奥斯曼土耳其帝国；帮助查理五世重启由来已久的反新教计划。

实际上，查理五世目前最想做的事情是打垮施马尔卡尔登同盟，因为丹麦的加入令该同盟实力与危险系数都大大增加。他的看法也是有道理的，这时候政治的大势无疑关乎着宗教在欧洲接下来的发展。就眼下的情况来看，新教教徒尚有一线希望能得到罗马教廷的重新认可。新教教会中的一部分福音派成员在1541年来到了拉蒂斯邦（Ratisbon），开会讨论是否重新加入罗马教廷的相关事宜。然而，因为意大利教徒的反对，这一建议被否决，而他们认为不应该改变天主教世界既有的格局。在看到新教和罗马天主教会无意握手言和之后，教皇保罗三世下定决心要对罗马天主教会的规章制度进行改革，而改革的实施者是异端裁判所，参考标准则是耶稣会的教义。因此，保罗三世意识到需要开始一次改革会议，1545年3月15日，第一次改革会议在筹备了很久之后终于召开，会议地点选在了蒂罗尔山的特伦特河旁。对于新教徒的参会请求，会议予以拒绝。事实上，这次会议所通过的第一批提案就与新教徒有关：加大打击新教徒的力度。1547年，受到影响的新教教会在米尔贝格（Mühlberg）落败。

第3节　法军剑指朴次茅斯

弗朗索瓦一世也开始着手在势力范围内打击异端分子。因为已经在克雷皮（Crepy）和查理五世结为同盟，所以他也不再需要新教势力的帮助。于是，他屠杀了3000名无辜的瑞士瓦尔度教派信徒。另外，鉴于之前英军对法兰西王国进行了令人心悸的征伐，因此一心想要复仇的他在诺曼底集结了235艘不同规模的舰船，并向苏格兰王国派出了一支舰队，同时命令剩下的舰船悄悄靠近英格兰王国，而其手下的陆军则被要求对布洛涅城堡发起围攻。然而，舰队刚出发就遇到了麻烦，这让我们想到日后的西班牙王国的海军。当时，弗朗索瓦一世正在规模最大的舰船上玩乐，因为其厨师的一不小心，舰船起了大火。法兰西王国舰队在1545年7月

18 日这天离开了英格兰王国的怀特岛。只配备了 60 艘舰船的英格兰王国舰队在无力抗击的情况下撤离了索伦特海峡，并急速向炮兵求助。法兰西王国舰队中的帆船队伍实力过人，甚至可以做到在遭受炮轰敌舰的时候依然毫发无损，这主要是因为他们的桨手都十分优秀，能操控帆船迅速游移，以致英格兰王国的炮兵无法锁定目标。英格兰王国舰队在海风中重新发起进攻。根据法兰西人的记录，英格兰王国舰队中"玛丽玫瑰"号大型战舰被法方炮火击沉。不过英格兰王国对此解释道，"玛丽玫瑰"号沉没的原因是船体倾斜过度，以致海水倒灌进左舷下的甲板。这让我们想到"欧律狄刻"号沉船事件，事故原因看起来大同小异。身为法兰西王国海军上将的雅克·丹尼勃随后提出建议，舰队应该一路北上以进攻朴次茅斯（Portsmouth），不过领航员表示，舰队没有办法应对前进道路上的危险，就算能够冲破障碍，也没有办法在涨潮时抛锚。于是，雅克·丹尼勃带人攻占了怀特岛，并在怀特岛上设置防御工事，打算以此为据点。然而，自 1487 年法案出台之后，怀特岛上的居民日益增多，以爱德华·贝林厄姆（Edward Bellingham）为统帅的自卫部队凭借强大的实力阻止了雅克·丹尼勃企图在怀特岛上盘踞的计划。在计划受阻之后，雅克·丹尼勃马上奔赴法兰西王国解散等候在那里的一大批陆军，而后返回英格兰王国海岸并突袭锡福德（Seaford）。与此同时，在锡福德，萨塞克斯郡的民兵队伍和诺森伯兰公爵约翰·达德利、萨利伯爵亨利·霍华德的队伍正打得不可开交，并且看上去马上就能获得胜利，将入侵者赶出肖勒姆村。雅克·丹尼勃没想到自己最后输给了 1545 年 8 月的持续高温。炎热的天气带来了疾病，法兰西王国舰船上满是生病的士兵，雅克·丹尼勃不得不放弃进攻锡福德，撤退至法兰西王国的阿弗尔（Havre）。虽然法兰西人依旧对布洛涅发起猛烈的围攻，以期拿下那座位于高原地带的古老且坚固的城堡，不过他们遭到了布洛涅城堡守军的殊死抵抗，最终经过一整个冬天的战斗也没能战胜由爱德华·波伊宁斯爵士带领的军队。因为突如其来的斑疹伤寒,两军士兵饱受煎熬,亨利八世最终在1546年6月同意在占领布洛涅的8年里,每年向法兰西王国支付500万法郎的赎金。我们在英法所签署的和约中还看到了与苏格兰王国统治权有关的条款,由此可见,这时候的法兰西王国对英格兰王国的影响仍旧不小。

第4节 货币贬值

一如既往地,在战争落下帷幕之后,英格兰王国政府需要想方设法地填补战争支出,而这一次需要填补的金额是150万英镑。为此,政府从1545年起面向社会征收恩税。为此,不愿交税的奥尔德曼·洛克被发配到了苏格兰王国的边境,做了一名列兵。政府总共征收到了6万英镑税金,而战争补助金还在征收当中,至于剩下的战争支出就只能通过货币贬值的形式来抵消了。在所有的方式中,降低铸币成色最易造成危乱局面,因为它使交易契约出现混乱,固定收入及其价值降低,大批资金流通受阻,最终导致国家出现经济危机并难以自愈。一开始,亨利八世以贿赂的方式,要求将每枚硬币的银含量由此前的1盎司减少至0.5盎司。后来,应他的要求,银含量又被降低至6本尼威特左右,而每枚硬币中的银含量本应多于18本尼威特,恶果随之而来。詹姆斯·安东尼·弗劳德在其著作《英格兰史》一书中写道,直到伊丽莎白一世继位后的第一年,也就是1558年,英格兰政府才着手修正上述政策,并将铸币银含量恢复至原有水平。

1546年6月4日,英法两国握手言和,大战告一段落。此后,英格兰王国险些因为一起小争端而与查理五世大军兵刃相见。一位曾经遭受西班牙王国异端裁判所抢夺和虐待的英格兰籍船长,在重获自由后对自己所碰到的第一艘西班牙王国舰船进行了报复。亨利八世没有应对方要求交出此人,因为在他看来是对方不仁在先。查理五世随后下了禁运令,规定任何英格兰王国的船只都不得进入西班牙王国境内的港口。英格兰王国政府以其人之道还治其人之身，扣留了两艘进入英吉利海峡的西班牙王国探险船。还好两国最终理智地达成一致，这才将和平延续下去。

第5节　萨利伯爵亨利·霍华德被处死

英法两国矛盾重重，这让萨利伯爵亨利·霍华德很是心烦，因为他意识到萨默塞特公爵爱德华·西摩已夺走了自己手中的大权。在亨利八世最后的日子里，萨利伯爵亨利·霍华德针对眼下形势的看法是，"假如亨利八世被上帝召见"，那么幼小的爱德华王子只能交给第三代诺福克公爵托马斯·霍华德，也就是他自己的父亲来监护。虽然我们没能亲耳听见，不过有确凿的证据表明，他确实说过，在亨利八世去世之后，他会马上针对那些出身卑微的枢密院委员采取行动。在时人眼中，萨利伯爵亨利·霍华德的另一个罪名也同样严重。已经去世的白金汉公爵爱德华·斯塔福德其实是其母诺福克公爵夫人伊丽莎白·斯塔福德的父亲。由此可见，他也是王室血脉无疑。事实上，他在之前的一段时间里确实向纹章局提交过一个申请：希望家族徽章能出现在王室徽章盾面的第一组，而非第二组。但是，除了当今统治者所在的家族之外，其他家族是不可能享受到这种待遇的。更何况，亨利八世早在1528年就做出规定，此后每隔30年就要审查一次王室徽章，所以萨利伯爵亨利·霍华德的请求实际上是不合法的。实际上，爱德华·黑斯廷斯就曾因这类诉求而遭受刑罚。因为没有把徽章交给军事法庭审查，爱德华·黑斯廷斯在监狱里待了足足16年。不过，在爱德华三世执政时期，英格兰王室也的确调整过徽章的设计：为了体现对法兰西王国的统治，爱德华三世把家族的百合花徽章挪到第一组，而之前这一标志是排在第二组的。不难想见，萨利伯爵亨利·霍华德希望改动家族徽章排位的建议恐怕会被认定为叛国。至于叛国这一罪名到底算不算重罪，以及是否会被判处死刑，亨利八世从未做出过合理解释。除此之外，萨利伯爵亨利·霍华德还被指控"喜欢和外国人攀谈，而且言谈举止也如外国人一般"。毫无疑问，这是一项极为刻薄的指控。他是诗人出身，并为粗俗的英格兰诗歌引入了优美的意大利诗歌格律。最令萨利伯爵亨利·霍华德崩溃的是，他那个寡妇妹妹，也就是里士满和萨默塞特公爵夫人玛丽·菲茨罗伊在接受枢密院审问时提到，萨利伯爵亨利·霍华德一度唆使自己勾引亨利八世。要知道，亨利八世可是玛丽·菲茨罗伊的公公。事实上，里士满和萨默塞特公爵亨利·菲茨罗伊死于1536年，自那之后，亨利八世的健康就出现很大问题，由此可见，里士满和萨默塞特公爵夫人玛丽·菲茨罗伊所说的话不足为信。因为被控上述罪名——即便有一部分未必是事实，萨利伯爵亨利·霍华德不得不前往伦敦市政厅受审。最后，他被判罪名成立并被执行死刑。他的父亲第三代诺福克公爵托马斯·霍华德也因此而被议会罢免。继托马斯·莫尔、托马斯·克伦威尔之后，托马斯·霍华德也将被押赴刑场，然后就在其即将赴死的几小时之前，亨利八世离开了人世。第三代诺福克公爵托马斯·霍华德逃过一劫。鉴于以上案件的证词大多来自不实传闻，所以人们急切地盼望着此后能看到一项法案，对那些匿名指控叛国罪的人严惩不贷，甚至判处极刑，而非在定罪后才去辨别真伪。

第6节　大幕落下前的宗教迫害

英格兰王国政府依照《六条信纲法案》再次展开宗教迫害行动，其间共有五人丧生，不过死亡日期尚有待考证。而后又在1543年实施第三次宗教迫害。因为对宗教问题开了过火的玩笑，亨利·菲尔默（Henry Fillmore）、罗伯特·特斯特伍德（Robert Tystywood）、安东尼·皮尔森（Anthony Pearson）三人被烧死在温莎城堡里。为今人留下众神圣颂歌的音乐家约翰·默贝克（John Mabek）也曾表示，他差点儿因为撰写《新约索引》这篇文章而葬身火海。在听到这些人被处死的消息后，亨利八世不无感慨地说了句："可怜又无辜的人啊！"他对此感到遗憾，并为了自己的心腹罗伯特·休维克（Robert Huvik）医师，以及已被罢免的主教休·拉蒂默，而开始干涉宗教迫害行动。第四次宗教迫害事件发生于1546年，这也是亨利八世所能看到的最后一出宗教悲剧。因为拒不承认圣餐变体论，内侍官约翰·拉塞尔斯（John Lascelles）、牧师贝勒米安，以及一个名为亚当斯的裁缝被处死。在那个时代，不承认圣餐变体论可是重罪之一。不过，相较于安妮·阿斯丘（Anne Askew）的遭遇——虽说是传闻，他们的境遇还不是最坏。年轻美丽的安妮·阿斯丘因为拒不承认圣餐变体论而屡遭责难。尽管有很多人曾因此而殒命，可勇敢的安妮·阿斯丘依然用文字对自己的信仰做出解释："面包是用来纪念基督之死，以及感怀恩典的！"为了找出所谓的同党，大法官与副检察长对安妮·阿斯丘进行了无休无止的刑讯逼供。时至今日，在了解审判过程之后，我们仍然会觉得恐怖和愤怒。安妮·阿斯丘最终死于火刑。行刑当晚，看守者对刑场进行通宵监控，并禁止安妮·阿斯丘的亲朋好友向其骨灰表达敬意，违规者会被逮捕入狱。在安妮·阿斯丘被害前几日，英格兰王国议会出台了一项法案，规定英格兰王国境内所有"附属小教堂"[1]、大学、医院皆收归亨利八世所有。当然，该法案也对亨利八世提出了要求：必须谨慎持有上述财产，就"像备战或维护尊严的时候"那般。亨利八世就这样成为各所大学的实际掌权者，并威逼剑桥大学中的几个学院按照他的想法行事，还挪用这些学院的公共财产创办了著名的三一学院。不过，三一学院在之后并未得到亨利八世的大力资助，反倒是从日后继位的玛丽一世那里获得许多资金。本着这样的精神，圣巴塞罗缪修道院被亨利八世改建为专门医治贫困者的医院，也算是为伦敦人做了件善事。

---

[1] 指的是依附于各大教堂与礼拜堂的小型教堂，专供普通人使用。——作者注

第 7 节 迅速陨落的新欢凯瑟琳·帕尔

凯瑟琳·霍华德刚去世没几天,亨利八世就和凯瑟琳·帕尔(Catherine Parr)结了婚。凯瑟琳·帕尔的前夫是已故的拉蒂默男爵约翰·内维尔[1]。在拉蒂默男爵约翰·内维尔的后代看来,凯瑟琳·帕尔虽是继母,但她心地善良,平易近人。另外,对于拉蒂默男爵约翰·内维尔本人来说,她是天底下最好的护士。在剑桥的好友们眼中,她是"学识渊博的女王",这份敬仰主要源自她笔下的《有罪之人的倾诉》一书。她是新教教徒,迈尔斯·科弗代尔在成为宗教改革家之前曾经在她手下担任施赈人员。据我们所知,她曾在伦敦博士被判犯下伪证罪这一事件中出面求助约翰·默贝克,以帮助当事人。伦敦博士因参与解散修道院行动而为人所知,而后又在惩治异端事件中做了伪证。因为看不惯凯瑟琳·帕尔对伦敦博士的庇护,英格兰王国大法官南安普敦伯爵托马斯·赖奥斯利(Thoas Wriothesley)与史蒂芬·加德纳主教站到了她的对立面。如舍伯里勋爵理查德·赫伯特所说,南安普敦伯爵托马斯·赖奥斯利与史蒂芬·加德纳主教在彭布罗克伯爵夫人安妮·帕尔,也就是凯瑟琳·帕尔妹妹家中查出了一批禁书,所以为了打压凯瑟琳·帕尔,他们极力建议亨利八世制定惩治异端分子的法案。凯瑟琳·帕尔一直在强烈要求亨利八世统一《圣经》译本,而亨利八世也早就因此而对她厌恶至极。所以,亨利八世听从建议拟定了反异端法案。某天,南安普敦伯爵托马斯·赖奥斯利不慎将相关条文掉落在地,导致凯瑟琳·帕尔随后便知道了这件事。她一开始本想做出退让,不过现在她已说服自己的丈夫,理由是她对亨利八世所说的所有有关神学的事务,都只是自我劝慰之词。在大众看来,英格兰王国政府对安妮·阿斯丘进行审问也是为了收集凯瑟琳·帕尔王后的罪证。假如这就是事情的真相,那么毫无疑问,这次审问并没有达到目的。

---

[1] 他之前因为参加"祈恩巡礼"而被判刑,后来被赦免。——作者注

第 8 节　伟大统治者的消亡

　　第三代诺福克公爵托马斯·霍华德本应在 1547 年 1 月 28 日 9 时被处死。然而在此 8 小时之前，亨利八世驾鹤西去，他因此而逃过一劫。在前一天晚上，亨利八世因为感觉到了什么而对众人说：医生们的任务已经完成了，他们也无力回天。这句话很符合他的个性。他不想再看到医生，只是让人叫来了托马斯·克兰麦大主教。然而，托马斯·克兰麦的到来并未让亨利八世精神起来，他只能把手放在那位大主教的手心请基督垂怜。依照亨利八世的遗愿，他将在温莎城堡里和简·西摩王后一同长眠；无异于亨利七世，他也要求人们在前往其陵寝瞻仰时于心中诵念"愿陛下之灵永垂不朽"。最后，他满怀坚定地祈祷圣母马利亚等诸圣能在基督面前替他多说些好话。凯瑟琳·帕尔王后于 1544 年之时曾在布洛涅摄政，因为那时候亨利八世身在别处。所以她十分不满自己的名字未能出现在亨利八世遗嘱的摄政委员会名单中。亨利八世将权力交付给托马斯·克兰麦了。议会早在 1536 年的时候就批准了亨利八世所立下的与王位继承有关的遗嘱。按照亨利八世的想法，第一继承人是玛丽公主，此后依次为爱德华王子与伊丽莎白公主，不过前提条件是继承者的婚姻必须得到王室认可。亨利八世很清楚，在自己百年之后，凯瑟琳·帕尔王后极有可能会很快改嫁休德利的西摩男爵托马斯·西摩[1]，因此他分配给凯瑟琳·帕尔的财产是比较少的。

---

[1] 事实上，是亨利八世夺走了休德利的西摩男爵托马斯·西摩的心中挚爱。——作者注

第 9 节　教会的发展

　　在亨利八世去世之后，英格兰王国教会依然受控于《六条信纲法案》，那些基于《六条信纲法案》所制定的各项仪式流程也被人改得更加苛刻。《基督教教徒必备教义及知识》[1]一书在1544年首次出版，并于1543年得到议会认可，从而进一步巩固了《六条信纲法案》的地位。如我们所知，相较于"主教之书"[2]，《三十九条信纲》里的很多言论都是倾向罗马教廷的。不过，教会仍旧是幸运的，因为虽然英格兰王国政府出台了这一空洞苍白的信条，可英格兰的社会却为教会提供了发展空间。从1516年开始，直至1535年，智勇双全的伊拉斯谟编撰了好几本希腊文《圣经》，其中多数内容源自与《圣经》手稿有关的资料。他其实是想通过这一举动公开己见：圣哲罗姆所编撰的拉丁文《圣经》[3]并未得到罗马教廷的权威认证。对于想在不同语言环境中完整解析《圣经》的人们来说，他的《圣经》释义具有榜样的力量。人们不再对《圣经》进行分章分节，也不再对其中的言辞妄自揣测，因为大家忽然明白，当民事法庭上打算赦免神职人员的时候，假如所参考的《圣经》释义太过复杂，那么事情也将变得更加复杂。另外，《圣经》已被翻译过两次，而威廉·廷代尔的英译本被人们视为"真知灼见的唯一试金石"，虽然后来威廉·廷代尔在维尔福德这座小城市殉教，而其英译本也好几次被禁止出版发行。事实上，英格兰人早在1539年便开始用英语讲解《主祷文》与《十诫》。

　　1543年至1544年，英文版连祷曲经政府批准得以推行。不仅如此，托

---

　　[1]　后世之人将《基督教教徒必备教义及知识》与《三十九条信纲》统称为"国王之书"。——作者注

　　[2]　也就是《六条信纲法案》。——作者注

　　[3]　圣哲罗姆用拉丁文编译的《圣经》版本又简称为"拉丁文《圣经》"。——作者注

马斯·克兰麦还用英文翻译了包括《赞美颂》在内的诸多圣诗，以方便不通外文之人也可以用自己的话祷告，明白圣诗之义并找到福音。基于此，我们得以在爱德华六世时代看到伟大的《公祷书》。《公祷书》的体例至今未变，其中一部分在形式上与当下苏格兰与美国圣公会所使用的版本很接近。在很多罗马天主教作家眼中，无论何种圣祷书皆具有明显的异端性质，而根据亨利八世的意见所制定的教会管理制度则让英格兰国教成为国家的附属品。和当今时代截然不同的是，在那个时候，没有哪本书会涉及圣祷书异端化的问题。我们需要对相关教会管理条令做出说明的是，彼时的英格兰王国的社会充斥着各种各样的国王法令，在这种情况下，让神职人员享有独立权是很有必要的。英格兰王国的宗教界担心的是，有牧师会以基督的名义迫害教区居民，或者大肆敛财，又或者以权谋私逃脱罪名。实事求是地说，牧师为了改变人们的信仰而采取的惩治手段的确可以说是世上最暴力、更有悖天主教信条的行为。不可否认，在亨利八世统治时期，英格兰王国议会剥夺牧师特权的做法是没有错的。历史也告诉我们，我们应该庆幸英格兰王国议会当时的决定。随着宗教政策的改变，议会也听从建议做出了改变，这是值得称道的。除此之外，令人高兴的是，起码在这个宗教问题备受关注的时代，主教的选举不再单纯基于教民们的狭隘理念，而是开始依照国之重臣的标准，因为只有这样才能选出卓越的主教：真正懂得体恤人民；为人民谋取利益；充满智慧与实践精神；且有能力对抗因教会突发情绪而产生的所有影响。通过这种方式当上主教的人在一定程度上来说将能够对自己做出客观的评价，也能对各种现象做出客观的判定。从另一个角度来说，正是因为议会逐渐剥夺国教的强权，国教才有机会得到这样全面的锻炼，而非循规蹈矩地靠信仰发展。所以，英格兰国教在这个阶段的收获远远超出其鼎盛时期。尽管现在仍有部分民事法庭在处理教会问题时所做的决定会时不时地引发骚乱，不过大致说来，在骚乱被平息之后，人们也会默默接受判决结果，并逐渐明白，那些判决结果并不会影响教会的地位与发展。没有证据显示，教会和国家之间的关系不利于教会向好的方向发展，或者教会的行为助长了社会的不良风气。如果说教会中仍然存在滥用权力的现象，那无疑是因为教会中人尚未意识到自身行为有多么令人反感。我们不应认为是落后的法律导致了此种不良现象的长期存在，尽管我们对此深恶痛绝。

第10节 民法的情况

在亨利八世时代，有很多法规都是与宗教相关的，并引发很多社会关注，以至于人们忽略了民法的颁布与执行，不过实际上，有很多民法是值得我们重视的，比如那些和乞讨者有关的法规。当时的法律规定，因体弱多病而没办法继续工作、不得不以乞讨为生的人可以到指定地区去申请救助金；身强体壮的人若是乞讨，则会在第一次被发现时遭到鞭笞，并被送回教区，在被遣返后可以得到由特定监管者所提供的工作机会；第二次被发现后，将面临鞭刑，并被削去耳朵的软骨；第三次被发现后，将被以"国民公敌"的罪名被处死。在针对无业游民的法案出台后，吉卜赛人不得不在1530年被迫离开英格兰王国。在那个时候，英格兰王国认为"贫困到一无所有"的人犯下了贫困罪，据说"这种罪行和罪名都是从国外传入的"，在清偿债务之前，负债者就算已交出全部财产，也无法洗脱罪名。出台于1546年的相关法案规定，废除既行高利贷法，并准许借贷人收取10%及以上的利息。

亨利八世在位之时，英格兰王国的社会出现了很多前所未有的严重罪行。爱尔兰政治家埃德蒙·伯克在洞察到这一现象后立即挺身而出予以抵制。那些严重的罪行主要有：拦截诺福克及英格兰王国治下的伊利岛上的堤坝；将马匹卖给苏格兰人；在晚六点至翌日早六点之间卖鱼并高声吆喝；蒙面闯入英格兰王室猎场偷猎鹿等动物；走私雏鹰及孔雀雏鸟；放火烧毁建房用的木料；等等。此外，叛国罪的范围也扩大许多，这也意味着，这一罪名之定义已经大大超越了爱德华三世的最初设定。最初，叛国罪大致只包含以下三种情况：谋反；谋杀国王；听命于敌国。然而在亨利八世治下的很多时候，议会都公开表示，那些"妄自揣度、评判和定义"国王婚姻——无论是和阿拉贡的凯瑟琳，还是和克利夫斯的安妮——之有效性的人都有可能被判定为犯下叛国罪。另外，这一罪名还将针对那些反对亨利八世迎娶安妮·博林的人；宣扬亨利八世是篡位者、分裂者、异端分子的人；未经国王许可擅自与王室成员缔结合约的人；与亨利八世成婚时公开亨利八世劣迹的人；背叛王室宣言并出逃他国的人。至于该项法案的实施情况，我们不妨来看个特别的例子。一个名为劳斯的厨师在毒害其主人罗切斯特主教约翰·费希尔的时候导致两人丧命，政府随即颁布法令，明文将劳斯的行为定为叛国者，并判处烹刑。

第 11 节　蛮横的庭审

不难看出，在很长一段时间内，法庭的量刑都是不清不楚，而且是不考虑合理性的。若非如此，那时候的英格兰王国为何没人被判无罪并被释放呢？据我们的经验来看，通常情况下，证据是需要经过反复审问来进行确认的，否则就毫无价值可言。不过在那个时代，被告鲜有机会审查证据，更何况整个检控流程充满漏洞。暂且不论对罪犯的检控流程，单说以法律之名逼迫、威胁被告的行为就已有失偏颇，从而很难看出证据的不合理之处，在证人被迫说出"实话"后，法庭看到的证据将疑点重重。当然，这样的政府在审判时肯定是没有责任感的，他们一定会信誓旦旦地告诉所有人——包括被告在内：若是被告被判有罪，那也是他自己自作自受。不过，那时候的英格兰王国并没多少人会像托马斯·克伦威尔那般采用意大利式的、无所不用其极的审判方式，为了达到目的而不择手段[1]。实际上，这种野蛮的审判改变了英格兰人的性格特质，使他们变得越来越虚伪，越来越暴戾。这种卑劣的性格特征自此在英格兰人的身体里潜伏了数百年之久。

第 12 节 初初萌芽的诗歌

　　亨利七世时代的英格兰文学一片寂寥，在亨利八世继位之后，文学发展仍旧停滞不前。这是个关注宗教纠纷的时代，文学自然很难出头。与此同时，因为尚未遭遇宗教改革的冲击，所以苏格兰民间诗歌得到了长足发展，势头超越了英格兰王国同期的所有文学品类。于是，我们得以看到许多优秀的苏格兰民间诗人，比如威廉·邓巴（William Dunbar），以及拉丁文翻译家加韦恩·道格拉斯（Gawain Douglas），等等。威廉·邓巴曾在诗歌中写道："我正困于死亡之中。"而这句话常常出现在大文豪莎士比亚的作品当中；莎士比亚很是钦佩威廉·邓巴。威廉·邓巴笔下的这首诗十分优美：

　　　　如我所见，
　　　　诗人们正与火争锋，
　　　　他们纷纷来到这里，
　　　　由此路上死亡之途，
　　　　没有人能逃过一劫。
　　　　我正困于死亡之中。

---

　　[1] 托马斯·克伦威尔曾表示，他所采用的审判方式来自意大利政治家尼科洛·马基雅弗利。——作者注

在托马斯·莫利教授眼中，威廉·邓巴是"继乔叟之后最伟大的英文诗人"。他不愧此美誉，单凭"没有幸福就没有财富"这句诗词便足以说明其作品的优异。加韦恩·道格拉斯一度被任命为邓凯尔德主教，听命于苏格兰王后玛格丽特·都铎。他所创作的《国王的心》这首诗彰显了他深厚的文学功底，风格则接近意大利诗人卢多维科·阿里奥斯托（Lodovico Ariosto）；他的诗寓意深刻，并极大地影响了杰出诗人埃德蒙·斯宾塞。赫赫有名的苏格兰作家沃尔特·司各特（Walter Scott）认为，苏格兰诗人戴维·林赛（Davy Lindsay）的诗歌作品是"极富个性"的。戴维·林赛在《高原士兵颂》这首诗的最后热情又迫切地表达了自己的心愿：希望兵多将广的詹姆斯五世可以结束苏格兰人的苦难，为那些不顾苏格兰人死活的统治者"敲响丧钟"。在得知詹姆斯五世被释放后，戴维·林赛立即写下一首诗，想让詹姆斯五世知道什么是真正的自由。英格兰讽刺诗节[1]的大树是约翰·斯凯尔顿（John Skelton）种下的。约翰·斯凯尔顿在1528年被迫躲到威斯敏斯特。在那之后，为了自保，他不再以枢机主教托马斯·沃尔西为嘲讽对象创作诗歌了。这确实让他逃过一劫。他在《科林·克卢》一诗中讨论了英格兰王国及国教教会是否有必要进行改革；在《鹦鹉，说话》及《为何不到庭上来》中谴责托马斯·沃尔西；在长篇诗歌《麻雀菲利普》中轻松幽默地刻画了一位心怀善念的修女，她因为弄丢自己的宠物小鸟而悲伤不已。托马斯·怀亚特（Thomas Wyatt）与萨利伯爵亨利·霍华德将意大利的诗歌体例引入了英格兰王国。在他们的努力下，英格兰诗歌的体例开始与时俱进。他们还为英格兰王国的文学引入了著名的十四行诗。托马斯·怀亚特所创作的诗歌《永别爱情》足以证明他不仅研习过意大利诗人彼特拉克笔下的十四行诗，还深得其精髓。他在《朝臣的一生》这首诗中采用三行诗节押韵法，那是但丁的发明。对于英格兰王国的诗坛而言，萨利伯爵亨利·霍华德亦是缔造者之一。他在英格

---

[1] 在彼时的英格兰，诗歌尚未发展成熟。——作者注

兰国内开创了无韵诗的先河，并用这种形式翻译了古罗马史诗《埃涅阿斯记》。同时，他也创作十四行诗，尽管在韵律感方面稍逊于约翰·弥尔顿（John Milton），不过在刻画人物性格方面令约翰·弥尔顿都十分欣赏并时常借鉴。萨利伯爵亨利·霍华德曾经为杰拉尔丁，以及他的拥趸理查德·克莱尔创作过两首优美的十四行诗，从中不难看出，他对人物的刻画可谓细致入微。

第13节 戏剧与散文的成长

在亨利八世治下，英格兰王国的戏剧艺术虽然还很稚嫩，但也不乏令人惊喜之处：莎士比亚看过尼古拉·尤德尔所创作的戏剧《拉夫·罗伊斯特·多伊斯特》[1]之后，借鉴了其中的幽默手法。约翰·海伍德（John Heywood）笔下的戏剧作品在当时很受欢迎，其中最杰出的作品当属《四个"P"》：四位主人公，即豁免者、朝圣者、建筑家与商人之间的交谈。在散文领域，扛鼎之作莫过于托马斯·莫尔所创作的《乌托邦》与《爱德华五世传》。不过，在一众神学家的带领下，英格兰散文逐渐形成简约风格，因为在这些人看来，散文不应该冗词赘句，只有这样才能对大众起到真正的指导作用。托马斯·克兰麦笔下的《一位基督教教徒的组织》虽然言简意赅，但文风却令人沉醉，所以备受大众欢迎。休·拉蒂默追求的则是无拘无束，他的作品里充满率真的劝说，而这无疑体现了他的创作能力；他的半政治文论一般的创作风格更是鲜有人可比。最后需要强调的是，威廉·廷代尔在这一时期重新翻译了《圣经》，而且他的译文既准确又巧妙。这个版本的《圣经》此后被不断完善，令现在的《圣经》译者们爱不释手。

---

[1] 这部作品同样诞生于亨利八世时代。——作者注

第 14 节　科学渐行渐近

在亨利八世时代，科学还不算真正地诞生了。伊拉斯谟曾经说过，那时候的人们更多的是在考虑如何用拉丁文或希腊文表达事物，而还没有开始探索事物本身的性质。我们在一本曾经发行于牛津地区的日记中看到，从 1520 年开始起，科学类图书几乎还没有进入过销售渠道。如我们在前文中所说的那样，就连当时对科学无比重视的托马斯·利纳克尔也从未详细分析和阐释过肆虐一时的汗热病的缘由。不过，托马斯·利纳克尔的目光并不短浅，他通过钻研古籍，而非只凭借直接的观察，帮助医学得以慢慢发展起来。他还认真研读经过翻译的古希腊著名医生盖仑的医学书籍。在那个时代，科学和超自然学科尚未彻底分离，即便是十分细致且严谨的教皇保罗三世在处理要务时，比如召开枢机主教会议之前也得占卜一下星象。据我们所知，亨利八世之前也请人占卜过后代的性别；查理一世则在打算离开汉普顿宫之前耗费 500 英镑请占星师为自己卜卦。不仅如此，查理一世还邀请著名的玄学家海因里希·科尔内留斯·阿格里去了英格兰王国。炼金热潮席卷了巴黎，无数炼金术士都声称自己掌握与众不同的炼金术。然而，炼金热潮并未侵入英格兰王国。为了钻研炼金术，在日后深受伊丽莎白一世女王欣赏的大学者约翰·迪伊（John Dee）从剑桥大学离开了。我们在前文中提到过，英格兰王国在 1541 年颁布的一项法案足以证明，那时候英格兰人对巫术很是痴迷。此后，罗马教廷历任教皇用了 50 年时间对巫术进行有力的抨击。无论在法兰西王国，还是在德意志王国，抑或是在意大利王国，与巫术有关的案件层出不穷。不过，彼时的法律所针对的是通过巫术致人死亡的各种恶性事件，而非巫术本身。

第 15 节　中产阶级的崛起

毫无疑问，我们很难准确把握生活在遥远时代的人们是什么样的性格，又有什么样的情绪，不过我们可以通过蛛丝马迹大致了解生活在 16 世纪的英格兰人都有哪些特质。如前文所述，英格兰人在大瘟疫时代表现得十分冷静与慈悲。他们是很温和的，鲜少有人挺身而出反对权威，哪怕那个权威麾下并没有常备军，或者有组织、有纪律的警察队伍。尽管如此，他们依然是社会变革的主力军。在局势最为动荡的日子里，哪怕只是一支自发集结的百人义勇骑兵都有可能成为亨利八世的救命稻草。他们之所以这么维护权威，大概是不想看到国内战火纷飞。因为这样的担心，他们才没有极力反抗劣迹斑斑的查理二世，而是选择忍气吞声。耐人寻味的是，在研究彼时英格兰王国国内风气的时候，我们发现了两种完全不同的观点。

第一种观点来自一位法兰西旅行家，他表示英格兰人一直视外国人为敌，特别是法兰西人；他们给外国人起的绰号都带有贬义，而且对外很不诚信。第二种观点来自一个德意志人，他颇为欣赏英格兰人：他们尊重老人，也尊重他们眼中的知识分子；"很讲礼貌，言谈之中充满善意"；英格兰女人风姿绰约，却"从不浓妆艳抹"；英格兰旅馆会为游人提供舒适的住宿条件，而且总是有礼有节。只要想想前文所述的英格兰王国与法兰西王国、德意志王国之间的商业贸易情况，我们就不难理解为何会出现两种截然不同的观点了。我们还可以研究下英格兰人的家庭关系，探讨下是不是大部分家庭中的父女之情都很深厚，如同托马斯·莫尔和他的女儿玛格丽特·罗珀那般；或者了解下那些异教徒所召开的会议，看看能不能找到根深蒂固的友情，就像安东尼·达拉博和托马斯·加勒特之间那样[1]。如安东尼·达拉博所说：

---

[1] 托马斯·加勒特曾于 1528 年在安东尼·达拉博的帮助下，躲过了托马斯·沃尔西的抓捕。——作者注

"我真诚地请求托马斯·加勒特,念在上帝拥有一颗仁慈之心,帮我一把。我告诉他,是他将我带上信仰新教的道路,我坚信他不会弃我而去。我相信他会伸出援手,助我奋战到底。他听了之后吻了我,热泪盈眶地说:'全能的主给予你力量,让你奋战到底。从今往后,我就是你的父兄了,你便是我的义子。'"新的信仰[1]有没有能力给人们带来勇气,答案毋庸置疑。首先站出来维护传统或拥抱新潮的人一开始总会做些思想斗争,不过要不了多久,他们就会变得勇敢无畏,哪怕最后被活活烧死也在所不惜。严刑逼供下的约翰·兰伯特,假如愿意多说些信息出来,恐怕就不会被处死;殉教者亨利·福里斯特假如对枢机主教约翰·费希尔的死少说几句,恐怕也有生还的机会。然而,他们在威逼利诱下却仍然直抒己见,丝毫没有想过为了活下去而改变自身言论。在此之前,改革派中的一些人因为对法官言语不敬而遭到责罚,所以法官们在对改革派人士进行审问时绝不会心存怜悯,改革派人士自然也就没有机会洗脱任何罪名。在那个时候,除了休·拉蒂默,很少有人会那样淡然,至死都从未对迫害者说过任何怨恨之词。托马斯·莫尔甚至在临行前做了祈祷,希望自己与迫害者"在去到美丽新世界后,能收获同情与怜悯"。虽然无法与这两位了不起的人物相提并论,但人们理应原谅其他殉教者的粗鲁言语,毕竟他们的咒骂中潜藏着一颗视死如归之心。

第 16 节　自由的火花与议会的进步

我们对都铎王朝两大时代的简要论述已经进入尾声了,相信在这之后会有更卓越的有识之士通过更新鲜的历史资料为大家剖析英格兰王国的政体是如何挣脱都铎王朝专制统治及其负面影响的。就这个问题而言,透过表面现

---

[1]　准确地说应该是从前的信仰。——作者注

象不难看出，亨利八世有做得好的地方，也有做得不好的地方。不好的地方主要在于，他那非凡的个性让他的各种暴行，以及他强行通过议会出台的、过火的政策都显得合情合理，以至于日后的历任英格兰王国统治者倘若缺乏如他一般的权威性，就会在施行类似政策的时候一败涂地。假如亨利八世的统治策略得以长期维持的话，那么这种策略之于英格兰王国的影响力将毫不逊于奥斯曼土耳其帝国的专制制度。然而，这种方式只可能存在于受暴君野蛮统治的时代，以满足暴君的私欲。当暴君的统治被推翻之后，这类专制制度就会逐渐走上末路，而英格兰人心中追求自由的火焰又将熊熊燃起。当然，不可否认的是，亨利八世曾经多次不经意地推动了英格兰人自由意志的发展。他强势且严酷地打击了迷信思想。今人对迷信思想颇为宽容，然而在亨利八世治下，人们对这类陋习的态度却并不温和。

亨利八世在解散修道院之后大力推动国内中产阶级的发展，以至于中产阶级在日后成为制衡统治者的强大力量。更为关键的是，虽然当时的议会在大多数时候都需要听命于统治者，但亨利八世却常常会征求议会的意见，并会向议会报告自己所做的各种工作。由此而见，他并没有将议会权力置之度外，虽然这样做似乎有悖于彼时的社会风气。在那个时代，一场合格的选举能为议会提供一批有原则的优秀议员，并给议会上下带去坚定的意志，以及不畏敌对势力的强大力量。一方面，议会受制于亨利八世，所以亨利八世所制定的法律法规都得到了议会的认同；另一方面，议会听命于亨利八世并非出于自愿，所以议员们有权对亨利八世所制定的法律进行质疑。埃德蒙·伯克曾对此表示，随着新时代的到来，新的专政制度也将来到英格兰王国议会的面前，譬如伊丽莎白一世女王垄断了商业贸易，詹姆斯一世疯狂抢占海岸线，以及查理一世大肆收取造船费，等等；如同应对所有重大事件那般，英格兰王国议会可以毫不犹豫地动用各种得到公认的权力来对付统治者的野蛮专政。

总而言之，对于英格兰王国社会的自由发展而言，亨利八世时代的英格兰王国的政府机构所采用的上述两种执政方策是大有裨益的。